Wichtige Grundlagen zu speziellen Themen und eine Vielzahl an Motiven bietet die Reihe Die Kunst des Zeichnens - 15 Minuten.

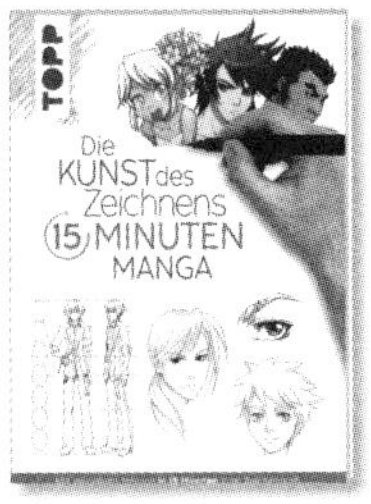

ISBN 978-3-7724-4778-5

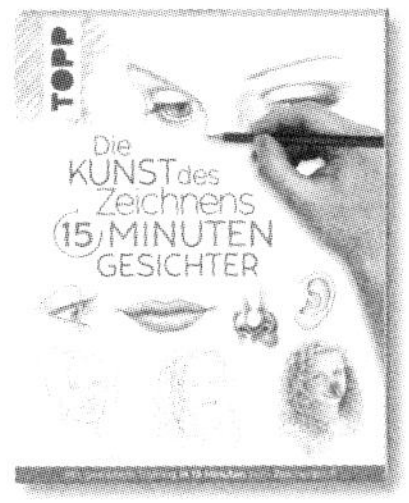

ISBN 978-3-7724-4770-9

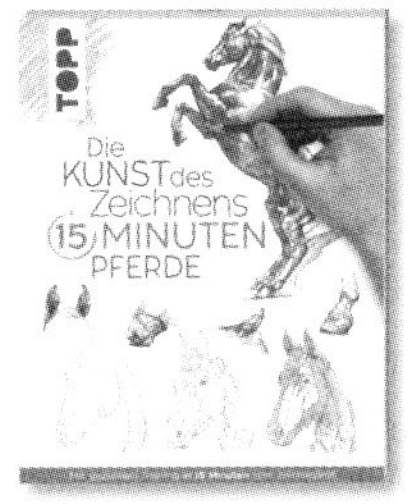

ISBN 978-3-7724-4771-6

ISBN 978-3-7724-4772-3

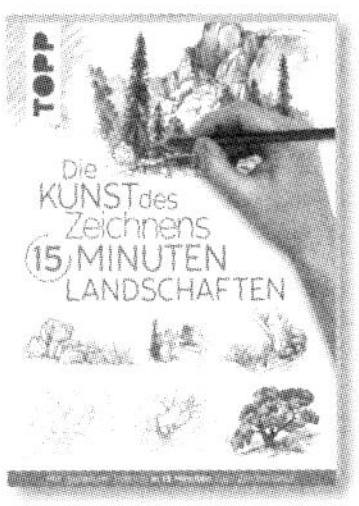

ISBN 978-3-7724-4773-0

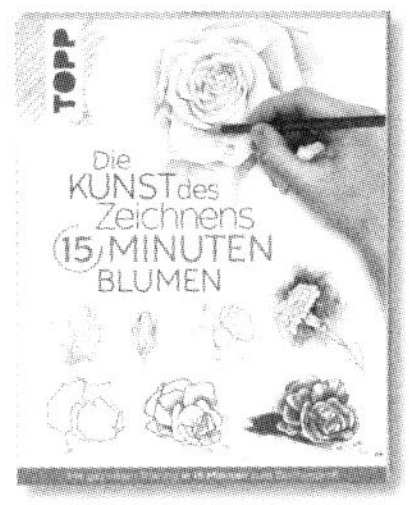

ISBN 978-3-7724-4774-7

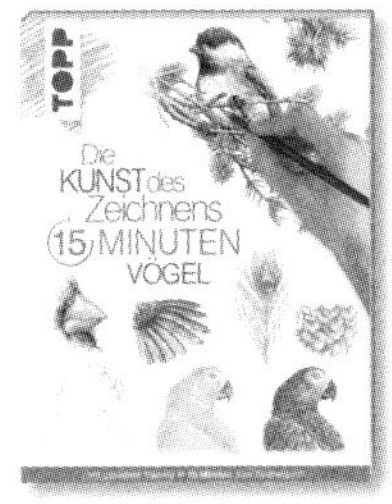

ISBN 978-3-7724-8275-5

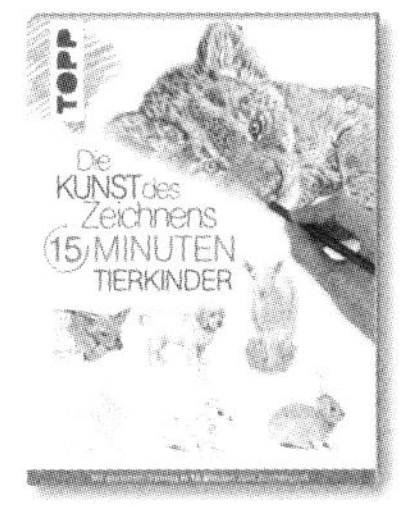

ISBN 978-3-7724-8276-2

Motive zeichnen lernen in 10 einfachen Schritten.
Die neue Reihe Die Kunst des Zeichnens - 10 Steps mit farbigen Endbildern.

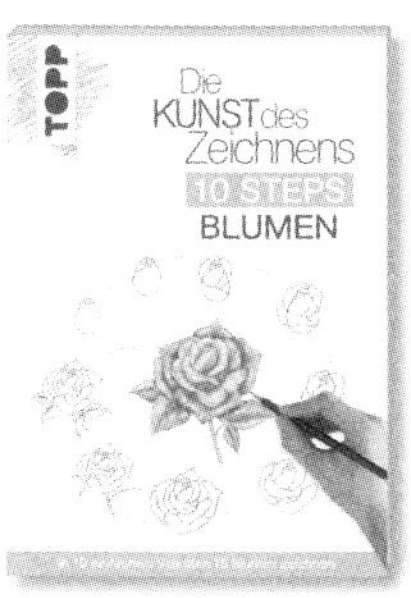

ISBN 978-3-7724-8390-5

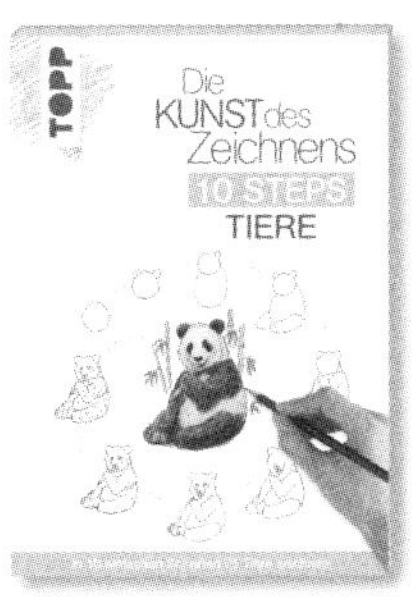

ISBN 978-3-7724-8391-2

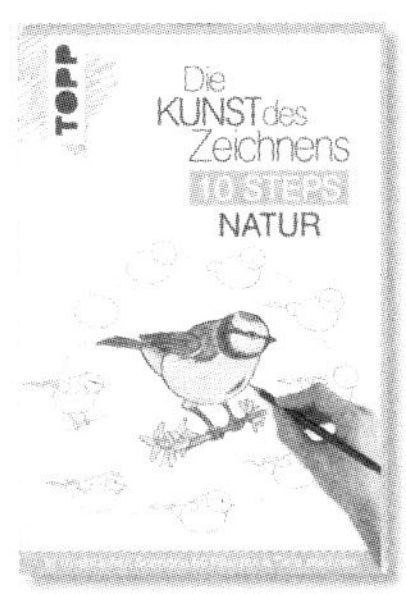

ISBN 978-3-7724-8392-9

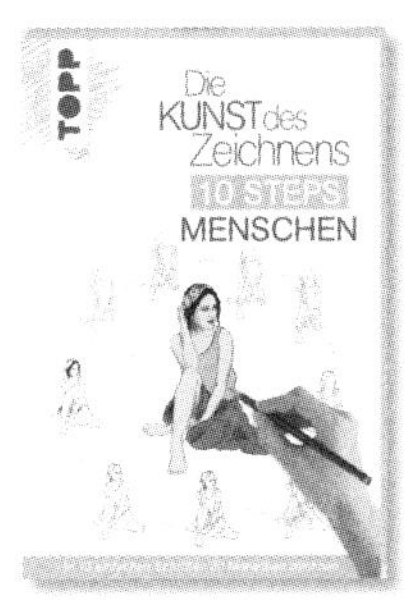

ISBN 978-3-7724-8393-6

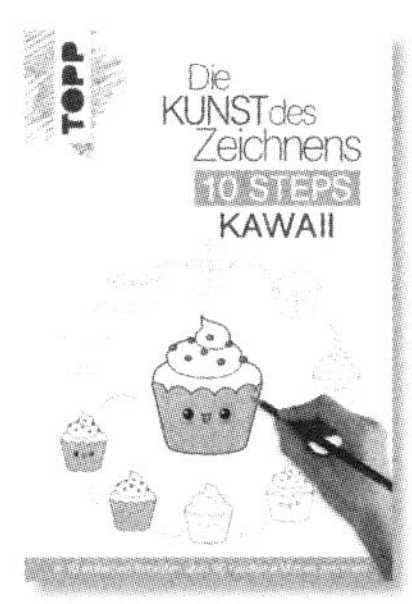

ISBN 978-3-7358-8032-1

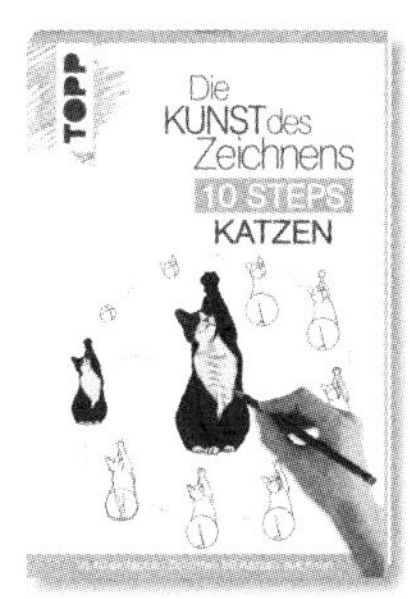

ISBN 978-3-7724-4698-6

Zeichnen auf Künstler:innenniveau: Die Kunst des Zeichnens Masterclass

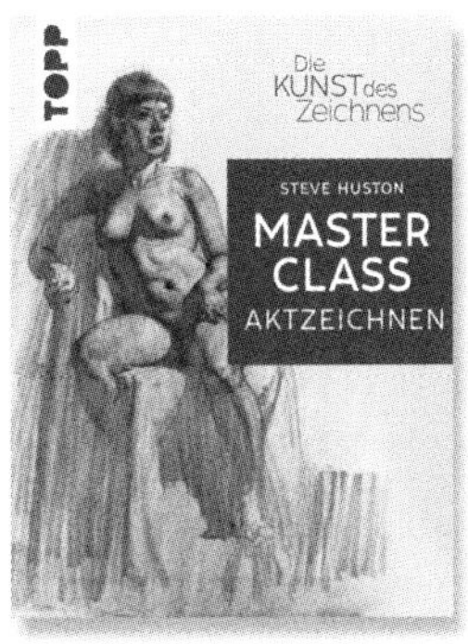

ISBN 978-3-7358-8018-5

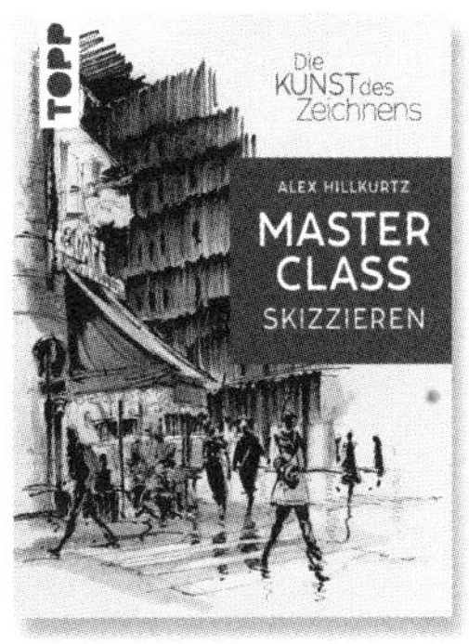

ISBN 978-3-7358-8063-5

Entdecken Sie die unverzichtbare Reihe zum Thema Zeichnen lernen auch online unter **www.die-kunst-des-zeichnens.de**

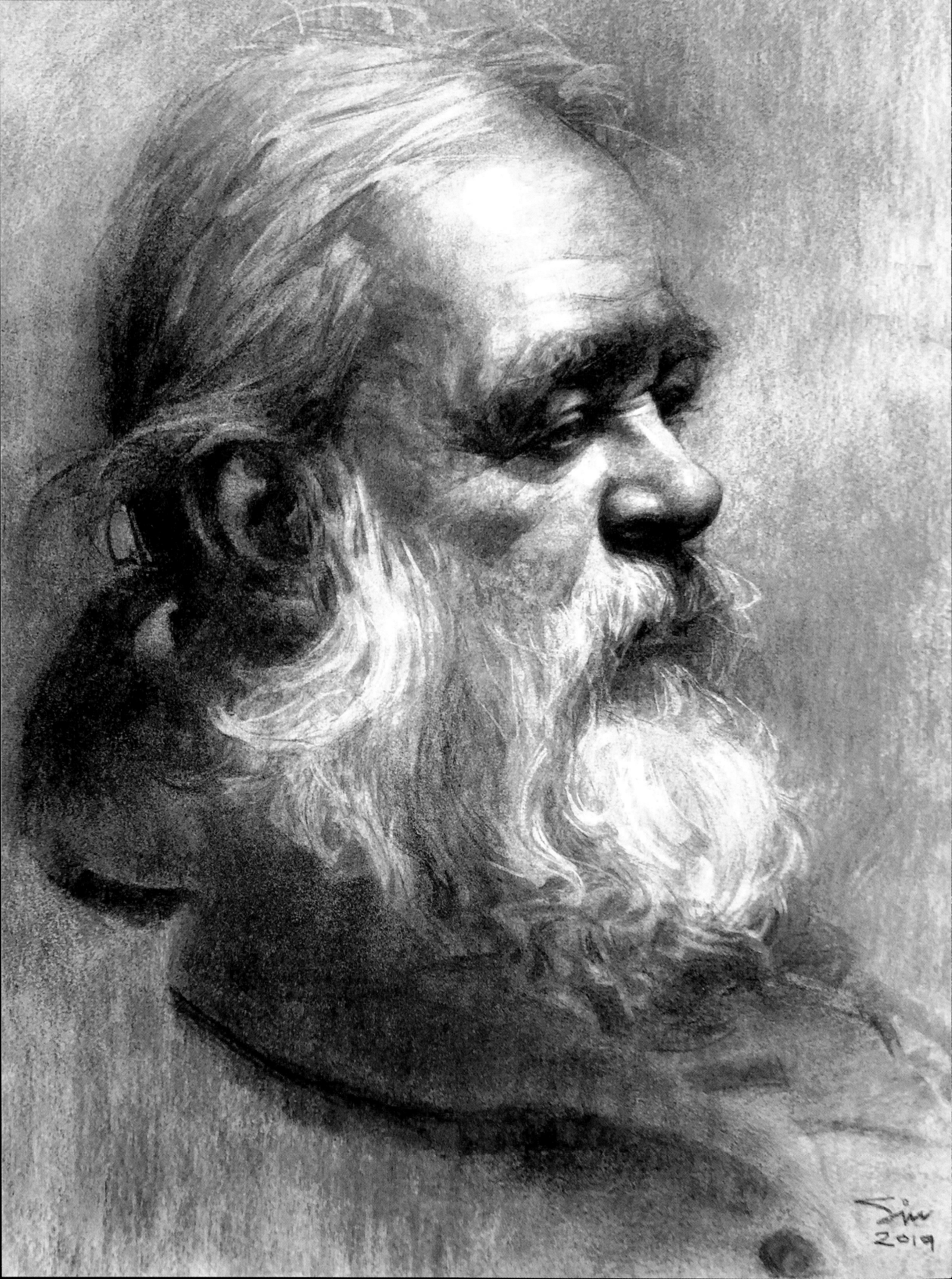

Die KUNST des Zeichnens

OLIVER SIN

MASTER CLASS

PORTRÄT

Seite 2: Bob. Rebenkohle auf Papier, 36 x 43 cm. Ausgezeichnet für besondere Leistung beim internationalen Porträtwettbewerb 2019 der Portrait Society of America.

Titel der Originalausgabe:
Drawing the Head for Artists
Techniques for Mastering Expressive Portraiture

Design and page layout: Allison Meierding
First Published in 2019 by Quarry Books, an imprint of the Quarto Group,
100 Cummings Center, Suite 265-D, Beverly, MA 01915, USA.
QuartoKnows.com

Übersetzung: Wiebke Krabbe
Produktmanagement der deutschen Ausgabe: Nicole Mering
Umschlaggestaltung: Eva Hook
Lektorat: Betz Lektorat + Redaktion, Tübingen
Satz: Arnold & Domnick, Leipzig
Druck: Papercraft Sdn. Bhd, Malaysia

1. Auflage 2023

ISBN 978-3-7358-8102-1
Best.-Nr. 28102

MIX
Papier | Fördert gute Waldnutzung
FSC™ C007207

Penguin Random House Verlagsgruppe
FSC® N001967

Dieses Buch ist all den Menschen gewidmet, die ich in meinen Zeichenkursen unterrichtet habe und von denen ich viel lernen durfte. Ich habe versucht, euch mein Wissen zu vermitteln, aber ihr habt mir auch die Augen geöffnet für Dinge, die ich sonst nicht gesehen hätte.

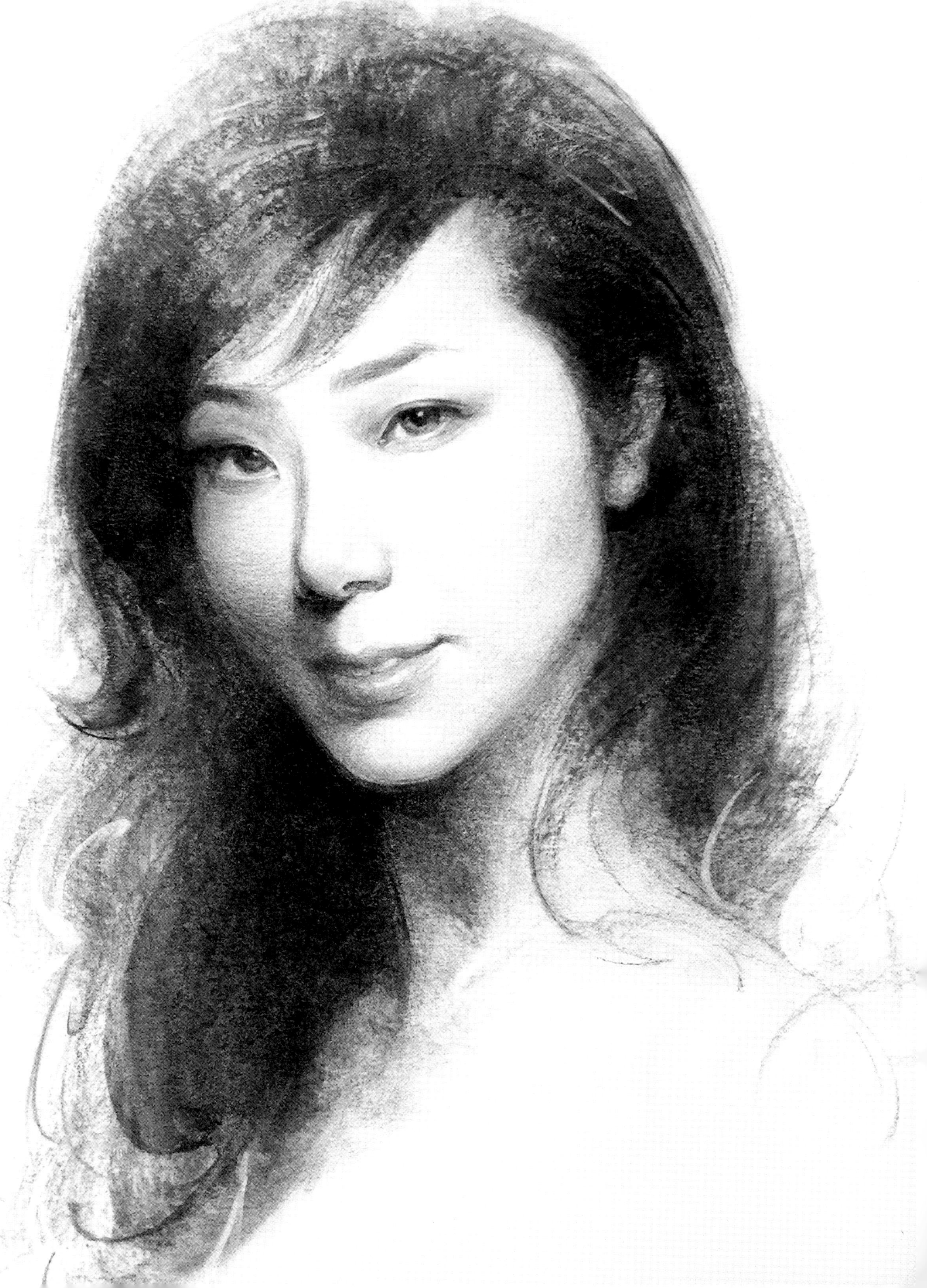

INHALT

VORWORT: PORTRÄTS MIT CHARAKTER

Ein gezeichneter Kopf ist nicht unbedingt ein Porträt. Beim Zeichnen des Kopfs geht es um Formen, Ebenen, Anatomie und Perspektive. Ein Porträt dagegen soll mit künstlerischen Mitteln Ausdruck, Stimmung und Wesen einer Person zum Ausdruck bringen.

Der gezeichnete Kopf erfasst die äußere Erscheinung des Gesichts, den Ausdruck und die Positionen der Gesichtszüge. Beim Porträt stehen Charakter, Persönlichkeit und Energie im Vordergrund. Die Arbeit mit lebenden Modellen ist nicht nur wichtig, um die zeichnerischen Fähigkeiten zu entwickeln, sondern vor allem, um die gezeichnete Person als Mensch besser kennenzulernen. In der Interaktion lernen Künstler und Modell einander kennen und es kann zu einer gewissen Intimität kommen, von der die Qualität des Porträts profitiert.

Es ist leicht, sich in den technischen Aspekten des Zeichnens zu verlieren und

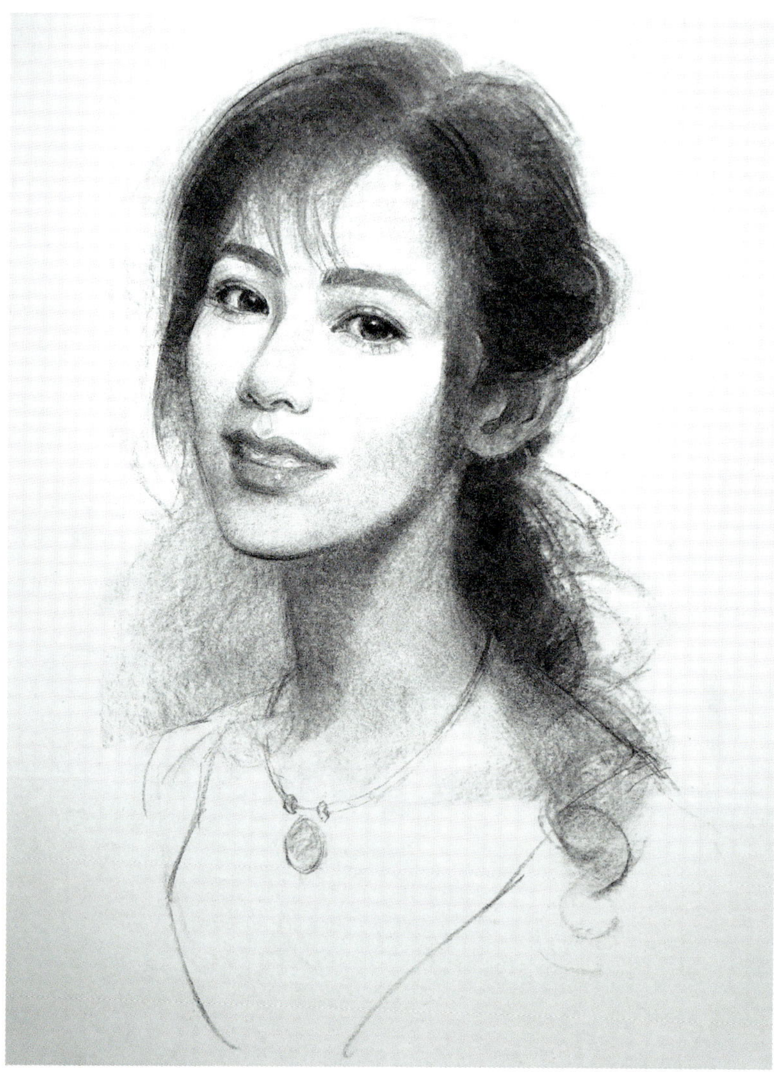

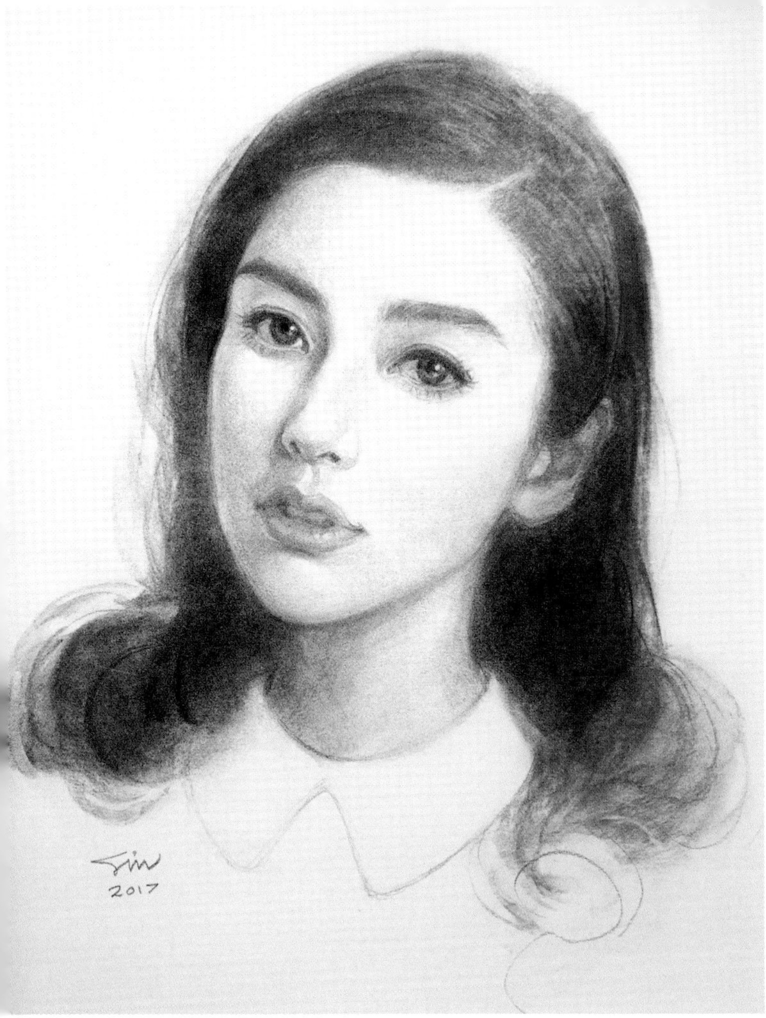

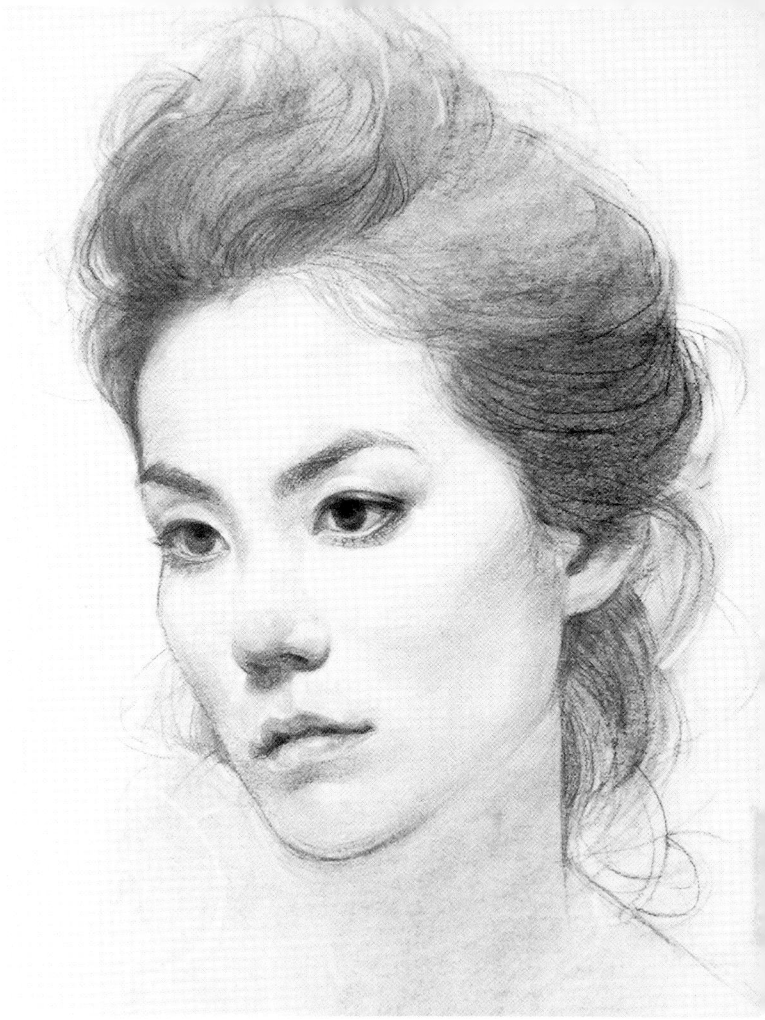

dabei die Seele des Werks aus den Augen zu verlieren. Technik ohne Seele ist bedeutungslos, andererseits kann die Seele nicht ohne Technik vermittelt werden. Beide gehen also Hand in Hand.

Zunächst gilt es zu überlegen, welche Botschaft ein Porträt vermitteln soll. Die persönliche Perspektive des Künstlers ist der gemeinsame Nenner aller von ihm geschaffenen Werke. Jedes Kunstwerk spiegelt die einzigartige Perspektive des Künstlers wider, unabhängig von Stil oder Thema. Und diese »Handschrift« des Künstlers ist ein wichtiges Element einer guten Zeichnung.

Was fällt Ihnen auf den ersten Blick auf, wenn Sie ein fremdes Modell sehen? Wenn Ihr Modell eine bezaubernde junge Frau ist, arbeiten Sie mit leichten, fließenden, sparsamen Strichen. Konzentrieren Sie sich auf das Glitzern in ihren Augen oder die einfachen Kurven ihrer Lippen. Streben Sie Leichtigkeit und Unbeschwertheit an. Das gelingt nur, wenn man die Zeichnung nicht übermäßig bearbeitet.

Die Porträts auf den nächsten beiden Seiten zeigen meine Mutter und meinen Vater. Sie haben mir dafür 2016 und 2018 persönlich Modell gesessen. Seit ich vor fast drei Jahrzehnten von meiner Heimatstadt Hongkong in die Vereinigten Staaten gezogen bin, habe ich nicht mehr viel Zeit mit meinen Eltern verbracht. Sie zu zeichnen war eine unvergessliche und unbezahlbare Erfahrung und eine Zeit besonderer Nähe.

Beide Zeichnungen drücken eine spontane Stimmung aus und fordern den Betrachter auf, zwei echte Persönlichkeiten anzusehen. Diese Porträts gehören zu den repräsentativsten Werken meiner künstlerischen Laufbahn, darum werden sie in diesem Buch mehrmals zur Sprache kommen.

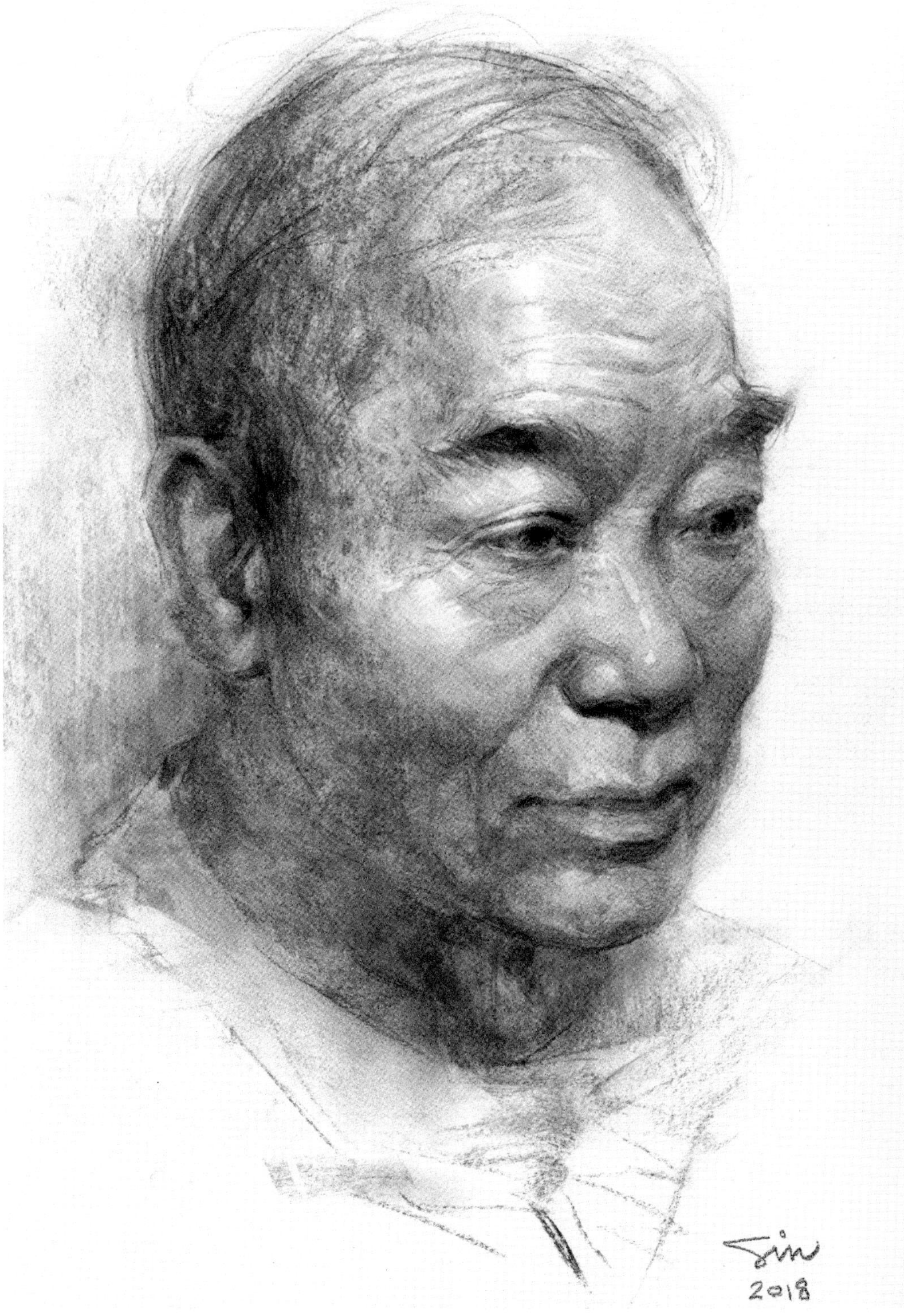

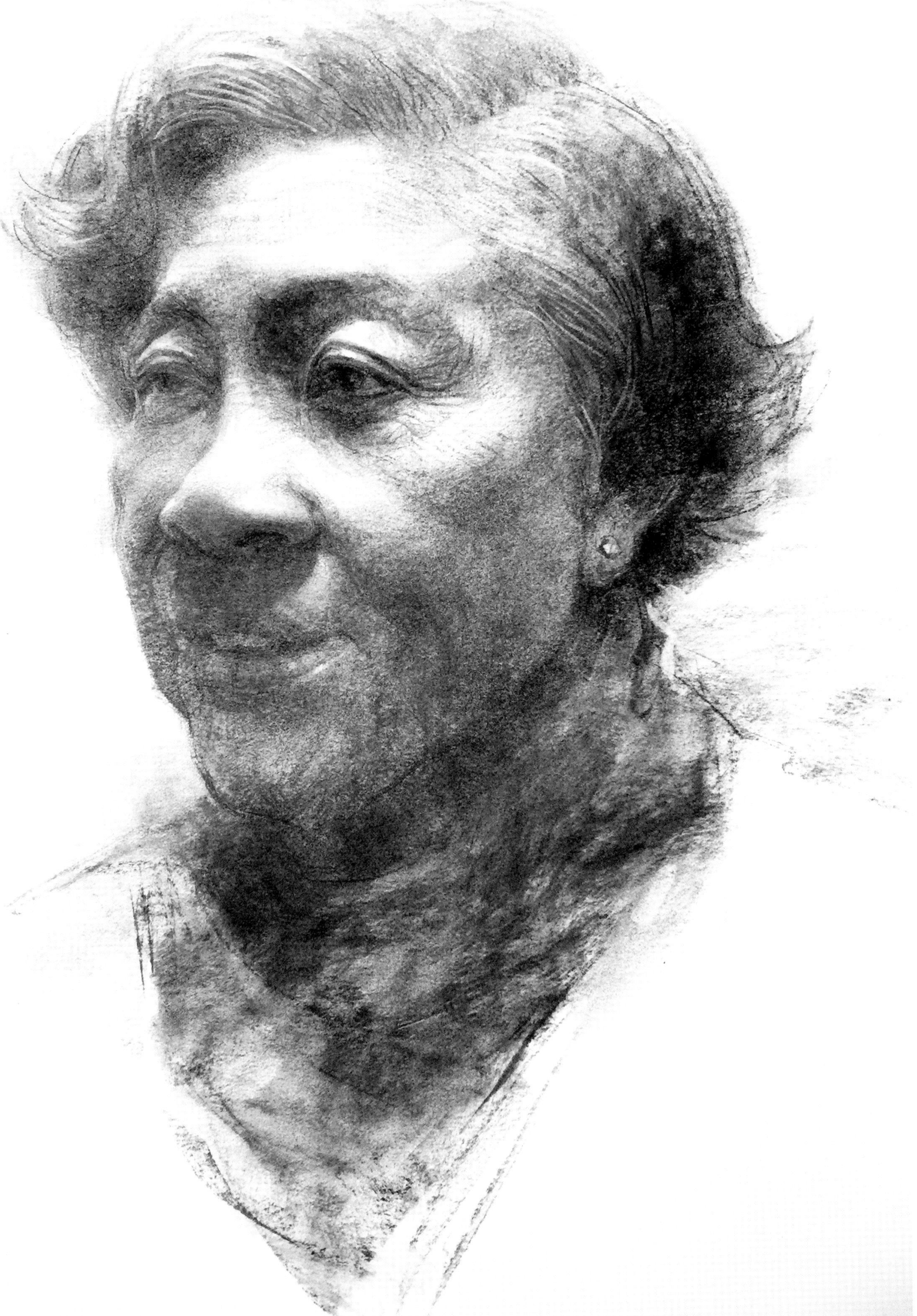

Das Modell dieser Porträts ist die bekannte Sängerin und Schauspielerin Vivian Chow Wai-Man. Ich bin mit ihrer Musik in den 1980er Jahren aufgewachsen und war immer ein treuer Fan. Im Laufe der Jahre habe ich mehr als zehn Porträts von Vivian gezeichnet.

Vivian sah die Zeichnungen zufällig auf Instagram, und so kamen wir in Kontakt. Heute sind wir befreundet. 2017 reiste ich nach Hongkong, um ihr Konzert zu besuchen. Sie bot mir in diesem Rahmen die Möglichkeit, meine Porträts auszustellen und durch die Begegnung zweier Kunstformen unsere Freundschaft zu würdigen. Ich war überwältigt und fühlte mich von der Geste dieser so prominenten Künstlerin sehr geehrt.

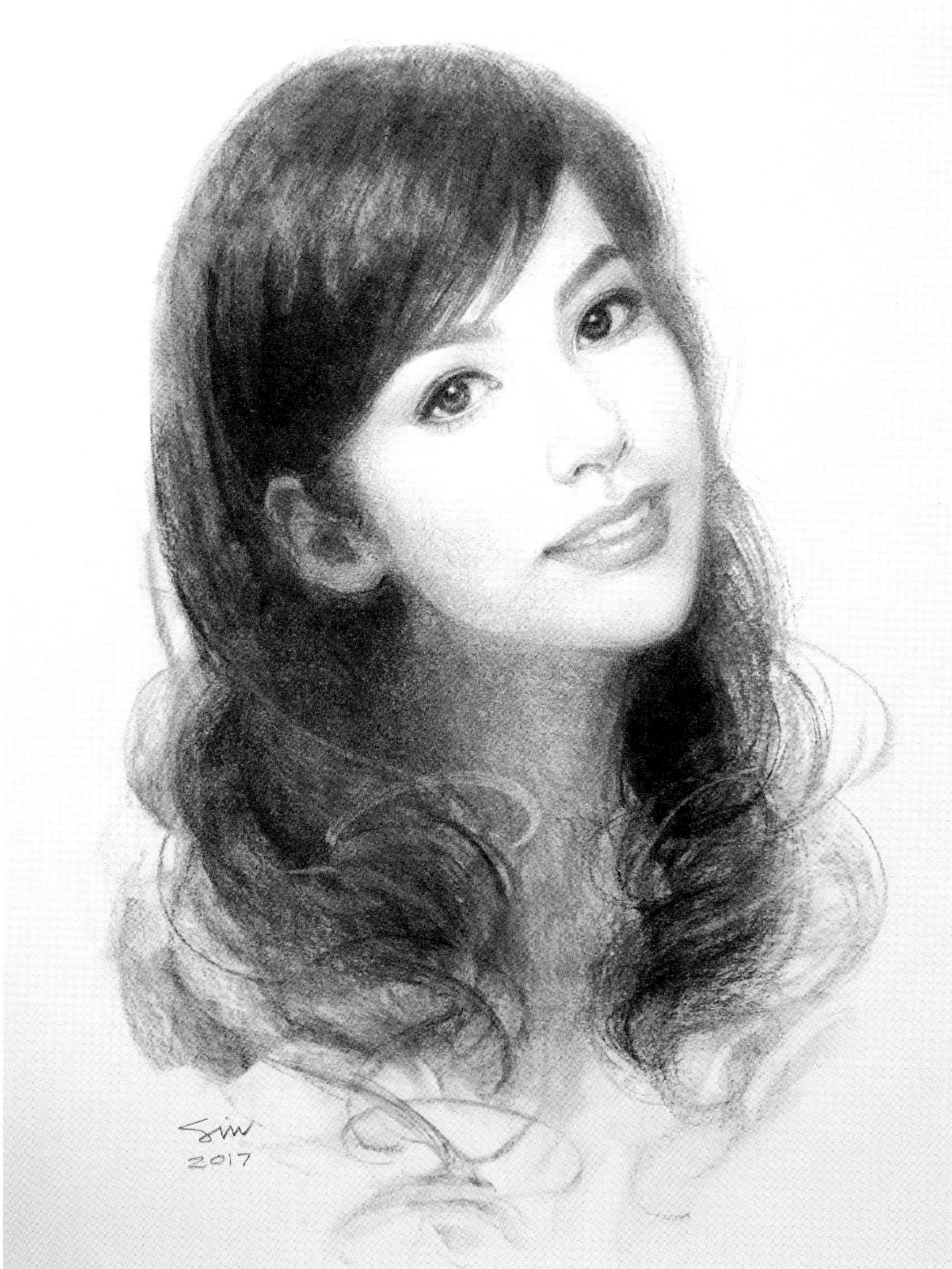

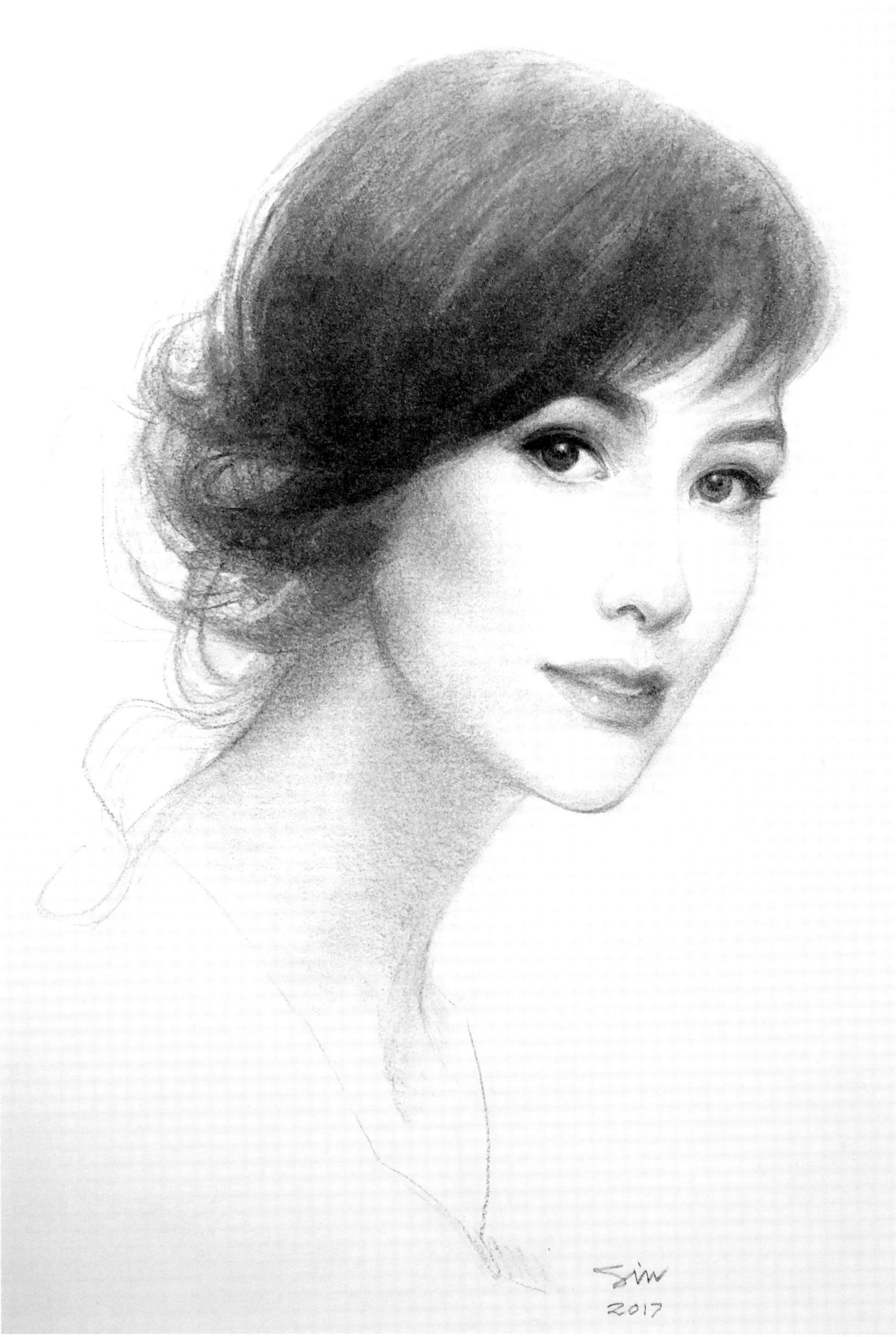
Siu
2017

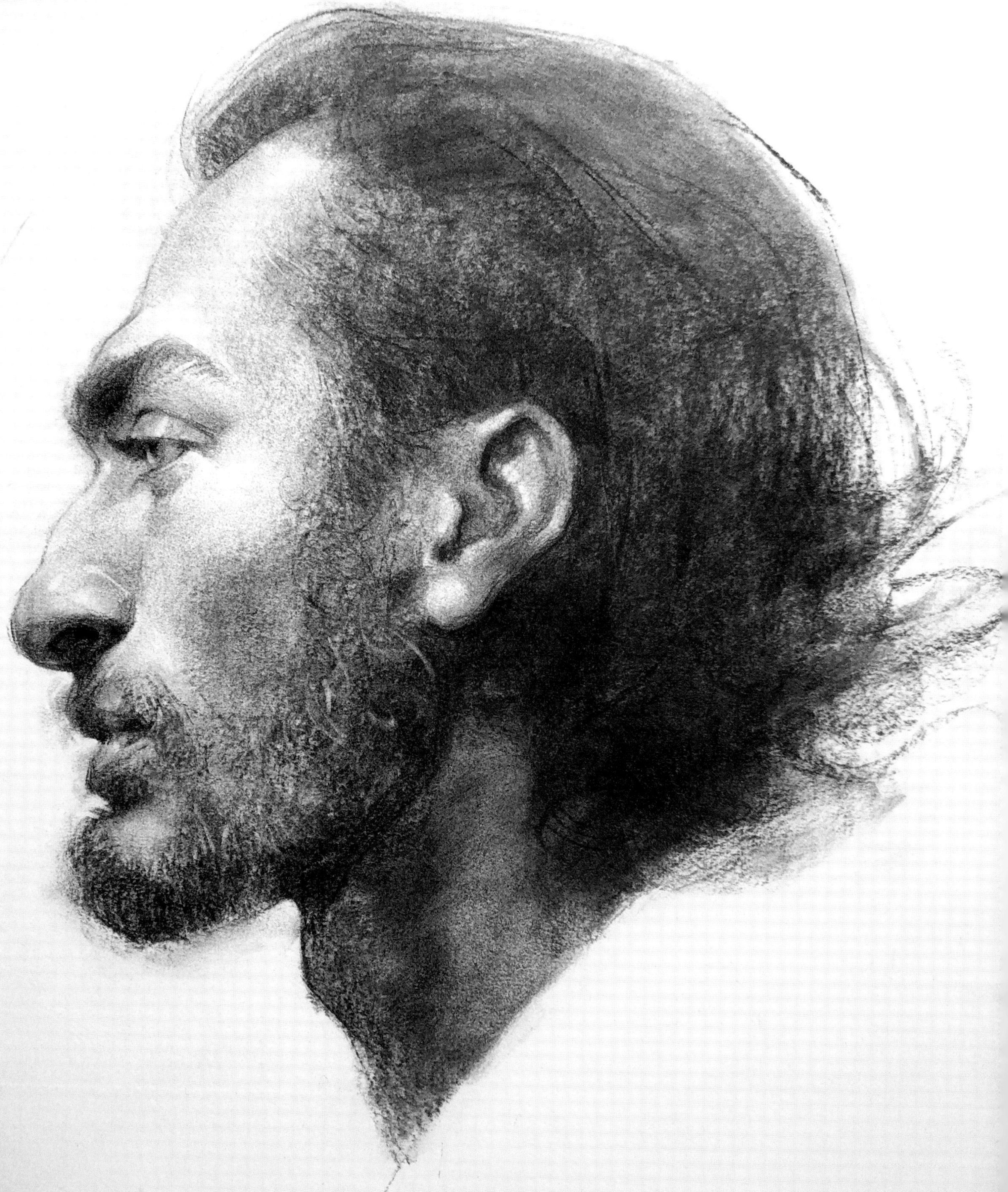

1

ZEICHEN-MATERIALIEN

MEDIEN & WERKZEUGE

Rebenkohle und Weidenkohle

Ich arbeite mit Naturzeichenkohle aus Reben und Weiden, oft in der Chiaroscuro-Technik. Dieser Begriff, der die italienischen Wörter hell (*chiaro*) und dunkel (*oscuro*) beinhaltet, bezeichnet eine Technik, bei der durch weiche Übergänge zwischen Tonwerten eine besondere Tiefenwirkung entsteht.

Naturzeichenkohle wird durch Verkohlen von Weinreben oder Weidenzweigen in einem speziellen Ofen hergestellt. Von Künstlern wird sie wegen ihrer Vielseitigkeit geschätzt. Reben- und Weidenkohle lässt sich leicht zerbrechen. Sie ist in verschiedenen Längen, Stärken und Härtegraden erhältlich. Diese Medien erzeugen Striche in verschiedensten Tonwerten, von hellstem Grau bis zu tiefstem Schwarz, und sind darum für die Chiaroscuro-Technik gut geeignet. Weidenkohle ist schwarz, während Rebenkohle dunkelgrau ist. Weil sich die helleren Striche leicht vom Papier entfernen lassen, wird Rebenkohle von Künstlern gerne für erste Skizzen oder vorläufige Kompositionen verwendet. Sie eignet sich jedoch weniger für die Erstellung detaillierter Kunstwerke, da sie zum Verblassen neigt. Dunklere Tonwerte lassen sich erzielen, indem man Weidenkohle über Rebenkohle oder beide zusammen aufträgt. Rebenkohle kann auch mit anderen Arten von Zeichenkohle kombiniert werden, zum Beispiel mit gepressten Kohlestiften.

Achtung!

Fixative enthalten gesundheitsschädliche Stoffe. Nur im Freien verwenden!

Knetradiergummi

Bei der Arbeit mit Reben- und Weidenkohle verwende ich einen Knetradierer zum Entfernen, Aufhellen und Umverteilen von Tonwerten. Da sich Knetradierer leicht dehnen und formen lassen, eignen sie sich hervorragend für subtraktive Arbeiten, um Formen zu entwickeln, Linien zu verfeinern und Highlights zu setzen.

Weitere hilfreiche Werkzeuge für das Bearbeiten von Zeichnungen sind Radierstifte, Kautschukradierer, extraweiche Radiergummis, einschneidige Rasierklingen und Borstenpinsel. Der schmale Kopf eines Radierstifts eignet sich gut für feine Details.

Fixativ

Kohlezeichnungen sind extrem empfindlich. Die kleinste, auch versehentliche Berührung kann einen auffälligen Fleck hinterlassen, die Intensität der Tonwerte verringern und die Glanzlichter verwischen. Fixiersprays hingegen können eine Zeichnung sogar stärken, indem sie als »Haftgrund« für einen neuen Auftrag der Medien dienen.

Verwenden Sie während der Arbeit an einer Zeichnung ein bearbeitbares Fixativ.

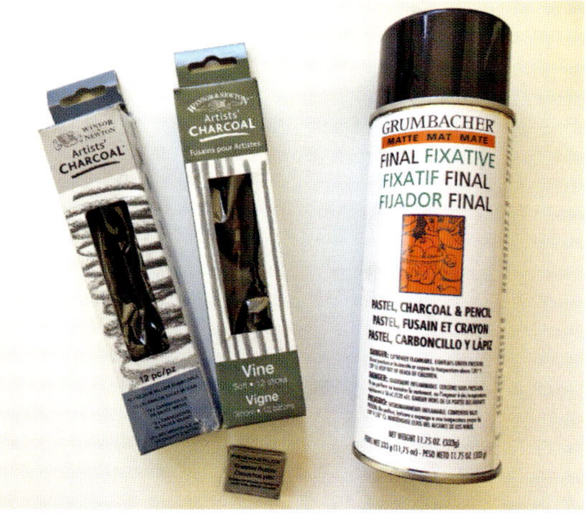

Von links: Weidenkohle, Knetradiergummi, Rebenkohle, Fixativ zum Sprühen.

Fixiermittel verändern das Erscheinungsbild einer Kohlezeichnung, indem sie die Tonwerte leicht abdunkeln. Bei zu großzügigem Auftrag können Kohlepartikel in die gesättigten Papierfasern eindringen, sodass feinere Details der Zeichnung verloren gehen.

Wie viele Schichten Fixativ Sie verwenden, hängt von der Anzahl der Kohleschichten in einer Zeichnung ab. In der Regel sind drei bis fünf Schichten Fixativ ausreichend.

Um die fertige Kohlezeichnung zu schützen, verwenden Sie Fixativ mit mattem Glanz.

ZEICHNEN MIT REBEN- UND WEIDENKOHLE

1 | Ein Kohlestäbchen in kleinere Stücke von etwa 2,5 cm Länge brechen. Ein Stück Kohle zwischen dem Daumen und den ersten beiden Fingern halten und mit der Breitseite zeichnen (nicht mit der Spitze), um einen besonders weichen Strich zu erzeugen. Wenn Sie ein Stück Kohle so halten, als ob Sie damit schreiben wollten, entsteht in diesem Winkel ein harter Strich, der unerwünscht ist. Bei meinen Porträtzeichnungen sind die Tonwerte das wichtigste Element. Ich verwende nur wenige Linien, meist nur in Verbindung mit dem Volumen, um Kanten und Details zu verdeutlichen.

2 | Üben Sie den Wechsel vom Tonwert zum harten Strich und umgekehrt. Variieren Sie den Druck. Streichen Sie nur ganz leicht mit der Kohle über das Papier, um sie anschließend mit dem Finger zu verreiben.

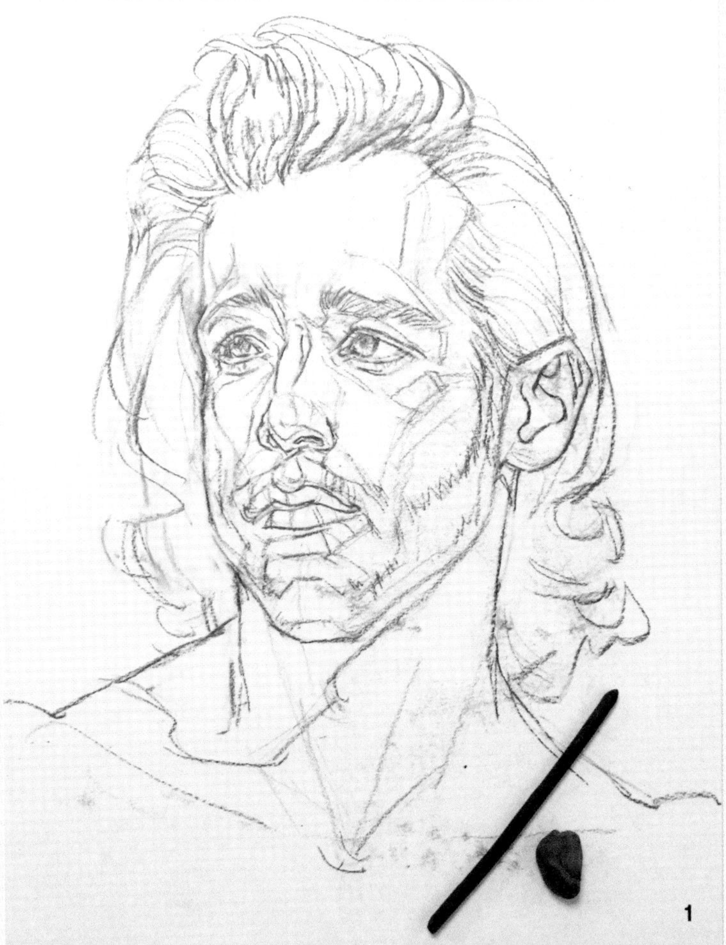

1

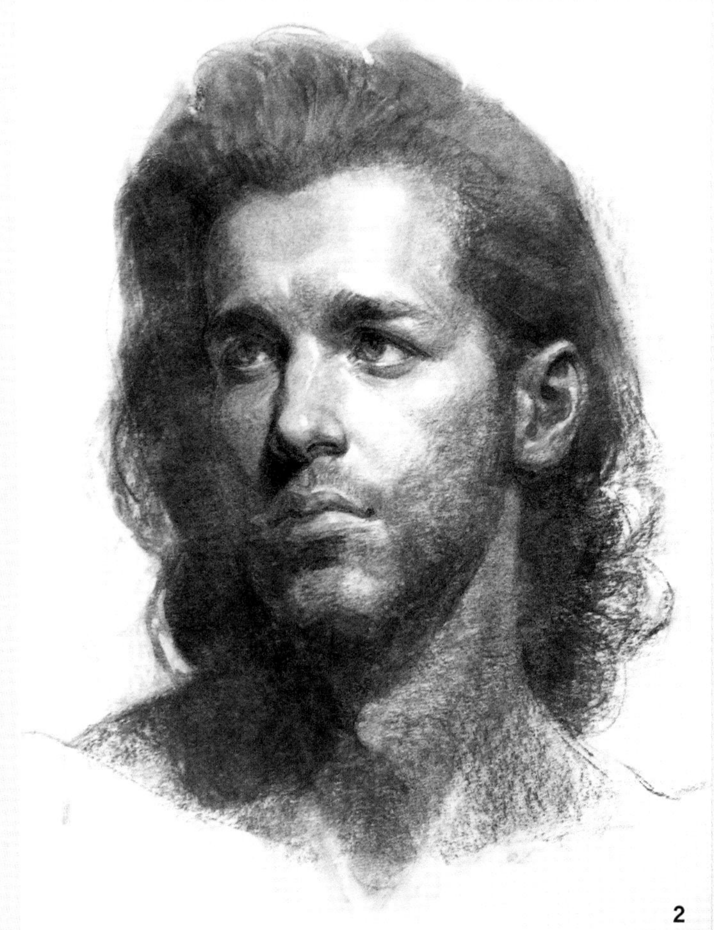

2

Kohlestifte und -stäbchen

Stäbchen und Stifte aus gepresster Kohle sind härter als Naturzeichenkohle. Ich verwende dieses Werkzeug sparsam und in der Regel nur zum Abschluss einer Zeichnung, um harte Kanten hervorzuheben und visuelle Akzente zu setzen (siehe Seite 96).

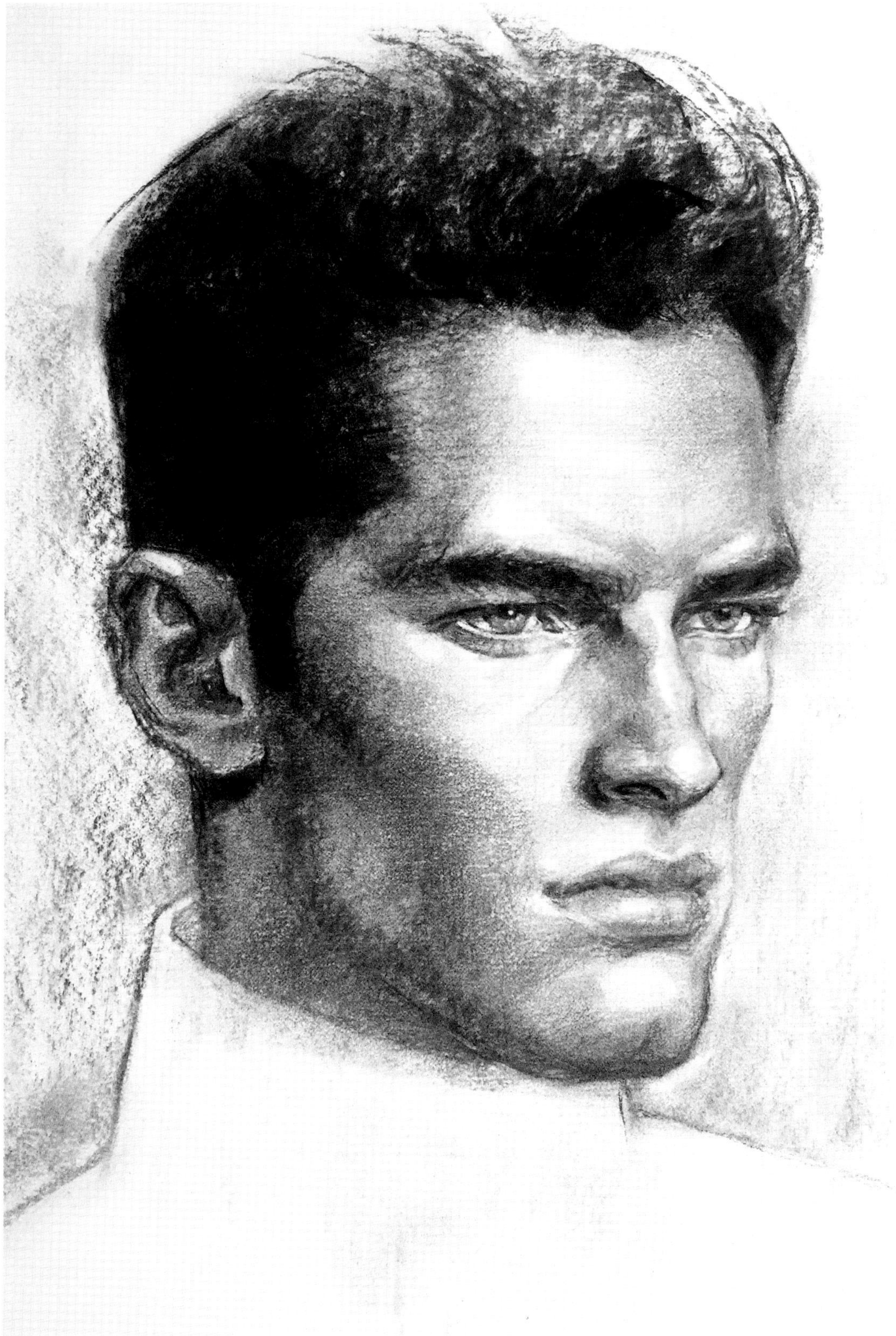

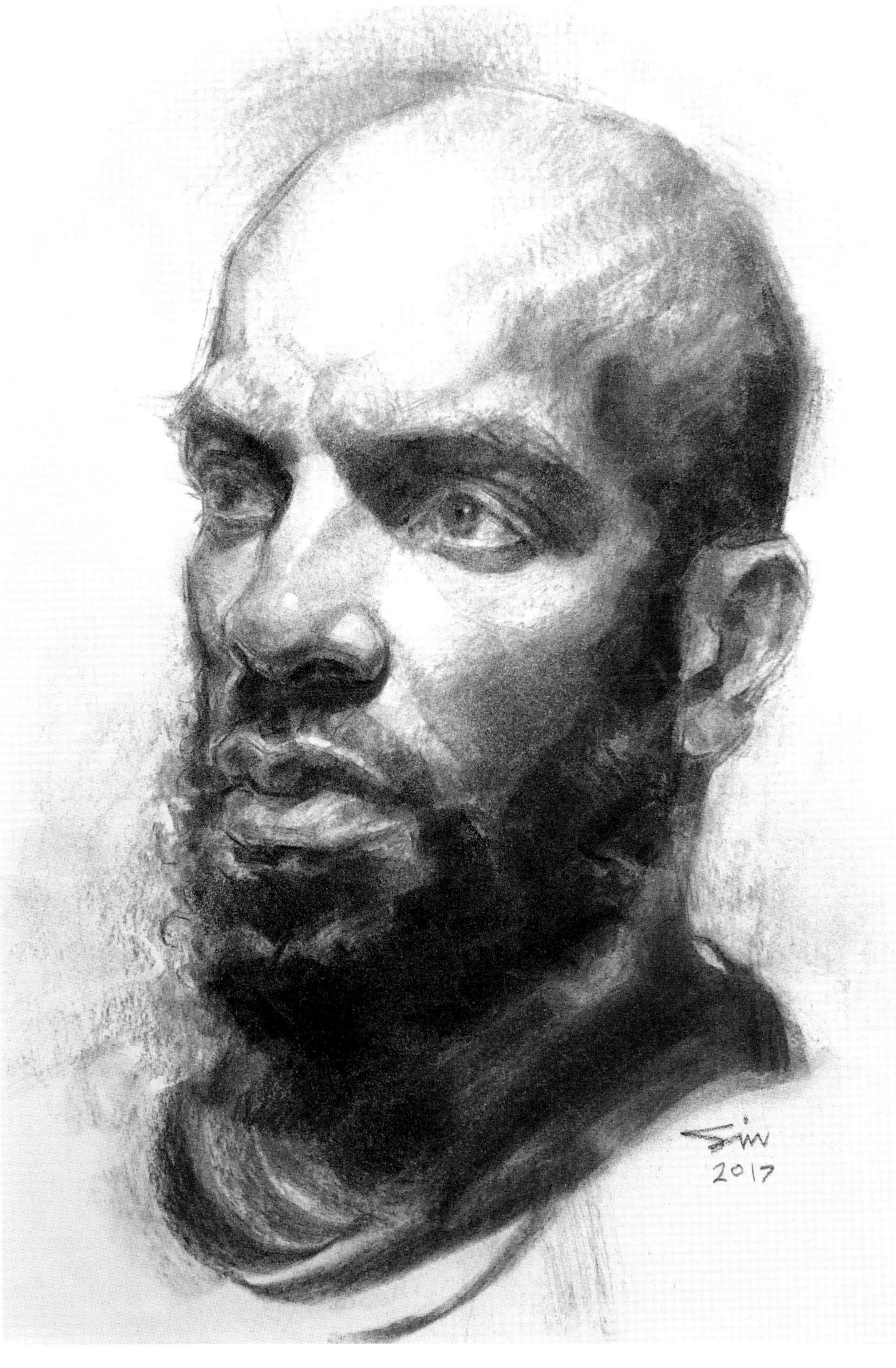
Sin
2017

Papier

Das Papier ist für Ihr Kunstwerk genauso wichtig wie die Kohle, mit der Sie zeichnen. Gutes Papier kann eine Zeichnung aufwerten, schlechtes kann sie ruinieren. Das Papier beeinflusst auch, wie leicht oder schwer die Kohle darauf gleitet.

Ich bevorzuge Strathmore-Zeichenpapier. Die Serie 400 hat eine langlebige Oberfläche mit mittlerer Struktur. Die Serie 500 ist ein Papier für professionelle Künstler. Verwenden Sie unbedingt Papier in Archivqualität, denn das wirkt sich auf die Haltbarkeit und den Wert der fertigen Zeichnungen aus.

Mit Ausnahme der strukturierten und getönten Papiere, die ich für zwei alternative Techniken verwende (siehe Seite 131), sind meiner Erfahrung nach Papiere, die speziell für Kohle hergestellt wurden, zu rau. Bristol-Papiere andererseits sind zu glatt. Unabhängig davon empfehle ich, mit verschiedenen Papierqualitäten und Oberflächen zu experimentieren, um die eigenen Favoriten zu finden.

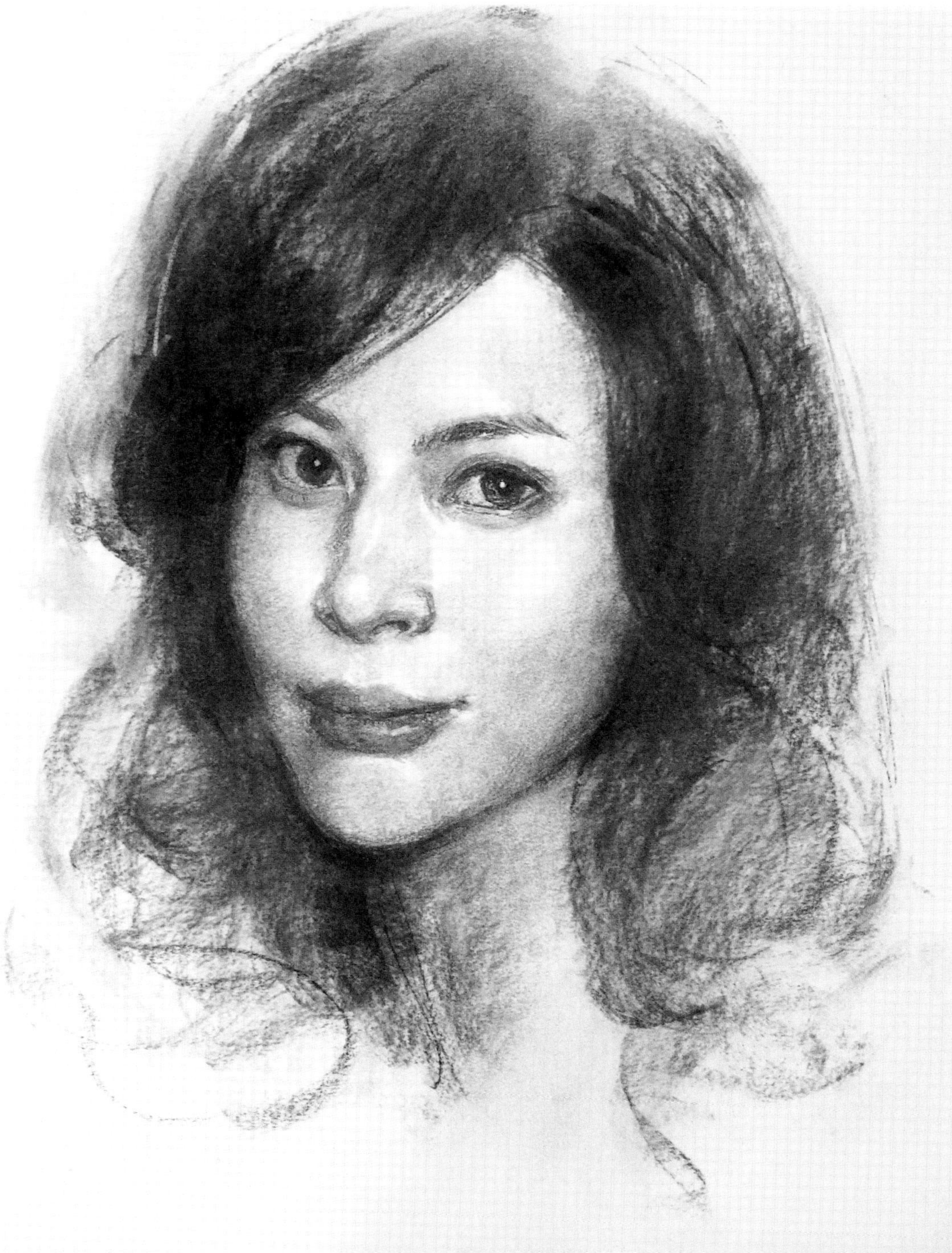

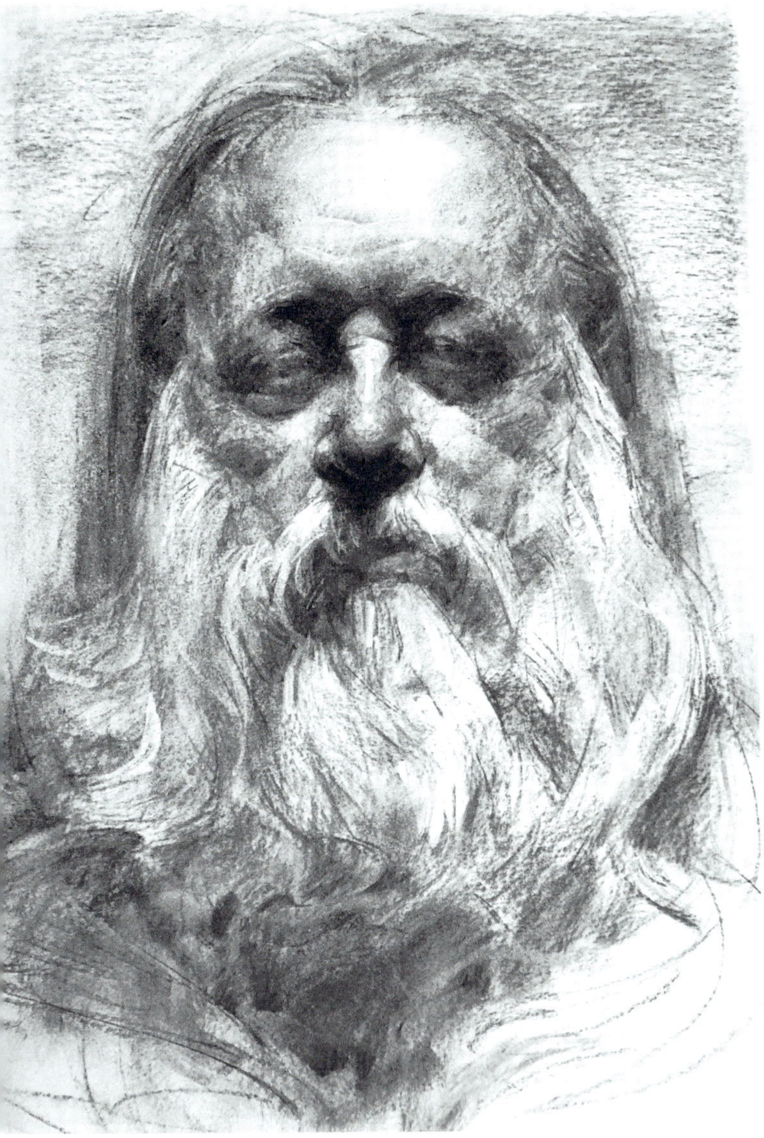

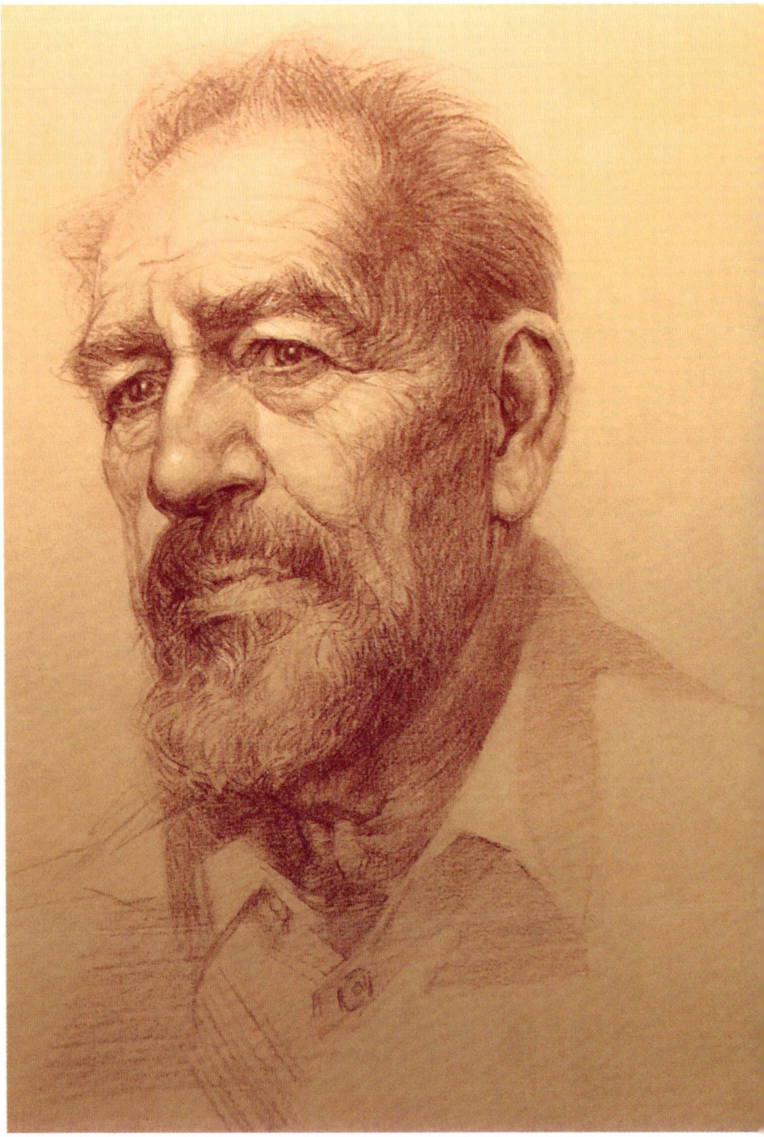

▲ Die Papiere, die ich für die Porträts auf dieser Doppelseite verwendet habe, stehen stellvertretend für die jeweilige Technik: glatteres Papier für die Arbeit von hell nach dunkel, die in diesem Buch gezeigte Haupttechnik (nebenstehend), raueres Papier für die Arbeit von dunkel nach hell (oben links) und die Arbeit auf getöntem Papier (oben rechts). Für das Porträt auf getöntem Papier habe ich CarbOthello-Pastellkreide in Caput Mortuum Red (#645) auf Strathmore-Papier der Serie 500 in Golden Brown verwendet.

SKIZZENBÜCHER

Skizzenbücher sind großartige Hilfsmittel zum Sammeln von Informationen und zum Entwickeln künstlerischer Ideen. Ich betrachte sie als eine Art kreatives Tagebuch und verwende sie hauptsächlich, um Menschen zu zeichnen. Der Zweck einer Skizze besteht darin, interessante Details sowie die allgemeine Haltung und Gestik des Motivs zu beobachten und festzuhalten. Je mehr man beobachten und auf einen Blick erfassen kann, desto schneller kann man zeichnen und desto mehr kann man einfangen.

In einem Skizzenbuch dürfen Sie der Kreativität freien Lauf lassen. Es gibt keine Regeln und keine Auftraggeber mit Erwartungen. Sie können alles und jeden skizzieren, der Sie interessiert. Es ist nicht nötig, Skizzen fertigzustellen oder auszuarbeiten. Das Ziel des Skizzierens ist die Beobachtung. Es ist in Ordnung, Fehler zu machen. Versuchen Sie, einfach Spaß zu haben, und lassen Sie Ihr Skizzenbuch zu einem ständigen Begleiter werden.

Skizzenbücher gibt es in verschiedenen Größen und Papierarten. Ich habe immer ein kleines, 12,5 x 20 cm großes Moleskine-Skizzenbuch dabei, in dem ich alles festhalten kann, was mir ins Auge fällt.

Verwenden Sie, was immer als Zeichenmedium zur Hand ist, notfalls einen Kugelschreiber. Lassen Sie sich von Medien, die man nicht ausradieren kann, nicht einschüchtern. Wenn Sie mit solchen Stiften arbeiten, müssen Sie vor dem Skizzieren umso genauer beobachten, und auch das ist ein wertvoller Lernprozess. Probieren Sie verschiedene Werkzeuge und Kombinationen aus, um herauszufinden, was Sie bevorzugen.

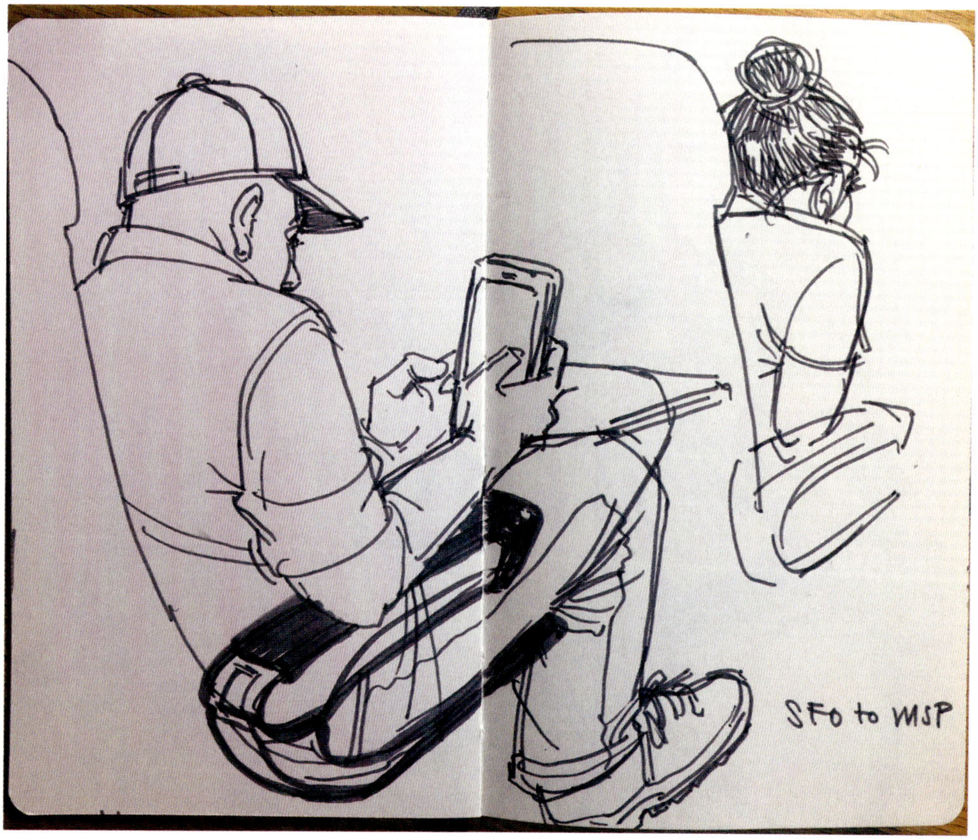

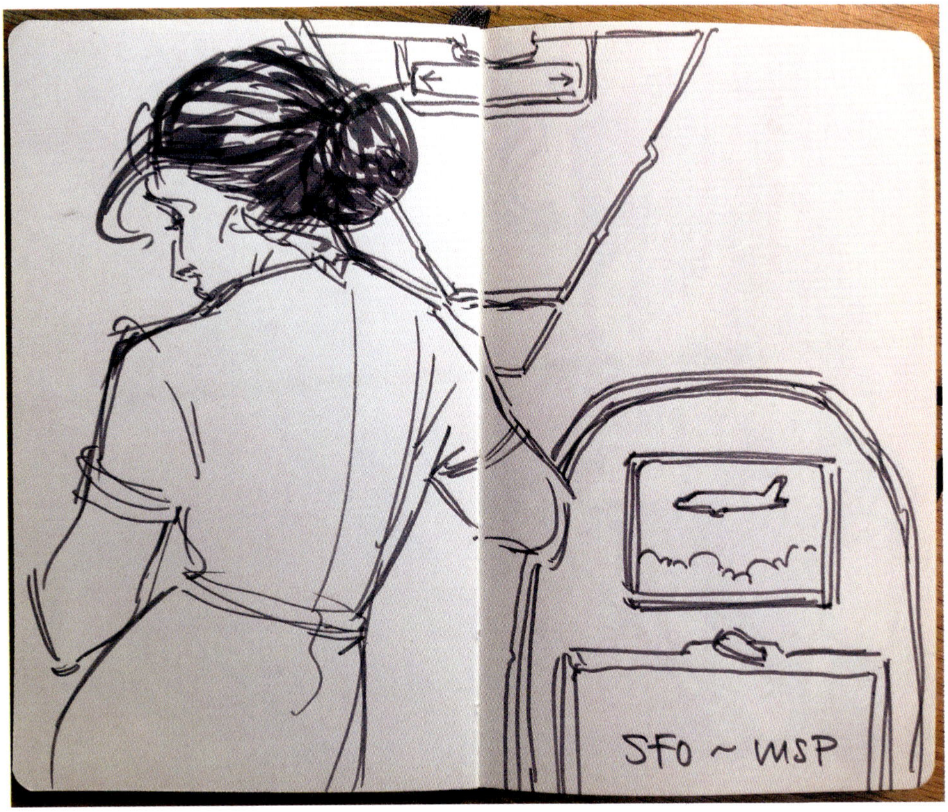

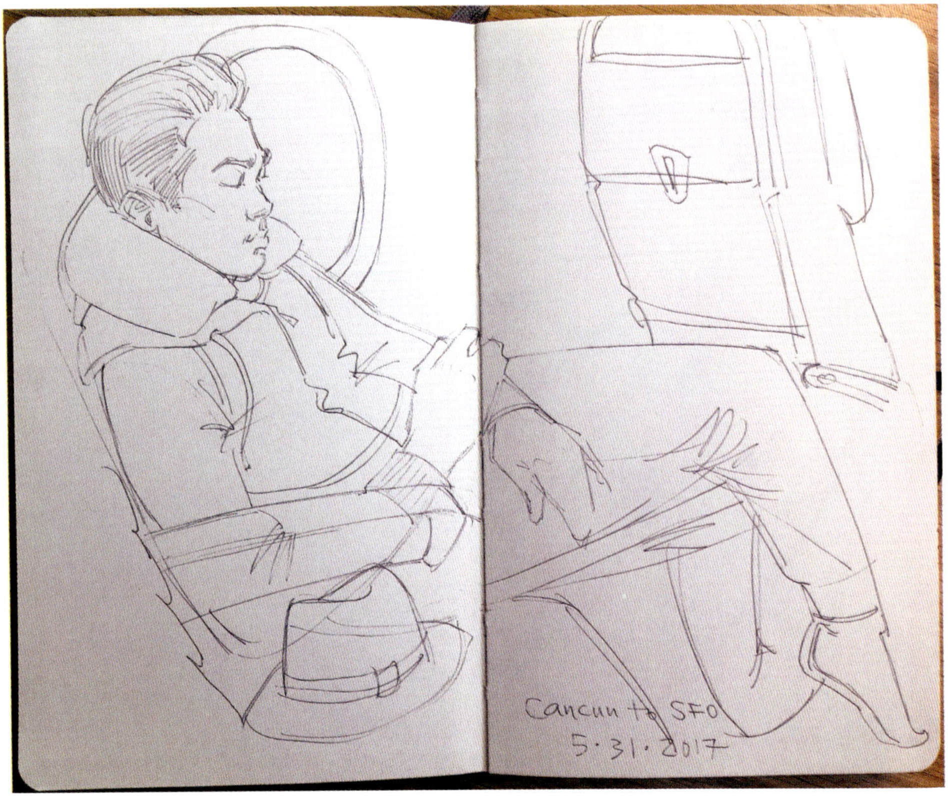

Diese Skizzen habe ich während eines Fluges in einem 12,5 x 20 cm großen Moleskine-Skizzenbuch mit Sketch Marker und Stift angefertigt. Wenn Sie sich beim Skizzieren in der Öffentlichkeit unsicher fühlen, schaffen Sie sich ein kleines, unauffälliges Skizzenbuch an.

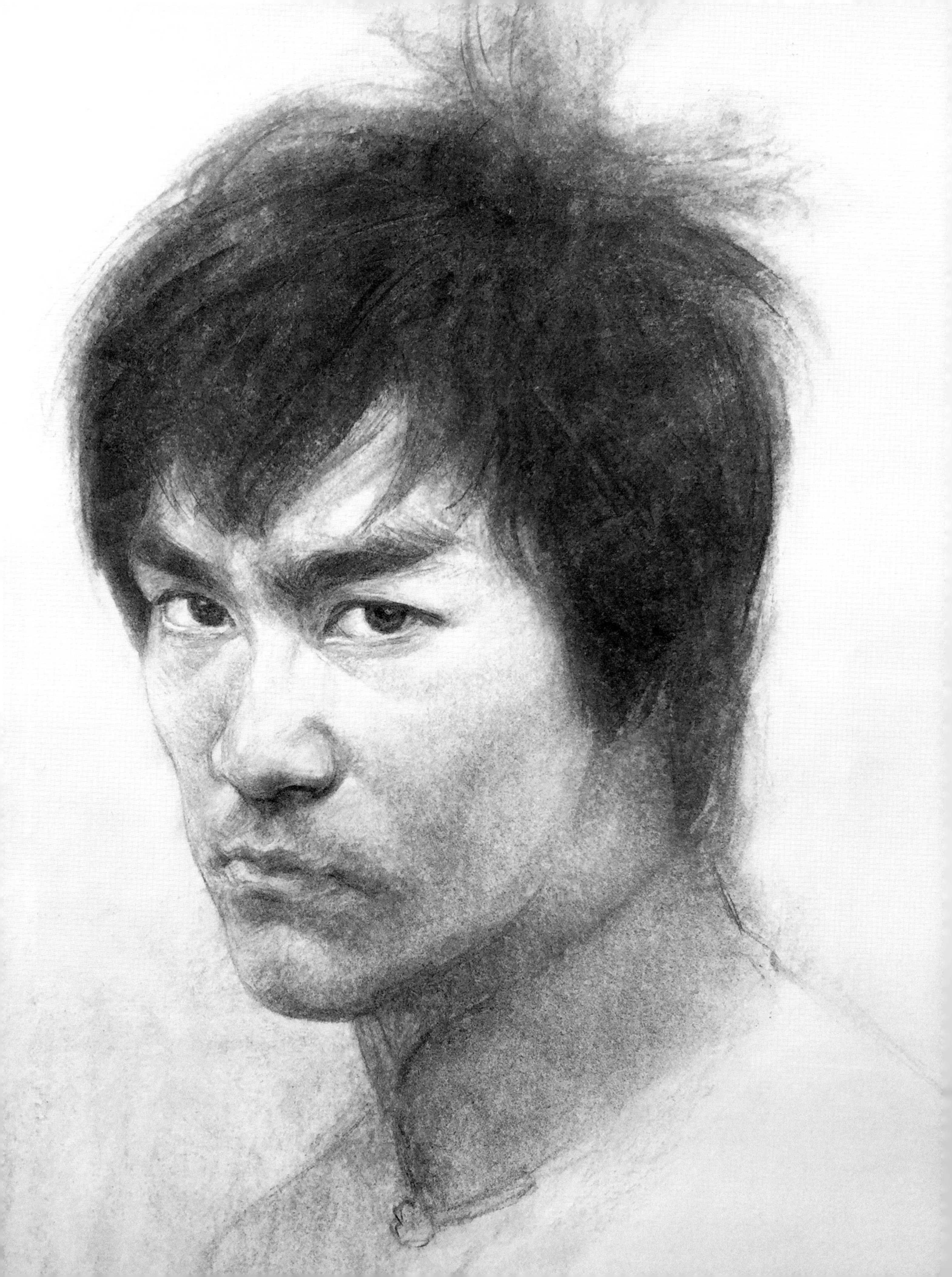

2

WICHTIGE BEGRIFFE & TECHNIKEN

GRUNDTECHNIKEN

Zeichenmedien lassen sich auf vielfältige Weise einsetzen, aber einige traditionelle Methoden sollten Sie unbedingt kennen.

Schraffur

Dies ist eine Technik zum Schattieren, bei der parallele Striche gezeichnet werden. Je geringer die Abstände, desto dunkler der Tonwert. Zeichner variieren Länge, Winkel, Abstand und Charakter der Striche, um für Abwechslung zu sorgen.

Kreuzschraffur

Hierbei wird eine Schraffur mit einer weiteren überlagert, jedoch mit anderer Strichrichtung. Schraffur und Kreuzschraffur werden oft kombiniert, um Räumlichkeit und Schatten herauszuarbeiten.

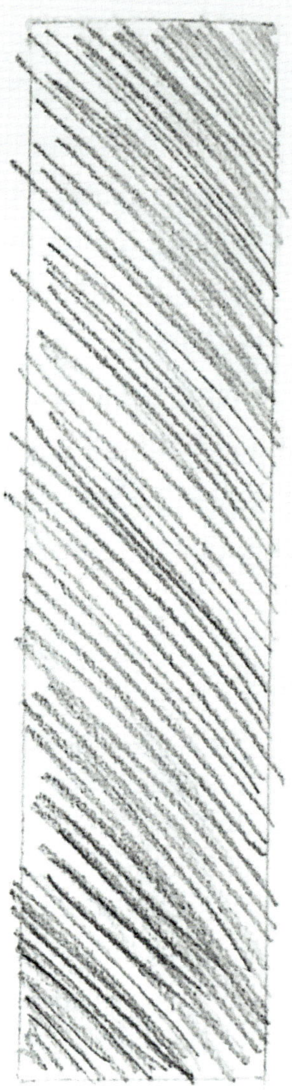

Schraffur

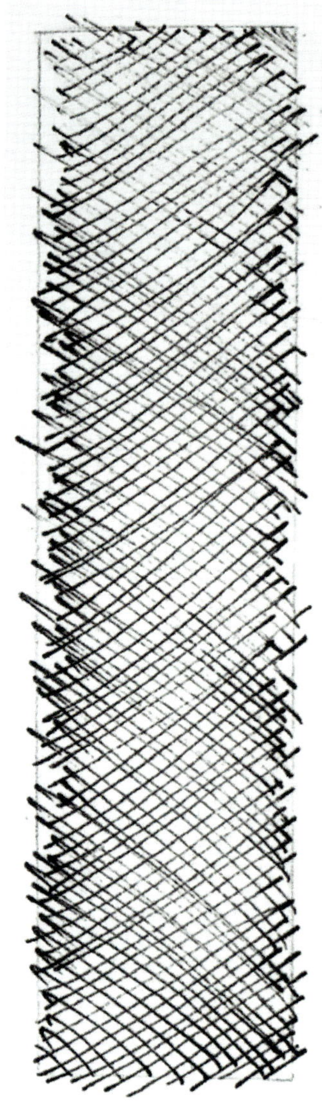

Kreuzschraffur

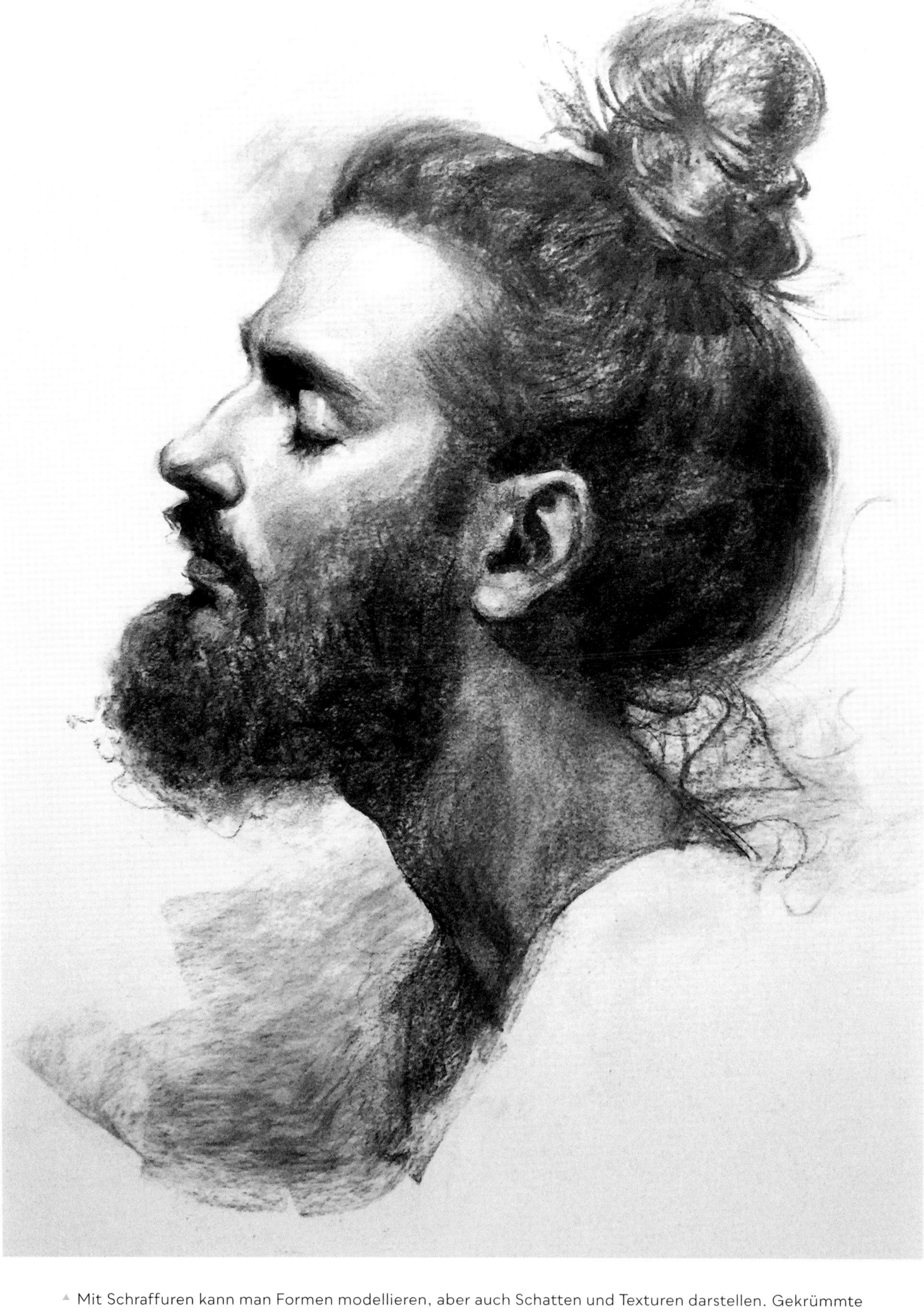

▲ Mit Schraffuren kann man Formen modellieren, aber auch Schatten und Texturen darstellen. Gekrümmte Schraffuren deuten im Haarknoten dieses Mannes die Haarsträhnen an und verdeutlichen seine runde Form.

Breite Striche

Für solche Striche setzen Künstler Reben- oder Weidenkohle mit der Breitseite auf das Papier. Das Aussehen der Striche variiert je nach der Oberflächenstruktur des Papiers.

Verwischen

Striche werden auf dem Papier verwischt, um sie weicher wirken zu lassen, um Tonwerte zu mischen oder fließende Übergänge zwischen ihnen zu schaffen.

Sie können zum Verwischen Ihren Finger, ein Wattestäbchen oder einen Lappen verwenden. Im Fachhandel bekommt man Papierwischer, auch *Tortillon* genannt. Das sind stiftförmige Werkzeuge aus fest gewickeltem Papier. Man kann sie anspitzen und mit der feinen Spitze selbst kleinste Details präzise ausarbeiten.

Das Verwischen kann die Ganzheit einer Zeichnung zerstören, daher ist es wichtig, dass man es nicht übertreibt. Tatsächlich ist das Verwischen eine Technik, die man sich erarbeiten muss. Seien Sie geduldig und üben Sie so lange, bis Sie mit den verschiedenen Wischwerkzeugen und -methoden vertraut sind.

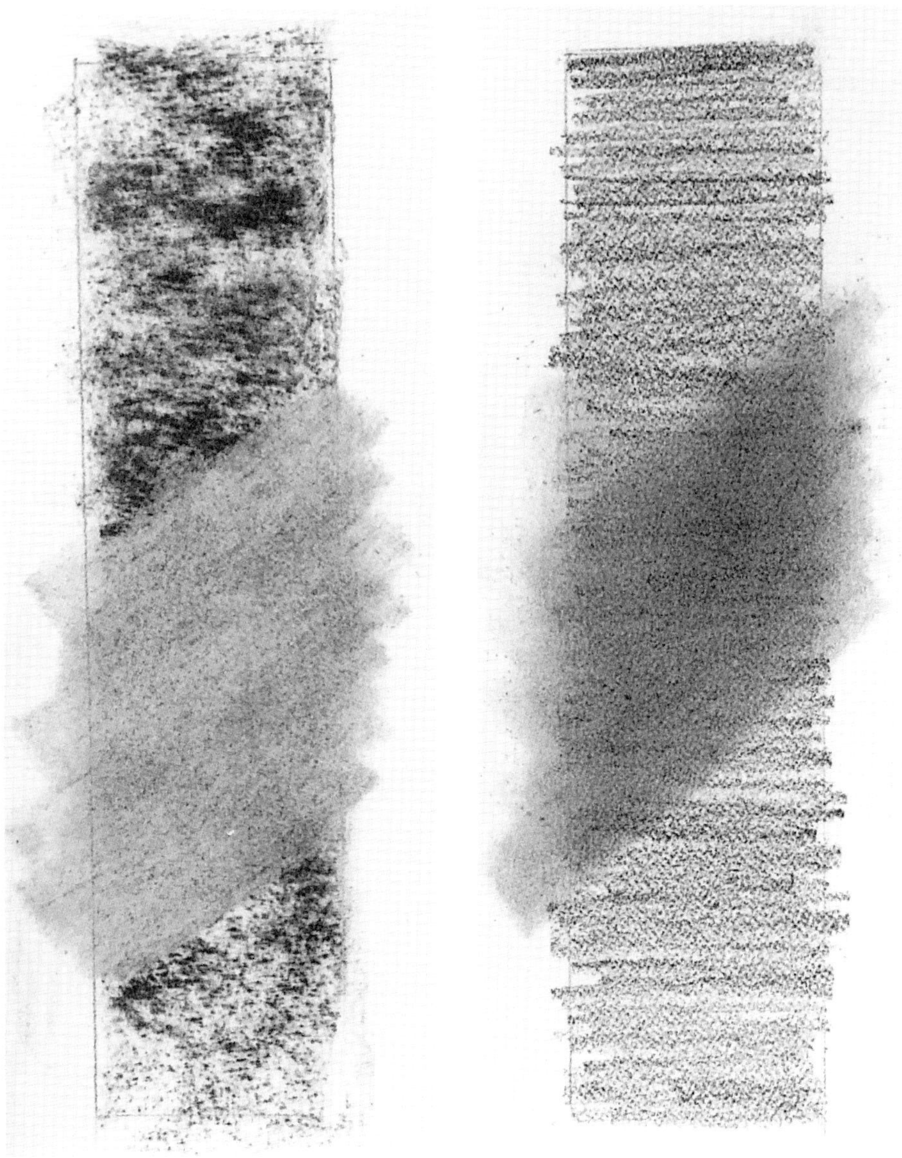

Breite Striche, verwischt

Feinere Schraffur, verwischt

◂ Diese Beispiele zeigen, wie unterschiedlich breite und feinere Striche wirken, wenn sie verwischt werden. Das Ergebnis wird nicht nur durch die Strichbreite beeinflusst, sondern auch durch die Oberflächenstruktur des Papiers und das zum Wischen verwendete Werkzeug.

TONWERTE GESTALTEN DURCH VERWISCHEN

Dieses Porträt zeigt Adja Kaba, ein Model aus der Modebranche. Ihr ausdrucksstarkes Gesicht und ihr langer, anmutiger Hals inspirierten mich, sie zu zeichnen.

In dieser Phase der Zeichnung – nachdem ich die Position von Kopf und Hals, die Gestenlinie des Halses und die Volumina der Komposition sorgfältig definiert hatte – werden die verschiedenen Schattierungen mit mittleren und dunklen Tonwerten ausgearbeitet.

1 | Auffällig ist die markante Struktur von Knochen und Muskeln im Bereich der Wangenknochen (oben rechts). Sie bewirkt, dass sich alles unter dem Wangenknochen in einem Schattenbereich befindet. Versuchen Sie, diese Schattenbereiche zu vereinheitlichen und ignorieren Sie dabei zunächst Details wie die Lichter darin. In gewisser Weise ähnelt das Porträtzeichnen der Bildhauerei: Details werden erst sichtbar , wenn die Form festgelegt ist.

2 | Wenn Sie die Detailarmut in dieser Phase irritiert, führen Sie sich vor Augen, dass die Details in allen Bereichen des Kopfs während der weiteren Arbeit entwickelt werden können.
Die Wiedergabe von Details kann für Zeichenanfänger verwirrend oder herausfordernd sein, aber es ist weder möglich noch notwendig, jedes einzelne Detail zu berücksichtigen. Wählen Sie sorgfältig aus, welche Details Sie einbeziehen wollen, anstatt verzweifelt eine fotografische Ähnlichkeit anzustreben.

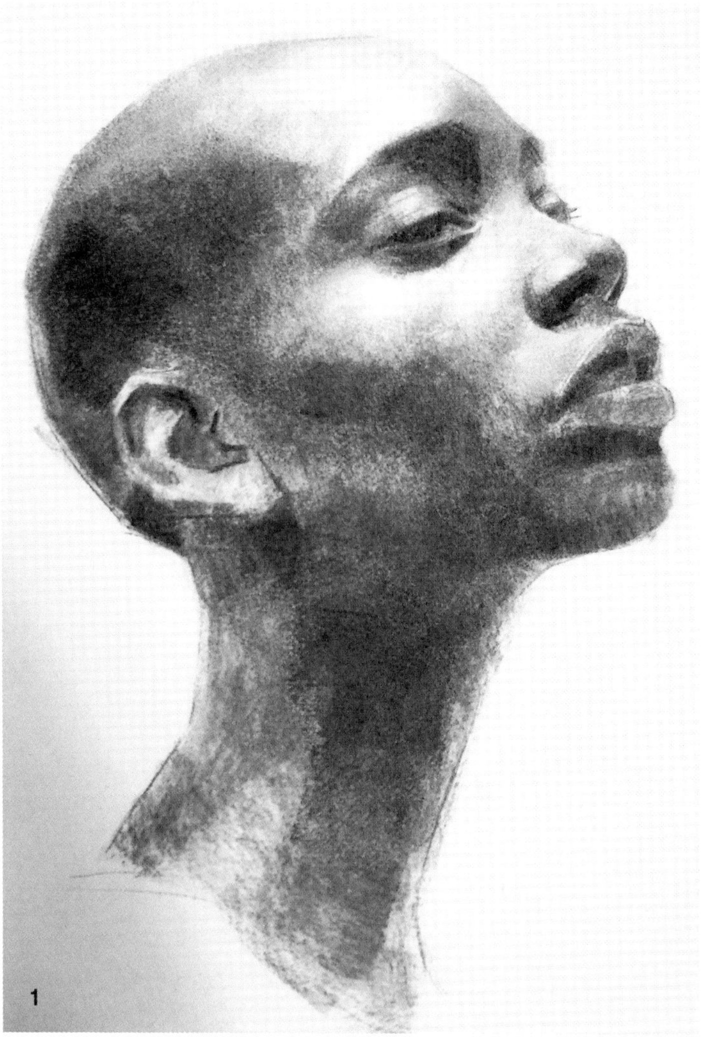

1

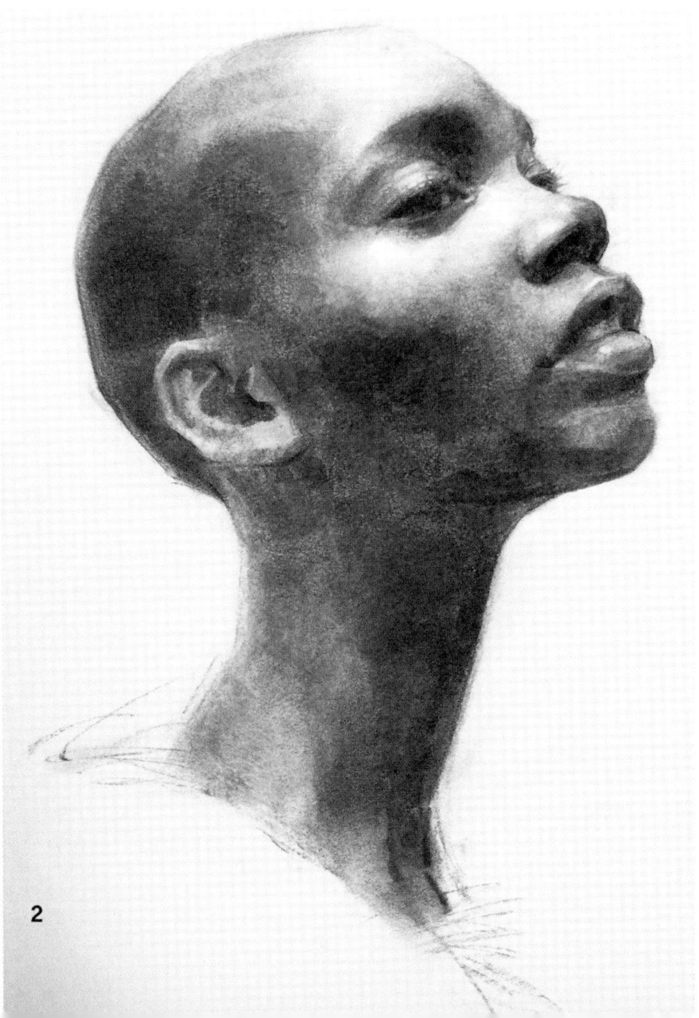

2

ELEMENTE DER KUNST

SIEBEN ELEMENTE IN KUNST UND DESIGN

Strich	Raum/Tiefe
Form	Textur
Volumen	Farbe
Tonwert	

Strich

Man sagt, ein Strich sei ein Punkt in Bewegung. Striche können in Form von Umrisslinien den Blick des Betrachters lenken. Striche, die eine Form umreißen, nennt man Konturen oder Konturlinien.

Künstler können die Illusion einer Form erzeugen, indem sie Art und Stärke der Striche variieren (siehe auch Formgebung durch Konturen, Seite 96). Striche können auch zur Darstellung von Schatten verwendet werden. Schattenbereiche haben dickere Konturlinien, während hellere Bereiche dünnere Umrisse haben.

Die fünf wichtigsten Strichtypen, einfach definiert:

Vertikale Striche verlaufen auf der Bildfläche von oben nach unten. Sie sind nicht schräg.

Horizontale Striche verlaufen waagerecht, also parallel zum Horizont.

Diagonale Striche verlaufen mehr oder weniger schräg.

Zickzack-Striche setzen sich aus mehreren schrägen Strichen zusammen.

Gekrümmte Striche verändern ihre Richtung allmählich.

Form

Formen spielen eine wichtige Rolle. Eine Form ist eine geschlossene Kontur, also eine Fläche, die umschlossen wird, wenn sich die Enden eines Strichs treffen. Alle Formen sind zweidimensional, das heißt, sie haben sowohl eine Länge als auch eine Breite.

Es gibt zwei Arten von Formen:

Geometrische Formen lassen sich mit mathematischen Formeln beschreiben. Zu ihnen gehören Kreise, Dreiecke, Quadrate, Trapeze, Fünfecke, Pentagramme, Sechsecke und Achtecke.

Organische Formen sind unregelmäßig und folgen keinen mathematischen Prinzipien. Normalerweise sind solche Formen nicht von Menschenhand geschaffen.

Volumen

Die Welt, in der wir leben, besteht fast ausschließlich aus Volumina. Form und Volumen sind miteinander verwandt. Ich betrachte Volumina gerne als dreidimensionale Formen. In der Kunst beziehen sich die Begriffe Volumen (oder Körper) auf ein Objekt, das drei Dimensionen hat: Länge, Breite und Höhe.

Ich ermutige meine Kursteilnehmer, die Wirkung von Licht und Schatten auf Objekte genau zu betrachten, um auf dem Papier die Illusion dreidimensionaler Objekte zu erzielen. Das ist ein wichtiges Training für das Verständnis von Volumina.

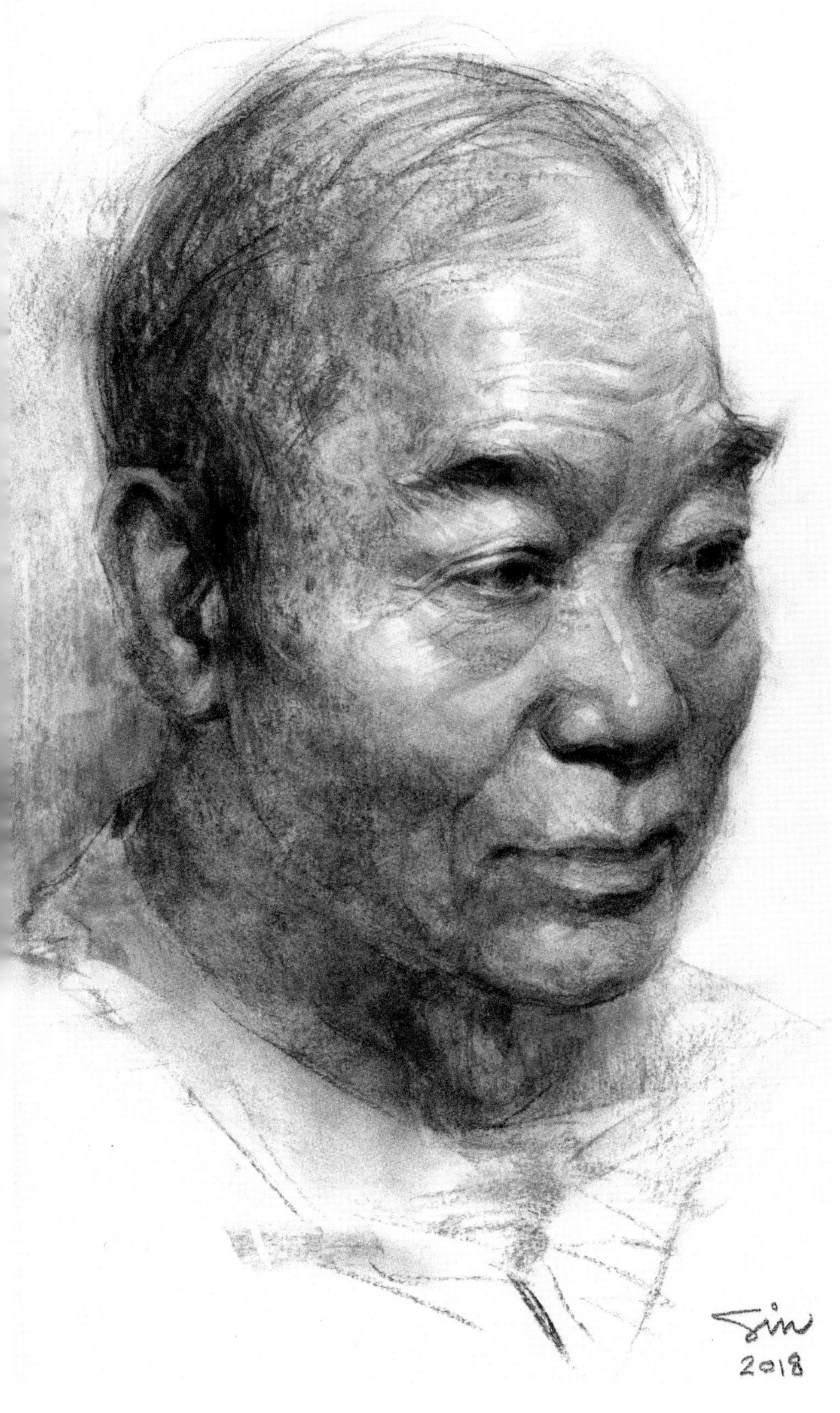

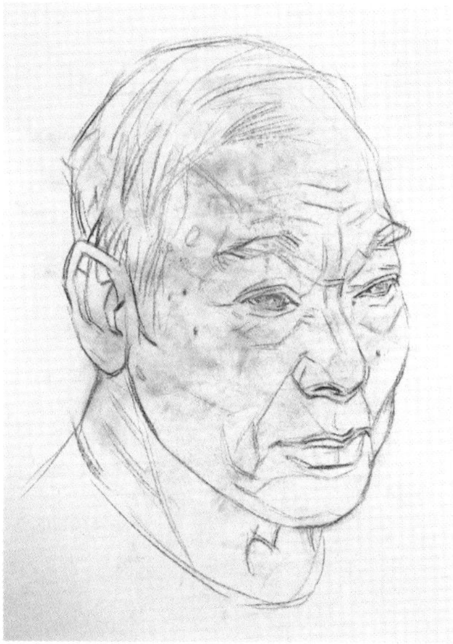

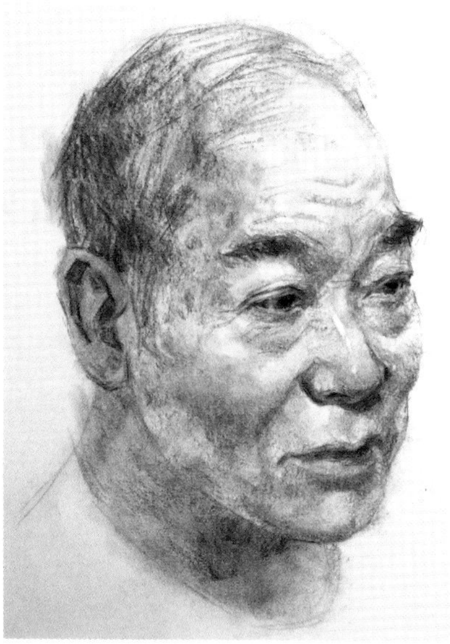

▲ Weiche Linien werden verwendet, um die Grundformen des Kopfs zu definieren *(oben rechts)*. Zeichnerisch können sie als Tonwertbereiche ausgedrückt *(unten rechts)* und dann weiter verfeinert werden, um die Wirkung von Licht auf die Form zu erfassen *(links)*.

AUSDRUCKSVOLLE STRICHE

Für diese Porträts mit ausdrucksstarken Strichen habe ich Rebenkohle nur mit der Spitze aufgesetzt, nicht mit der Breitseite. Die Form des Kopfs habe ich mit Konturlinien dargestellt. Rebenkohle ist in verschiedenen Härtegraden erhältlich. Sie ist sehr leicht und lässt sich gut auf dem Blatt bewegen. Da die Rebenkohle so weich ist, sollten Sie sie nicht mit den Fingern verwischen. Verwenden Sie stattdessen ein Papiertuch oder einen Tortillon.

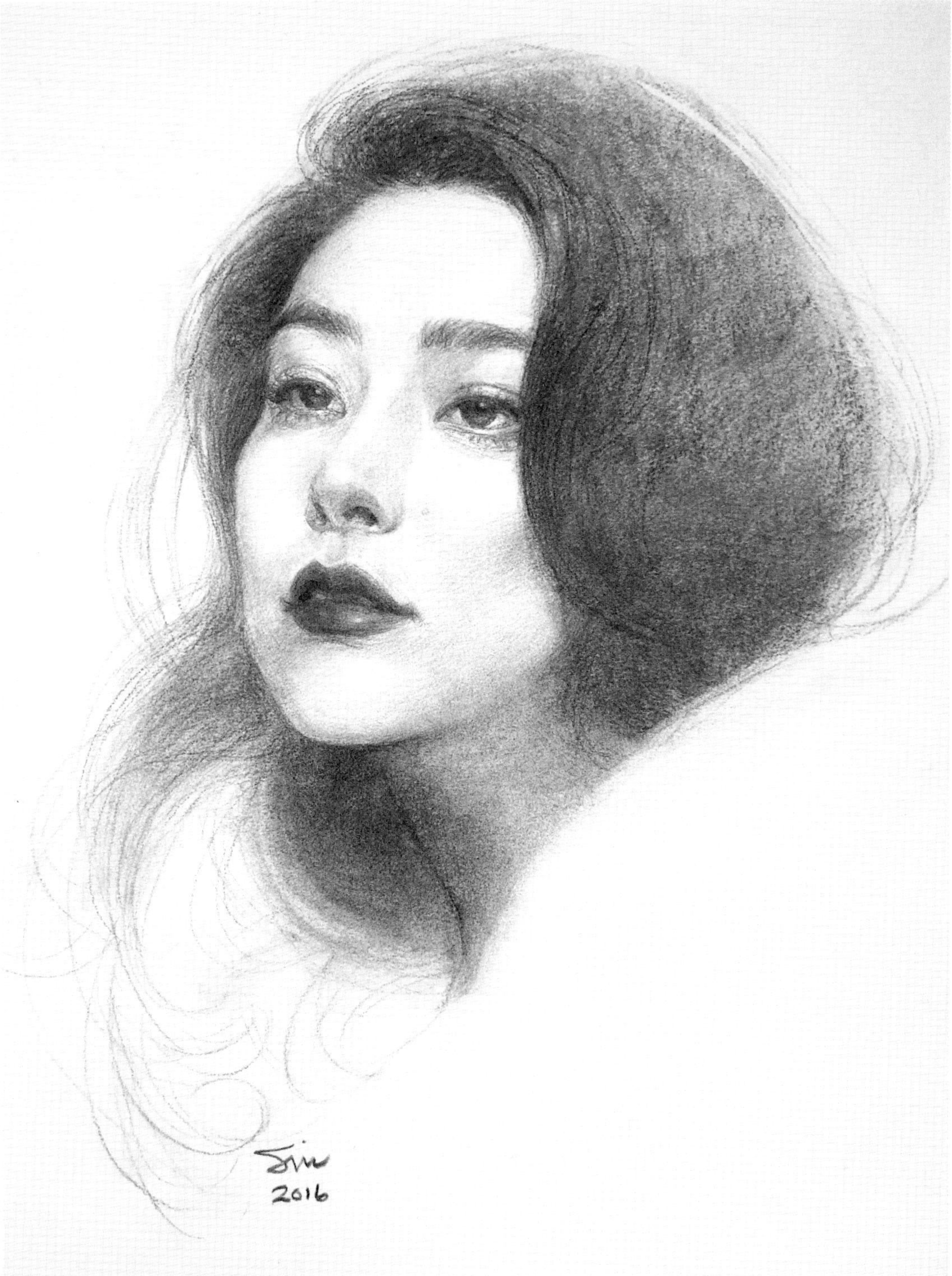

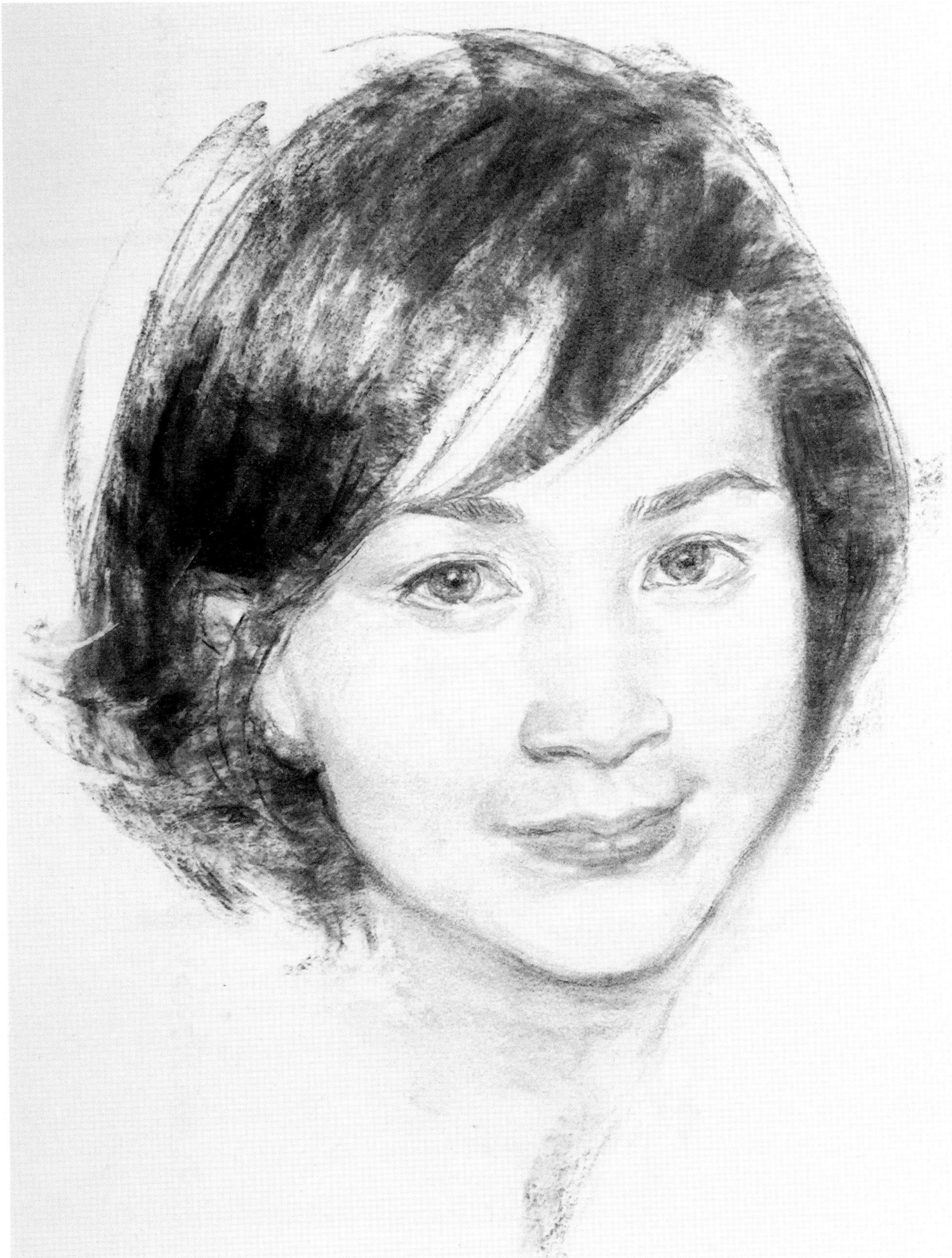

LINIEN UND TONWERTE KOMBINIEREN

Im Zusammenspiel von Linien und Tonwerten entsteht die Ähnlichkeit zum Modell. Beim Zeichnen mit verschiedenen Tonwerten muss der Künstler auf Volumina, Formen und Licht achten. Bevor er Linien zeichnet, muss er jedoch sein Motiv studieren, beurteilen und planen. Das durch das Zeichnen von Strichen gewonnene Wissen hilft dem Künstler, Entscheidungen über die einzelnen Tonwertbereiche zu treffen.

Dieses Porträt der Sängerin Sandy Lam aus Hongkong habe ich mit Rebenkohle auf einem Papier mit mittelstark strukturierter Oberfläche gezeichnet, auf der sich die Kohle gut verteilen lässt. Nachdem ich die Position des Kopfs festgelegt und die Proportionen und Beziehungen zwischen den Formen und Merkmalen des Gesichts bestimmt hatte, konnte ich die eigentliche Form des Kopfs und der Haare konstruieren.

1 | Definieren Sie die Kurven der Wangen, die kantige Form des Kiefers und das abgerundete Kinn. Mit langen Strichen die Haare, die Kopf und Hals umrahmen, als Gesamtform in die Strichzeichnung einfügen. Die Details des Haars werden später aufgebaut. Die Gesichtszüge zeichnen. Durch die Neigung des Kopfs stehen sie leicht schräg.

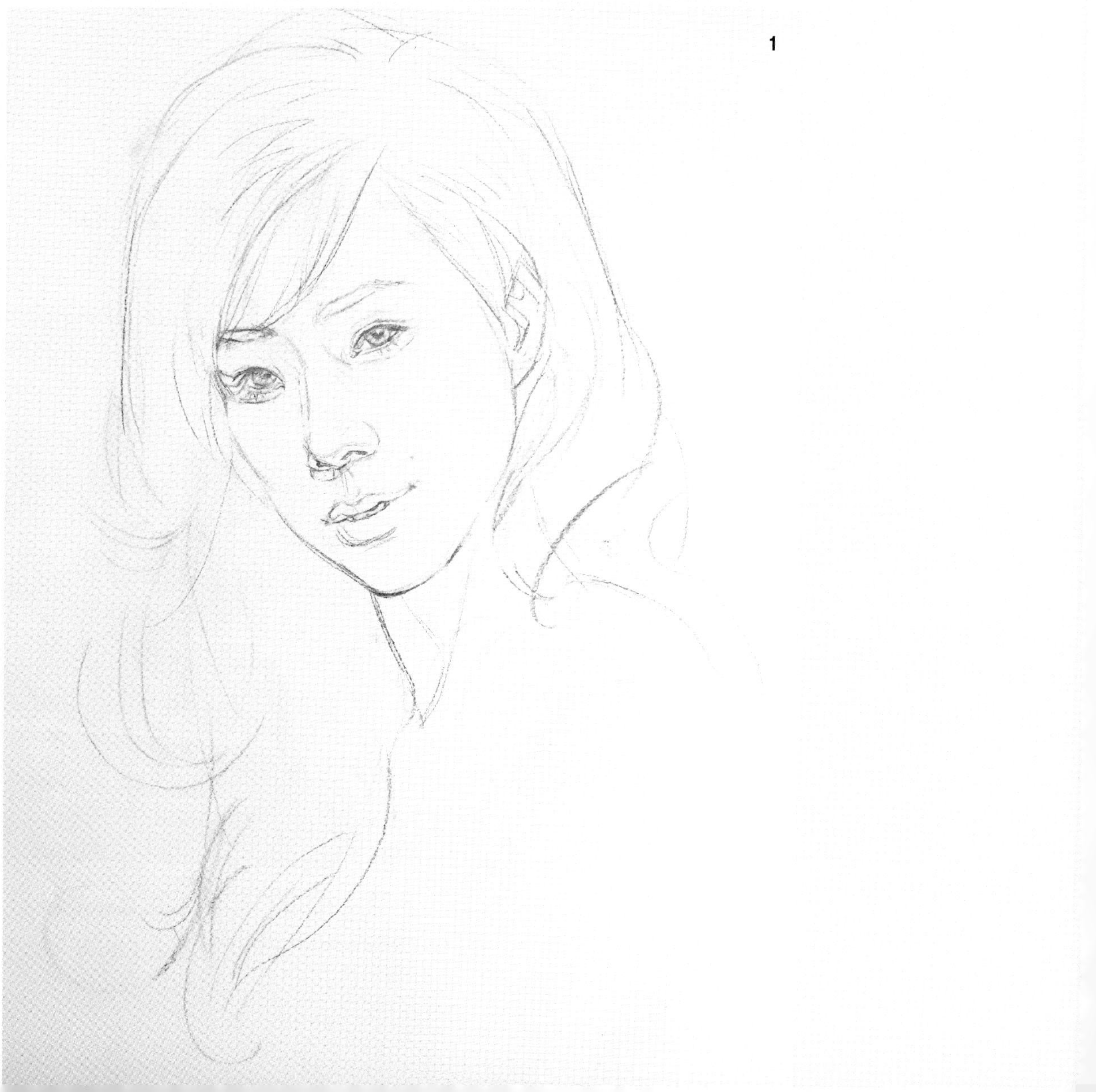

1

2 | Die Augen drücken viel Gefühl und Persönlichkeit aus. Aus diesem Grund zeichne ich die Augen oft zuerst, um die Ausstrahlung des Modells frühzeitig zu erfassen. Verwenden Sie die breite Seite der Rebenkohle, um lange, freie Striche für die dunklen Töne des Haars aufzutragen, die der Richtung des Haarwachstums folgen. Ein einziger geschwungener Strich auf der Schattenseite der Nase und ein paar weitere kurze Striche deuten den Schlagschatten um die Nasenlöcher und unter der Nasenspitze an. Setzen Sie kurze, breite Striche, um die Schatten in den äußeren Augenwinkeln, entlang der Wangen und des Kiefers sowie in der Nackengrube zu platzieren. Die Striche umrunden die Ecken der Augenhöhlen, um ihre Form zu definieren, und an der Nase verlaufen sie schräg abwärts. Die Lippen dunkler eintönen. In diesem Stadium werden lediglich die Bereiche angedeutet, die in späteren Schritten entwickelt werden sollen.

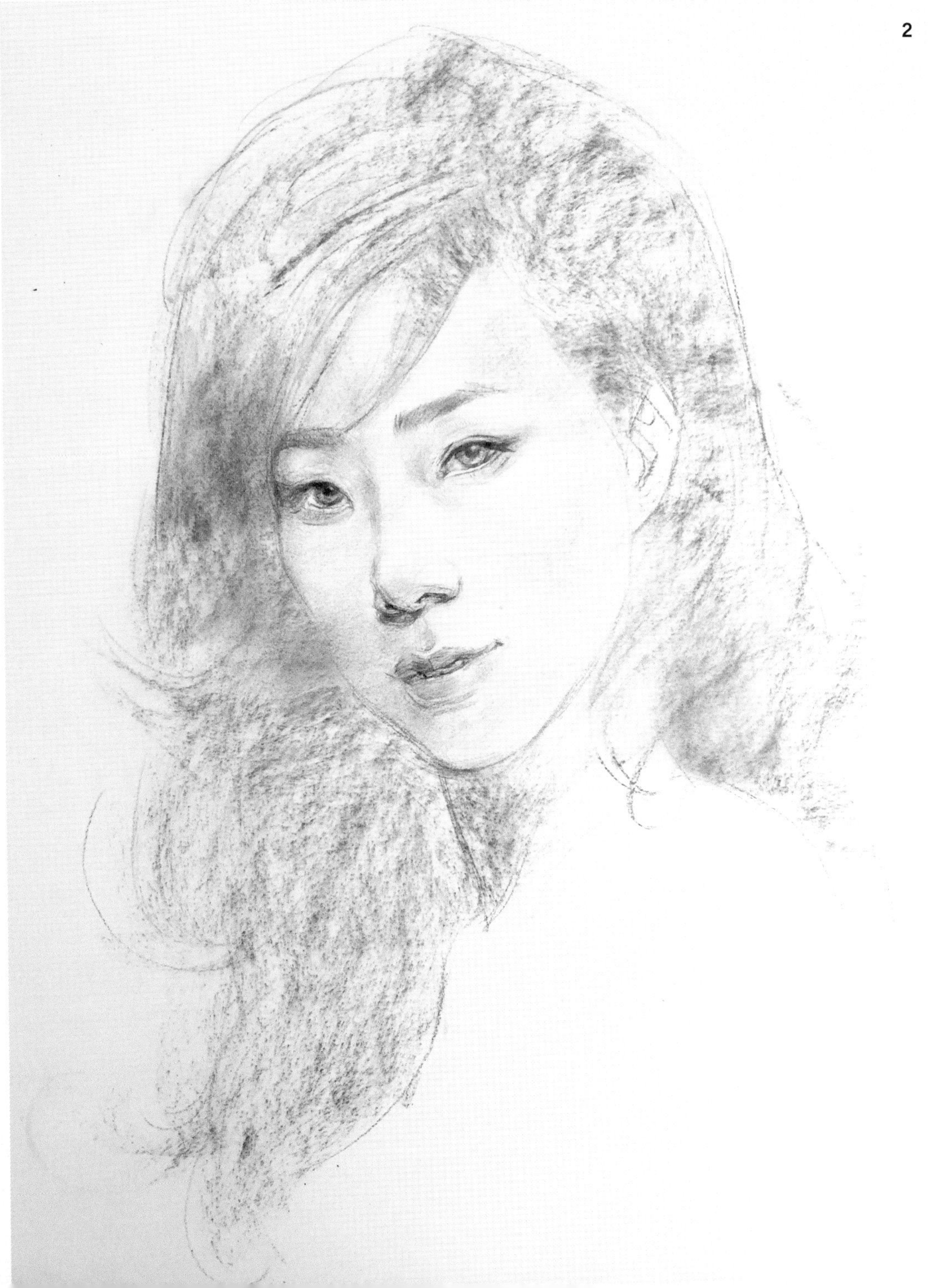

2

3 | Die Haare mit breiten Strichen abdunkeln. Dafür die Rebenkohle mit der Breitseite aufsetzen und kräftiger aufdrücken. Beginnen Sie damit, die Striche in den Augenhöhlen, unter der Nase und an den Wangen entlang zu verwischen. Mit der Breitseite eines kurzen Stücks Rebenkohle das Haar abdunkeln und verwischen, dabei einen Teil des Tons in die Schatten unter der rechten Wange ziehen. Nacken und Haarschatten sanft verwischen. Manchmal verwende ich den Finger wie einen Pinsel, um die Striche an den Seiten der Stirn mit dem Haar zu verblenden. Grenzen Sie den Haaransatz nicht mit einer Konturlinie von der Stirn ab, das wirkt unnatürlich. Dieser Bereich sollte weich und verwischt sein, sodass sowohl Haare als auch Kopfhaut sichtbar sind, wie hier über der Schläfe.

3

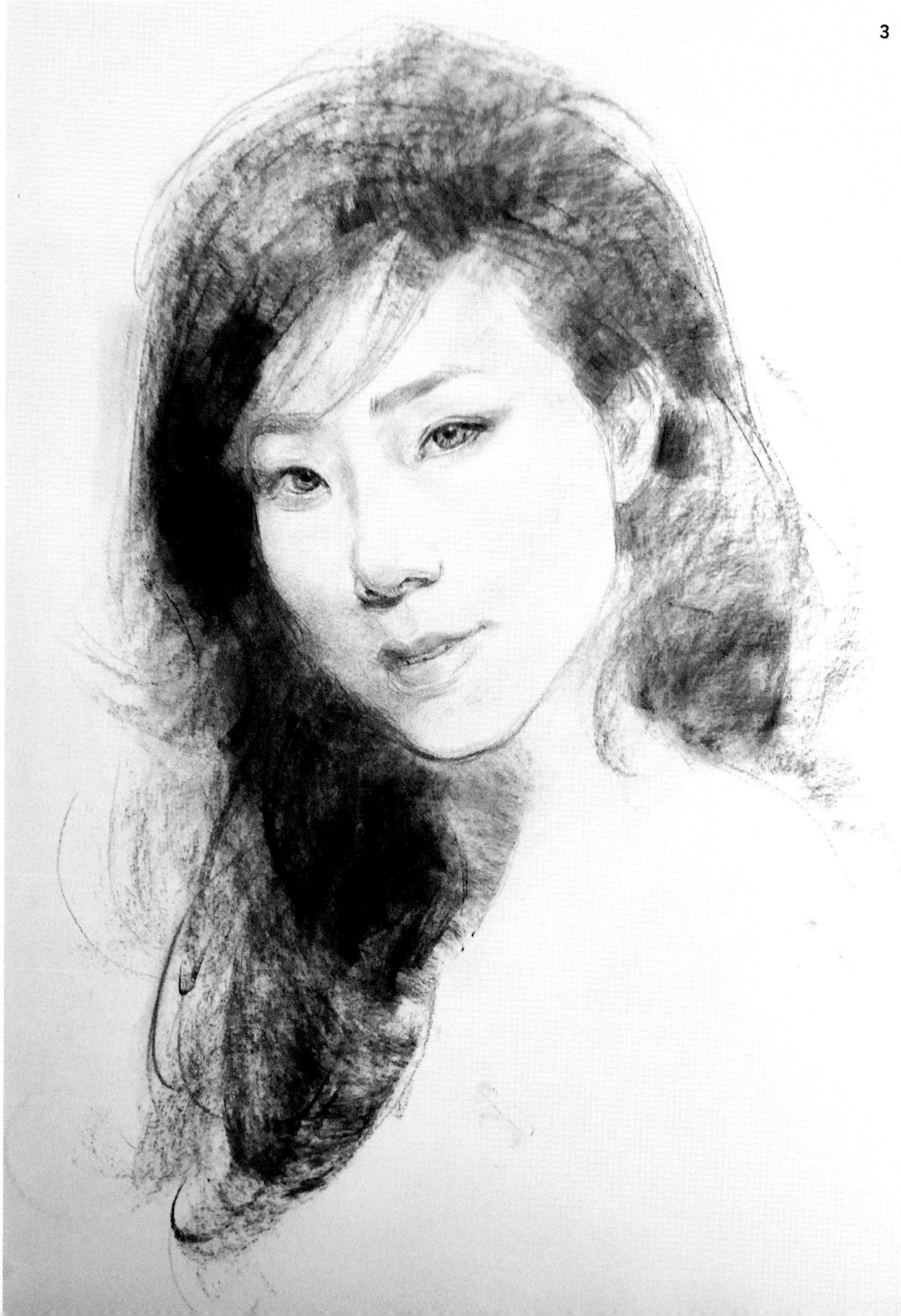

4 | Die Konturen der Haare mit den Fingerspitzen verwischen, dann mit sparsamen Strichen einige Details andeuten. Einige Strähnchen mit einem Radiergummi aufhellen. Zum Schluss die Außenkanten rund um das Haar mit den Fingern verwischen. Defineren Sie sowohl an der Innen- als auch an der Außenkontur des Haares keinen Rand, sodass das Haar weich und unscharf bleibt. Verwenden Sie die Spitze eines Radiergummis, um die Pupillen, die Augenlider und die Nasenspitze hervorzuheben, das Weiß der Augen aufzuhellen, die Lippenränder zu säubern und die Unterlippe zu betonen. Verwenden Sie die scharfe Ecke der Rebenkohle, um die oberen Augenlider zu verstärken und ein paar Wimpern anzudeuten.

4

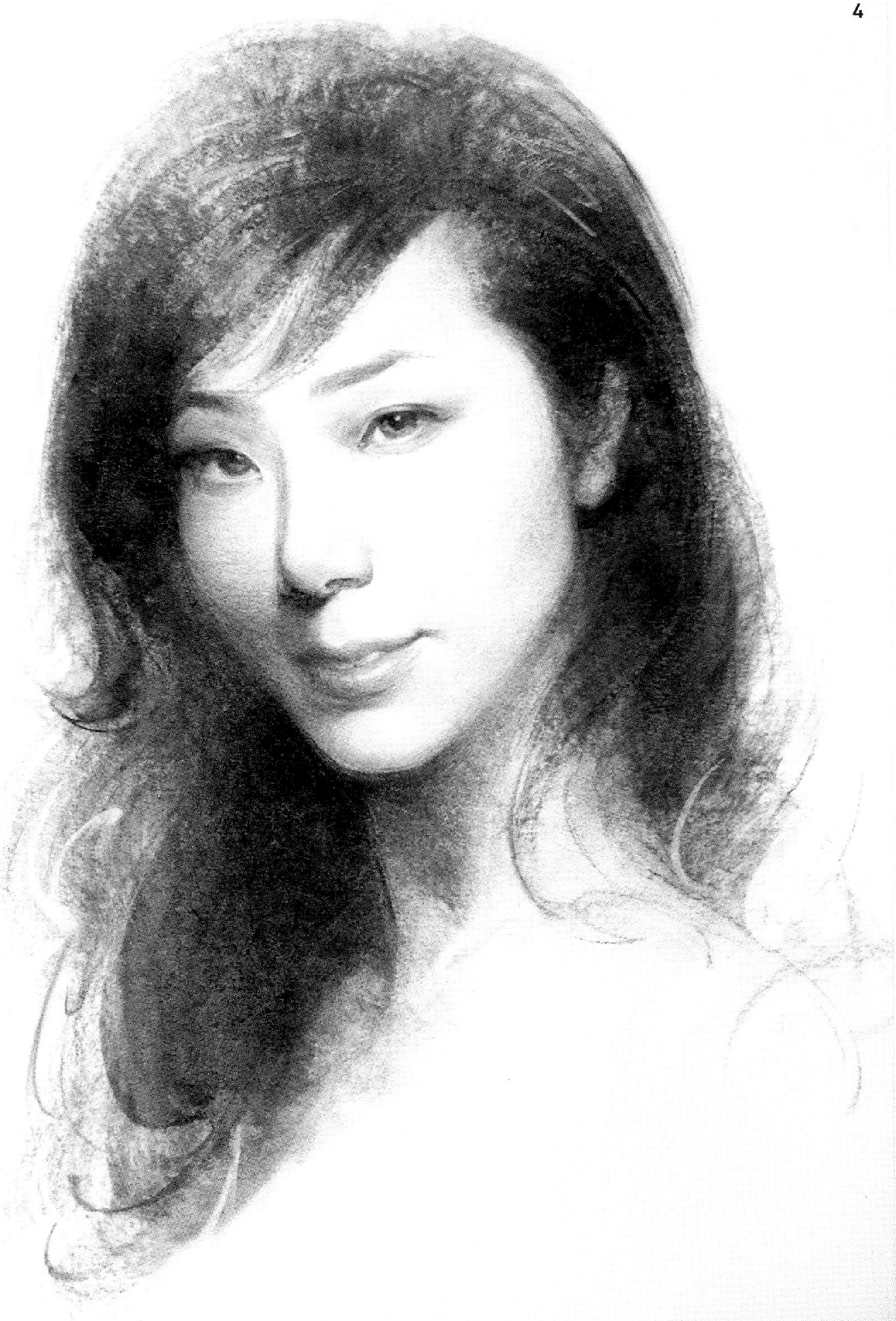

Raum/Tiefe

In der Kunst bezieht sich der Begriff »Raum« meist auf die Tiefenwirkung. Beim Zeichnen auf einer zweidimensionalen Oberfläche erzeugt der Künstler die Illusion von Raum, um den Eindruck von Dreidimensionalität zu vermitteln (siehe auch künstlerische Perspektive, Seite 98.). Weiterhin spricht man von positivem und negativem Raum. Der positive Raum bezieht sich auf das Objekt oder den Gegenstand, während der negative Raum die leeren Bereiche um und innerhalb des Gegenstands bezeichnet.

Textur

Textur ist ein wichtiger Aspekt jedes Kunstwerks, insbesondere eines Porträts. In zweidimensionalen Werken kann die Textur angedeutet oder lebensecht sein. Bei einem Porträt, das auf glattem Zeichenpapier gezeichnet wurde, lässt sich beispielsweise das Aussehen einer glatten, zarten Haut viel leichter erreichen als auf rauem Zeichenpapier. Textur kann auch durch Zeichentechniken wie Schraffuren, Kreuzschraffuren und Kritzeleien angedeutet werden.

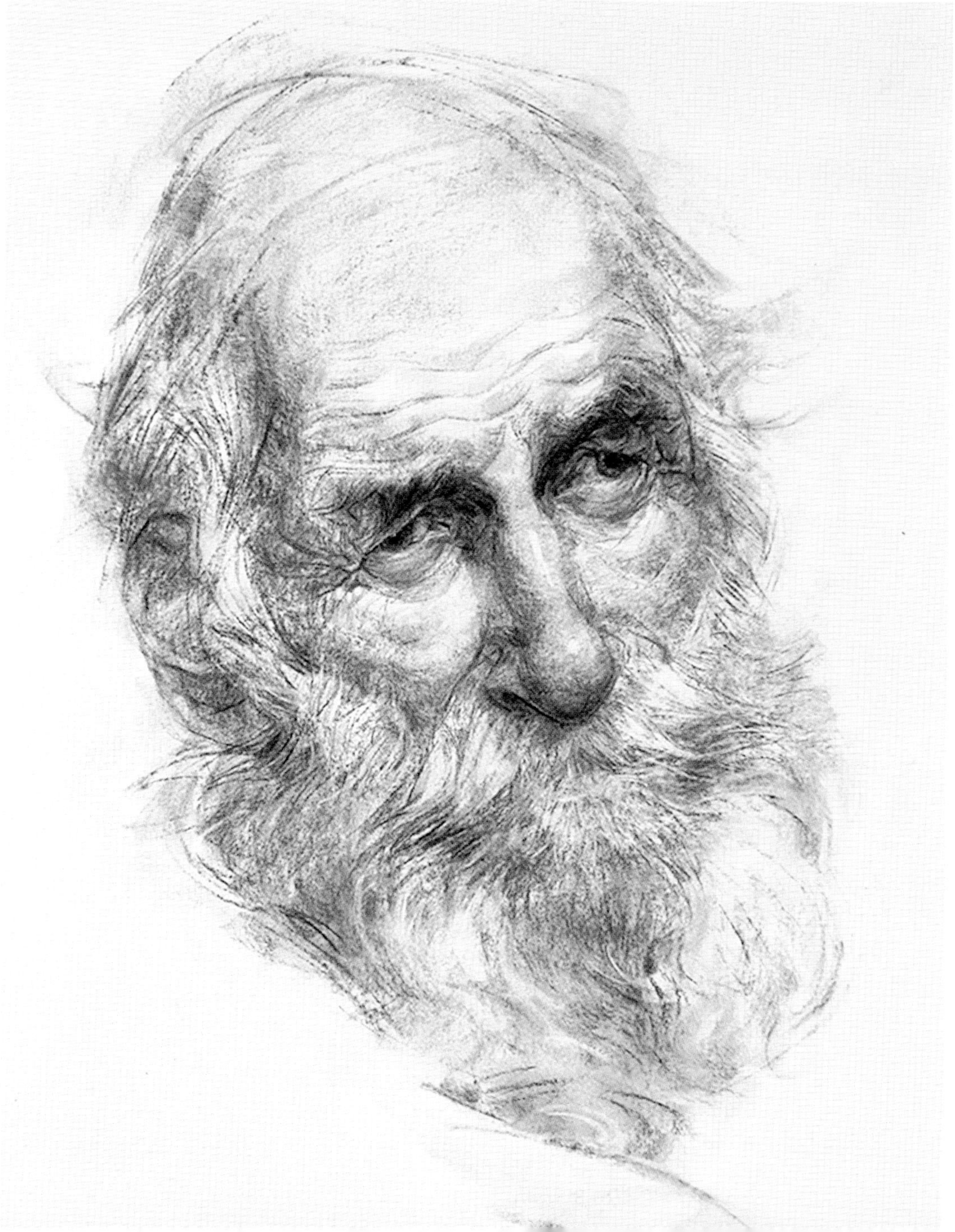

Farbe

Farbe kann durch drei Eigenschaften definiert werden: Farbton, Tonwert und Intensität. Der Farbton ist der eigentliche Name einer Farbe, beispielsweise Blau. Der Tonwert bezieht sich auf die Helligkeit oder Dunkelheit des Farbtons. Die Intensität beschreibt die Leuchtkraft oder Qualität des Farbtons.

In diesem Buch geht es hauptsächlich um das Zeichnen mit schwarzen oder grauen Medien auf weißem Papier. Im letzten Kapitel gehe ich aber auch auf das Zeichnen auf farbigem Papier ein (siehe Seite 138).

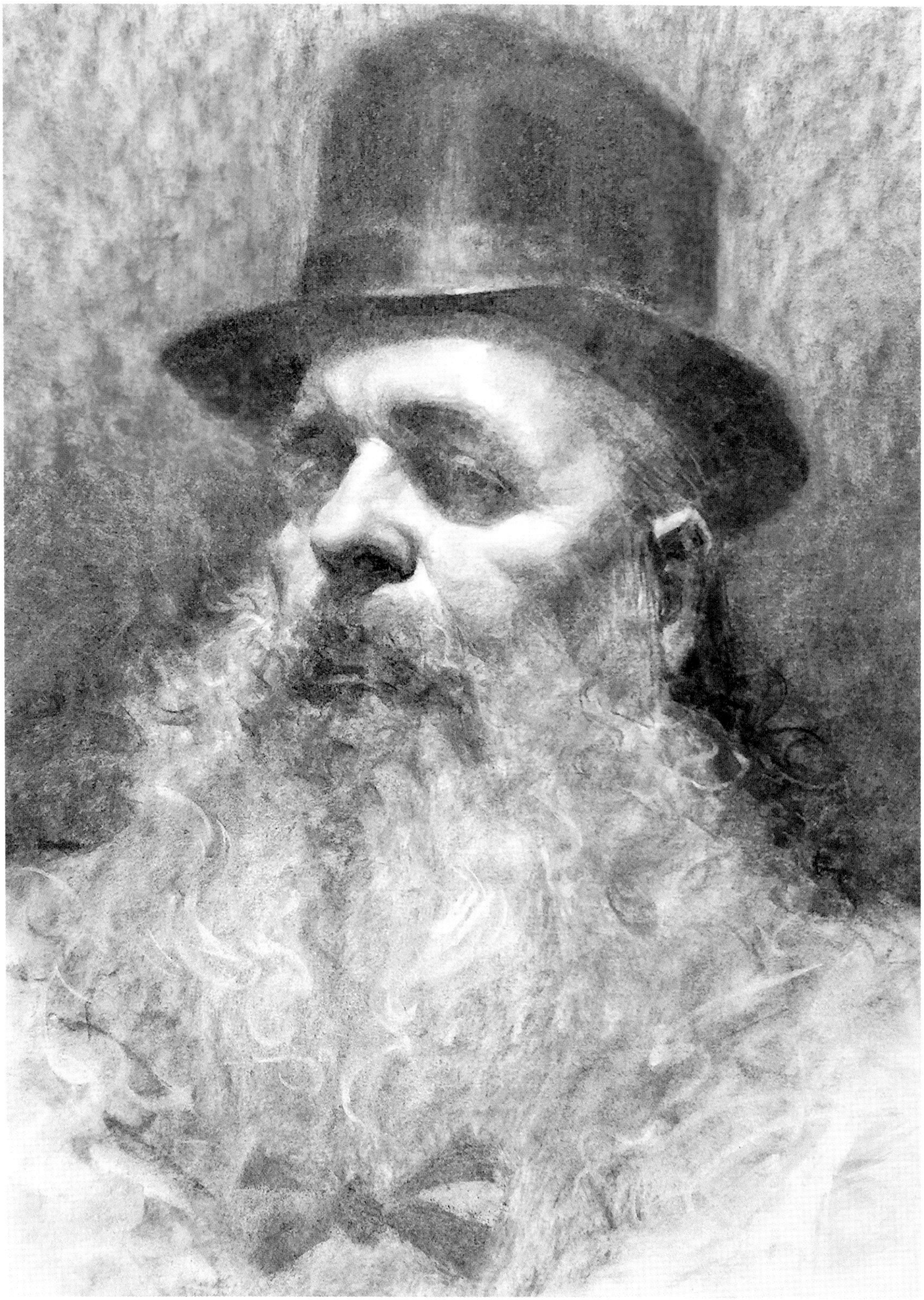

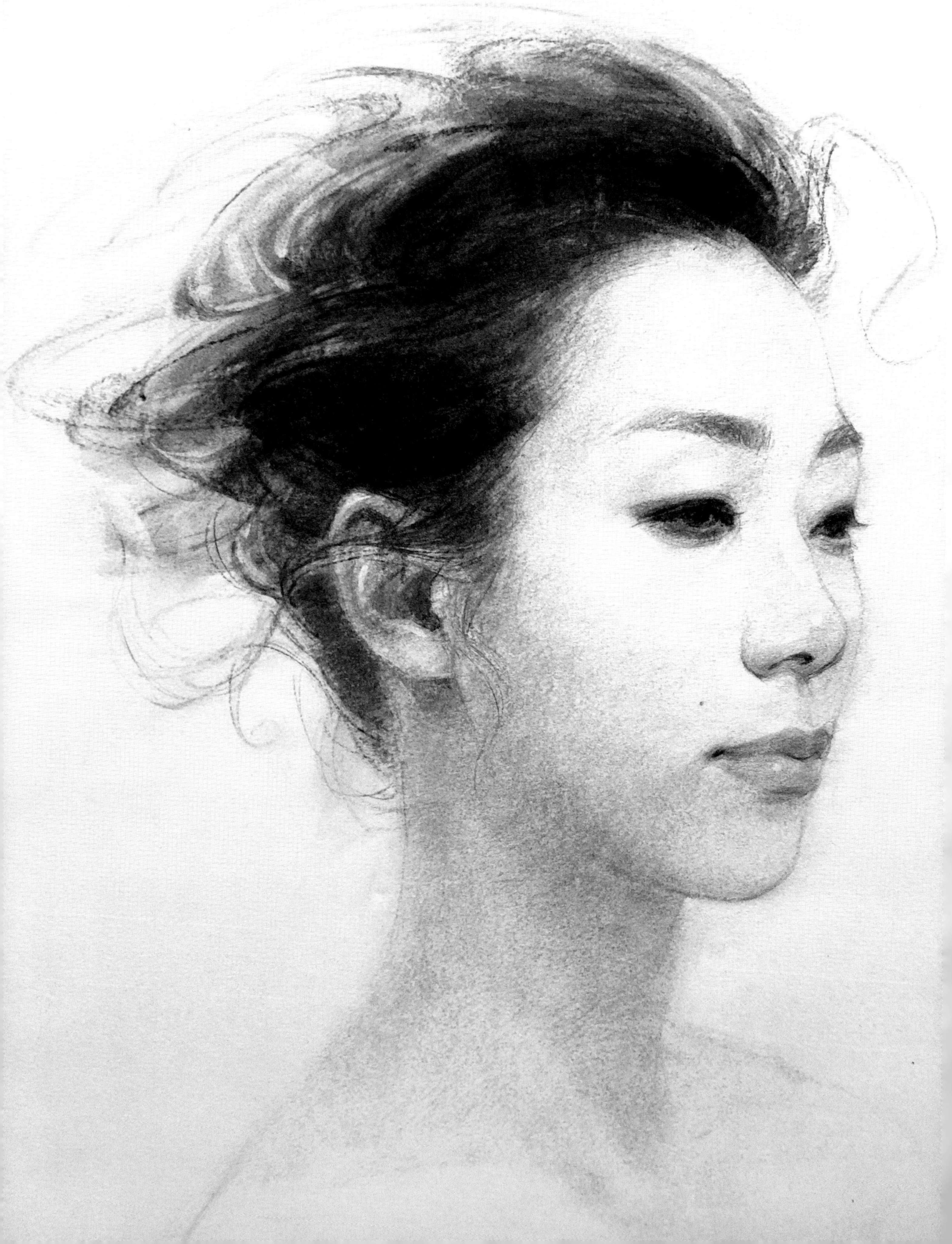

3

HALTUNG & MIMIK

PROPORTIONEN

Viele Porträtzeichner verwenden eine Reihe von Standardmaßen, um realistische Proportionen zu schaffen. Aber Gesichter sind unterschiedlich, und die Proportionen variieren. Verwenden Sie diese Richtlinien als Ausgangspunkt, halten Sie sich aber an die tatsächlichen Proportionen Ihres Motivs.

Die Proportionen des Kopfs lassen sich in Drittel unterteilen:

Ein Drittel vom Haaransatz bis zu den Augenbrauen

Ein Drittel von den Augenbrauen bis zur Nase

Ein Drittel von der Nase bis zum Kinn

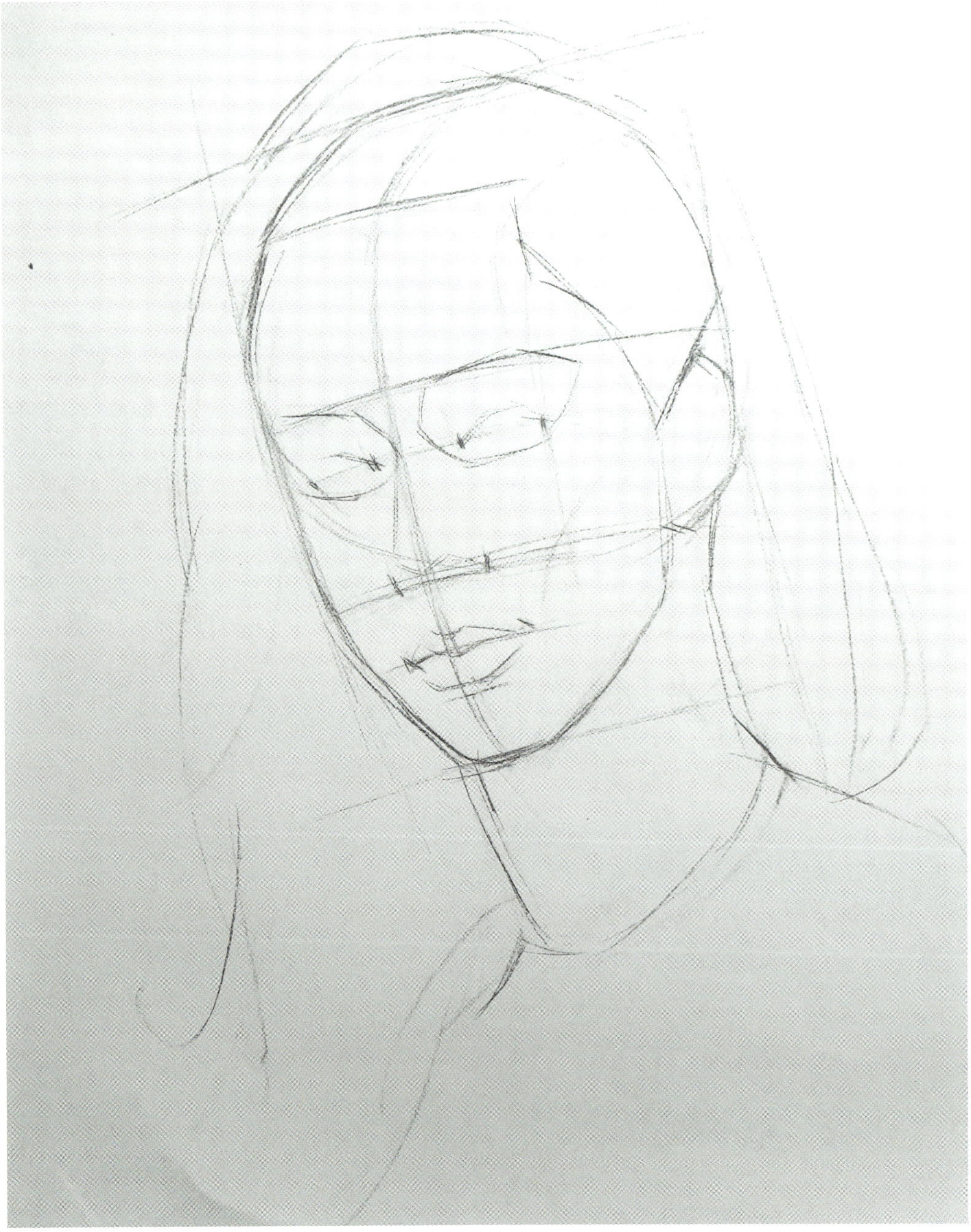

EBENEN DES KOPFS

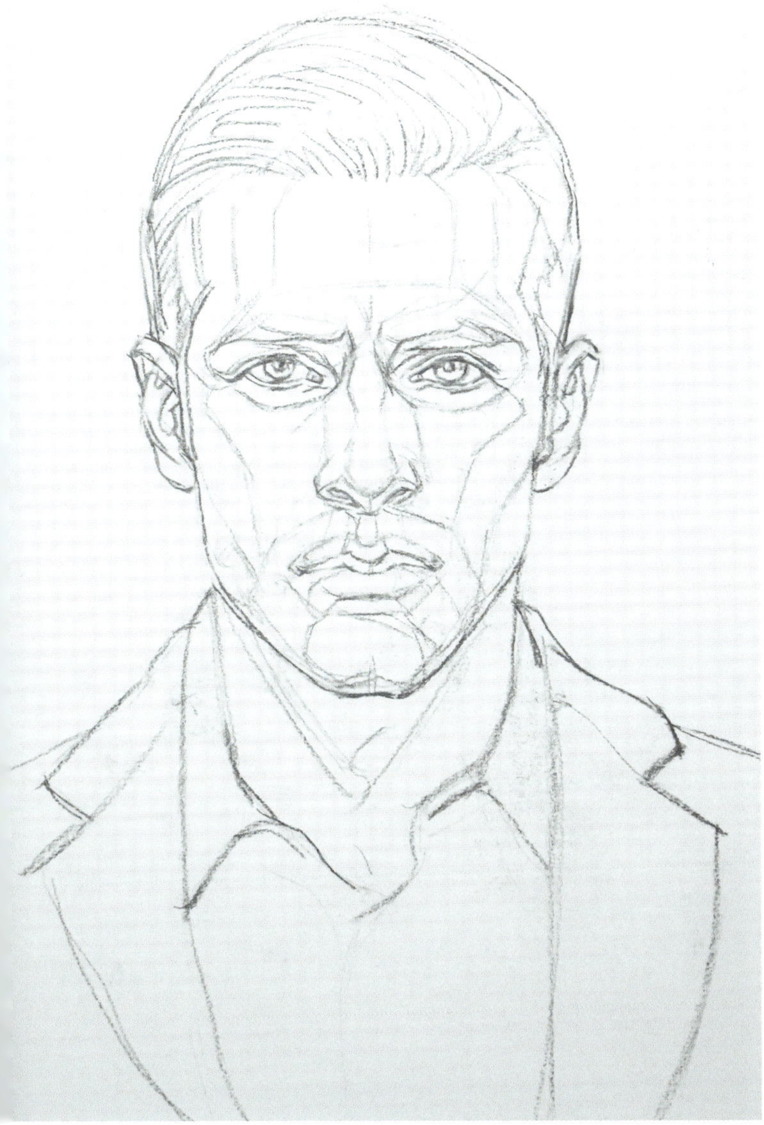

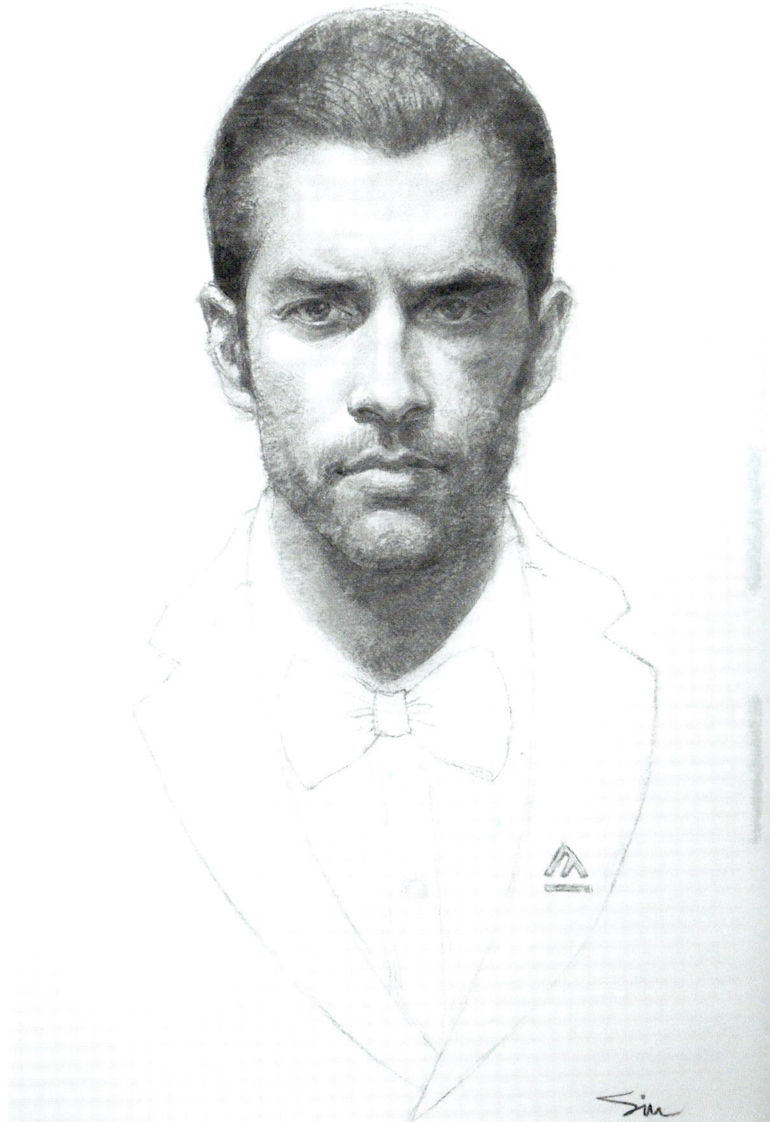

Für ein glaubwürdiges Porträt sollte man zuerst die dreidimensionale Struktur des Kopfes abbilden. In der Form des Kopfs treffen sechs Ebenen aufeinander: oben, unten, vorne, hinten und zwei Seiten. Sowohl die vordere als auch die seitliche Ebene entfernen sich in einer Viertelansicht von den Augen des Betrachters, wie hier links gezeigt. Die Gesichtszüge auf den vorderen und seitlichen Ebenen werden darum nach den Regeln der Perspektive kleiner, wenn sie sich vom Betrachter abwenden.

BLICKWINKEL

Es gibt drei Standard-Blickwinkel, zwischen denen ein Porträtzeichner wählen kann: Frontalansicht, Profil und Viertelprofil. Jeder Blickwinkel wirkt sich auf die Formen, Schatten, Lichter und Proportionen des Kopfs und der Gesichtszüge aus.

Frontalansicht

Das Gesicht von vorne zu zeichnen ist im Allgemeinen weniger interessant als ein Profil oder Viertelprofil, weil es an Tiefe und Form fehlt. Für ein Modell mit einem sehr ausdrucksstarken Gesicht kann dies jedoch der optimale Blickwinkel sein.

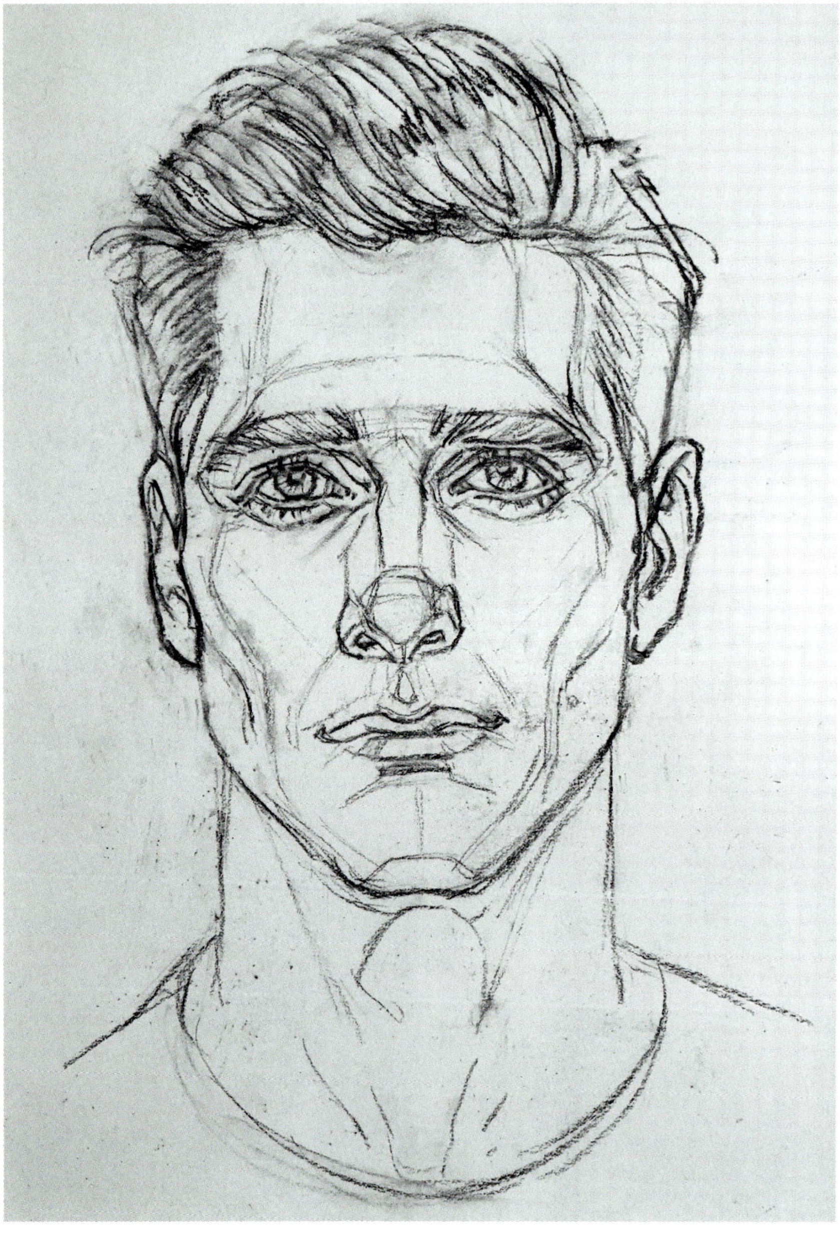

▲ In der Frontalansicht erscheinen die Gesichtszüge symmetrisch.

FRONTALANSICHT: DIE NASE

An der Nase kann man das Schattieren und Verwischen hervorragend üben. Diese Techniken werden auch für die anderen Gesichtszüge benötigt. Die Nase ist außerdem wichtig für die Gesamtgröße und den Maßstab aller anderen Gesichtszüge. Wenn Ihnen die Nase gut gelingt, sind Sie auf dem besten Weg zu einem guten Porträt.

Zeichnen Sie nicht die Umrisse der Nase, sondern verwenden Sie miteinander verblendete Töne, um die Illusion des Volumens zu vermitteln. Im Allgemeinen ist die Nase ein dreieckiger, keilförmiger Block, der unter der Stirn schmal ist, zur Nasenspitze hin breiter wird und hervorsteht. Die Nase besteht aus weichen Kanten, wo sie sich sanft wölbt, und harten Kanten, wo sich die Flächen überschneiden. Die Nasenspitze ähnelt in der Form einer Kugel. Ein häufiger Fehler besteht darin, die Nasenlöcher zu dunkel, zu ausgeprägt und zu auffällig zu gestalten. Arbeiten Sie hier lieber mit leichter Hand. Eine ungenau gezeichnete Nase beeinträchtigt das Gesamtergebnis des Porträts und kann die Ähnlichkeit ruinieren.

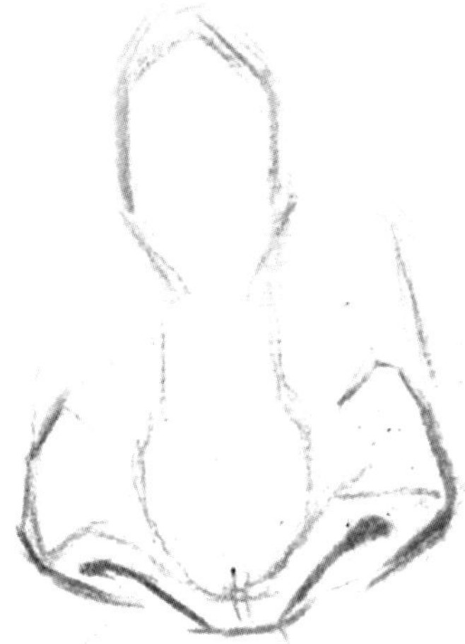

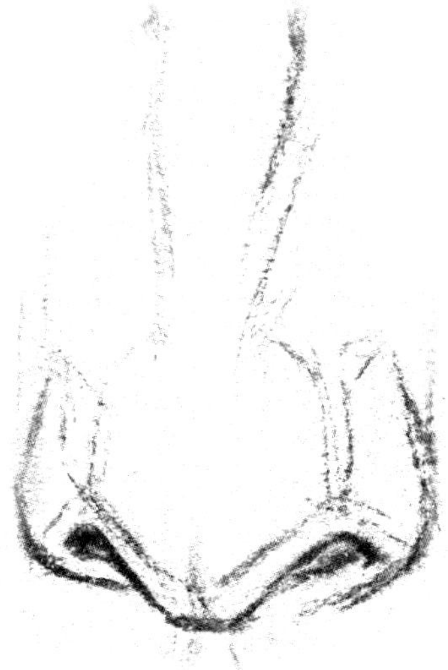

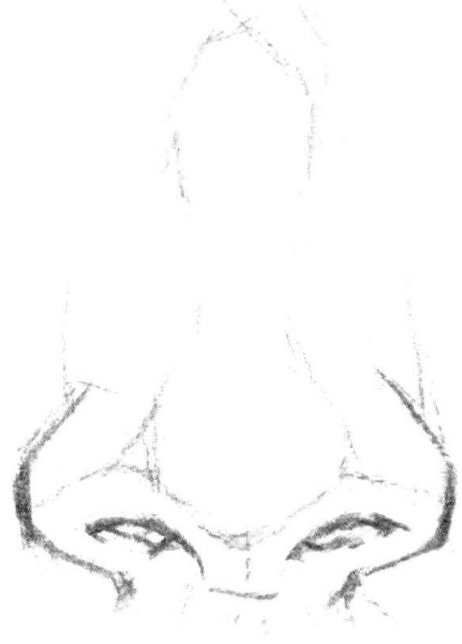

FRONTALANSICHT: DAS OHR

Das Ohr besteht aus vielen ineinandergreifenden Formen. Da es gekrümmt ist und abgerundete Oberflächen hat, gibt es viele Schattenkanten und reflektiertes Licht sowie Highlights. Das Ohr ragt aus dem Kopf heraus, wirft also auch einen Schatten. Das Ohr ist muschelförmig, seine Außenkontur sieht aus wie ein kopflastiger Buchstabe C, der oben breiter und unten schmaler ist. In der Mitte befindet sich eine schalenförmige Vertiefung.

Gehen Sie an jedes Ohr heran, als ob Sie noch nie eines gezeichnet hätten. Ein und dasselbe Ohr kann jedes Mal eine neue Herausforderung sein, weil sich der Winkel und die Schatten mit jeder neuen Pose ändern.

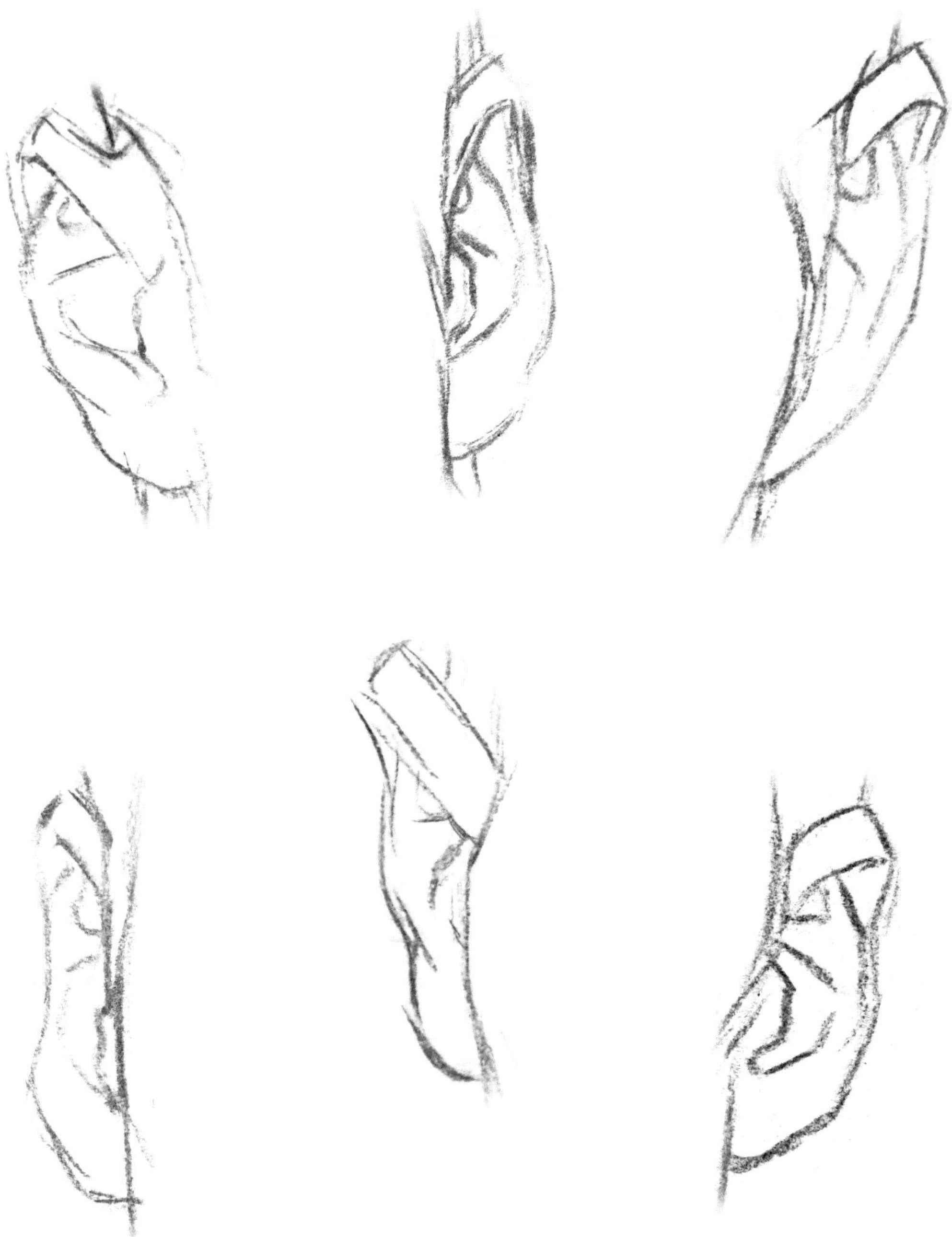

FRONTALANSICHT: DER MUND

Der Mund muss, ähnlich wie die Nase, als Volumen betrachtet und mit verschiedenen Werten und Schattierungen entwickelt werden, um seine Form herauszuarbeiten. Da der Mund nicht so weit aus dem Gesicht herausragt wie die Nase, wirft er nur relativ blasse Schatten. Am dunkelsten ist der Schatten in den Mundwinkeln.

Der Mund ist sehr wichtig, um die Stimmung oder das Gefühl der Person zu vermitteln. Der Ausdruck der Augen kann zwar feinsinnig sein, aber der Mund drückt die Emotionen deutlicher aus.

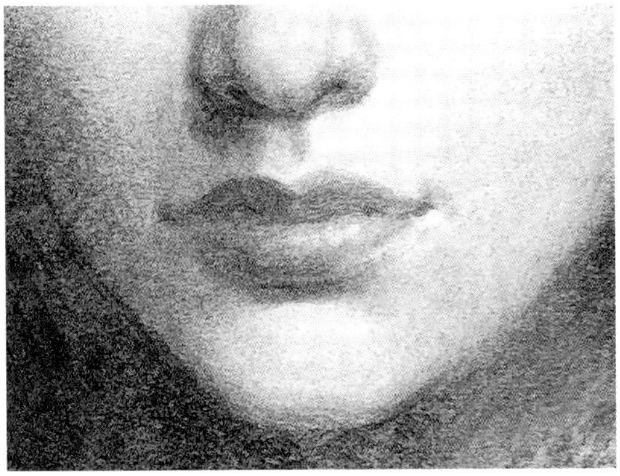

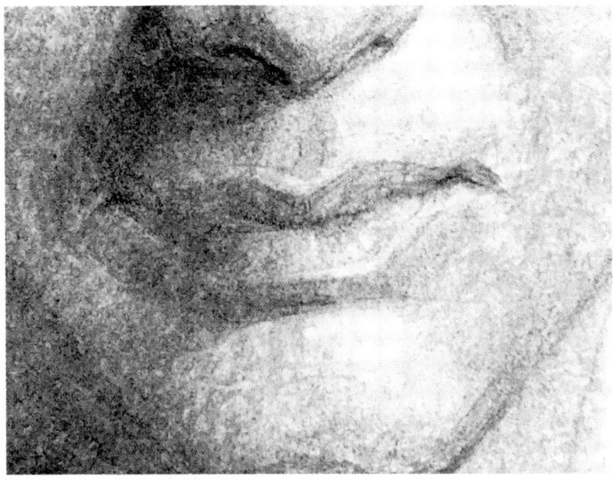

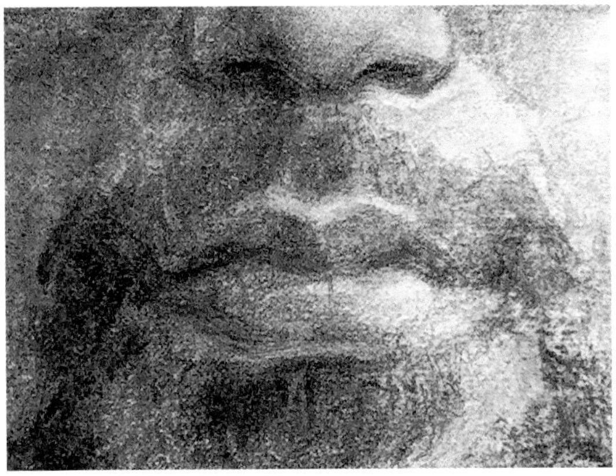

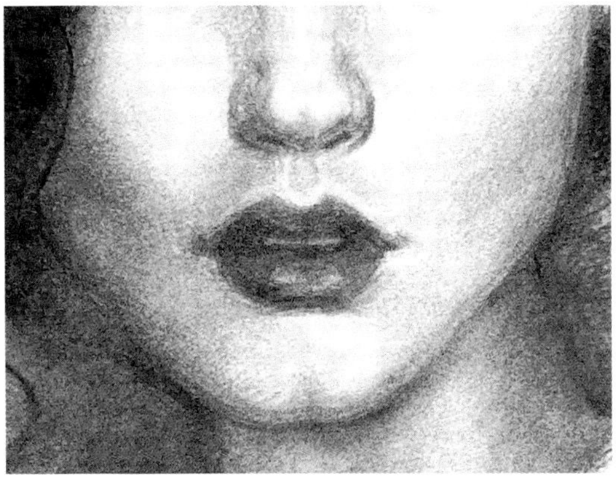

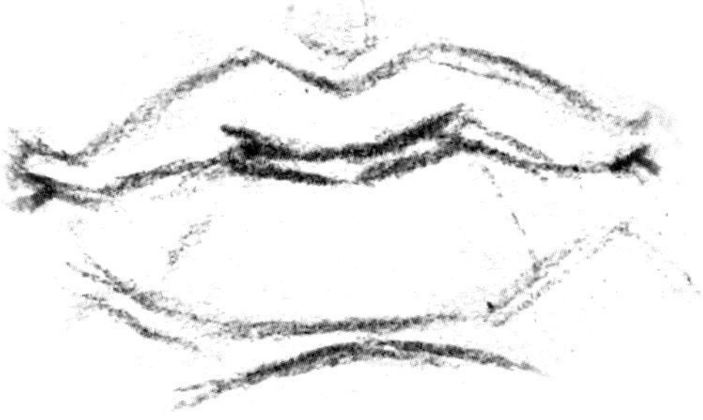

FRONTALANSICHT: DIE AUGEN

Die Augen werden oft als »Fenster zur Seele« bezeichnet, weil sie so viel Gefühl und Persönlichkeit vermitteln. Dies ist einer der wichtigsten Aspekte eines guten Porträts.

Aus diesem Grund beginne ich viele meiner Porträtzeichnungen mit den Augen. Auf diese Weise fange ich das Wesen der Person sofort ein, und ich kann frühzeitig erkennen, wenn ich mich mit meiner Arbeit von der Persönlichkeit des Modells entferne.

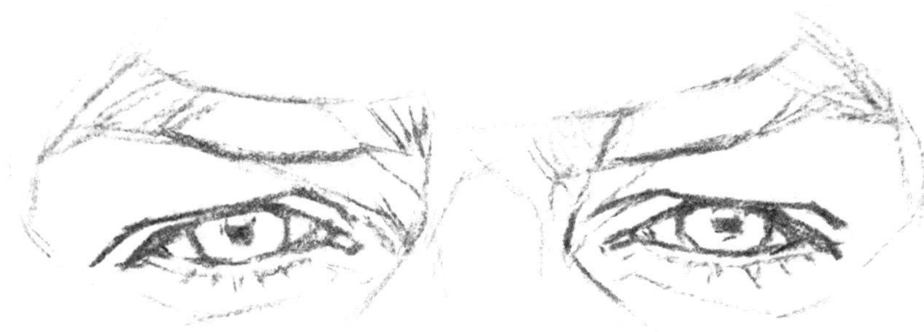

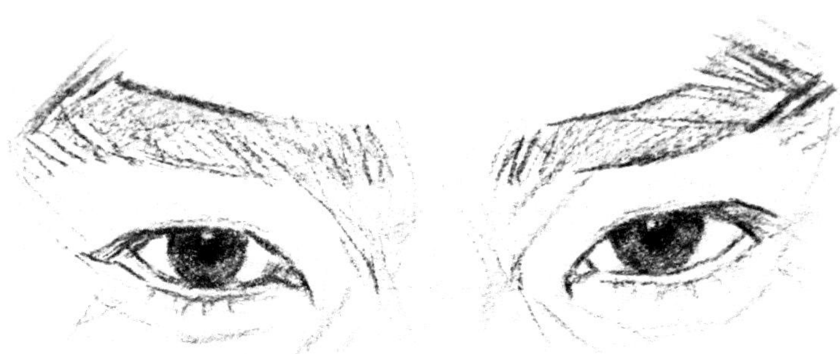

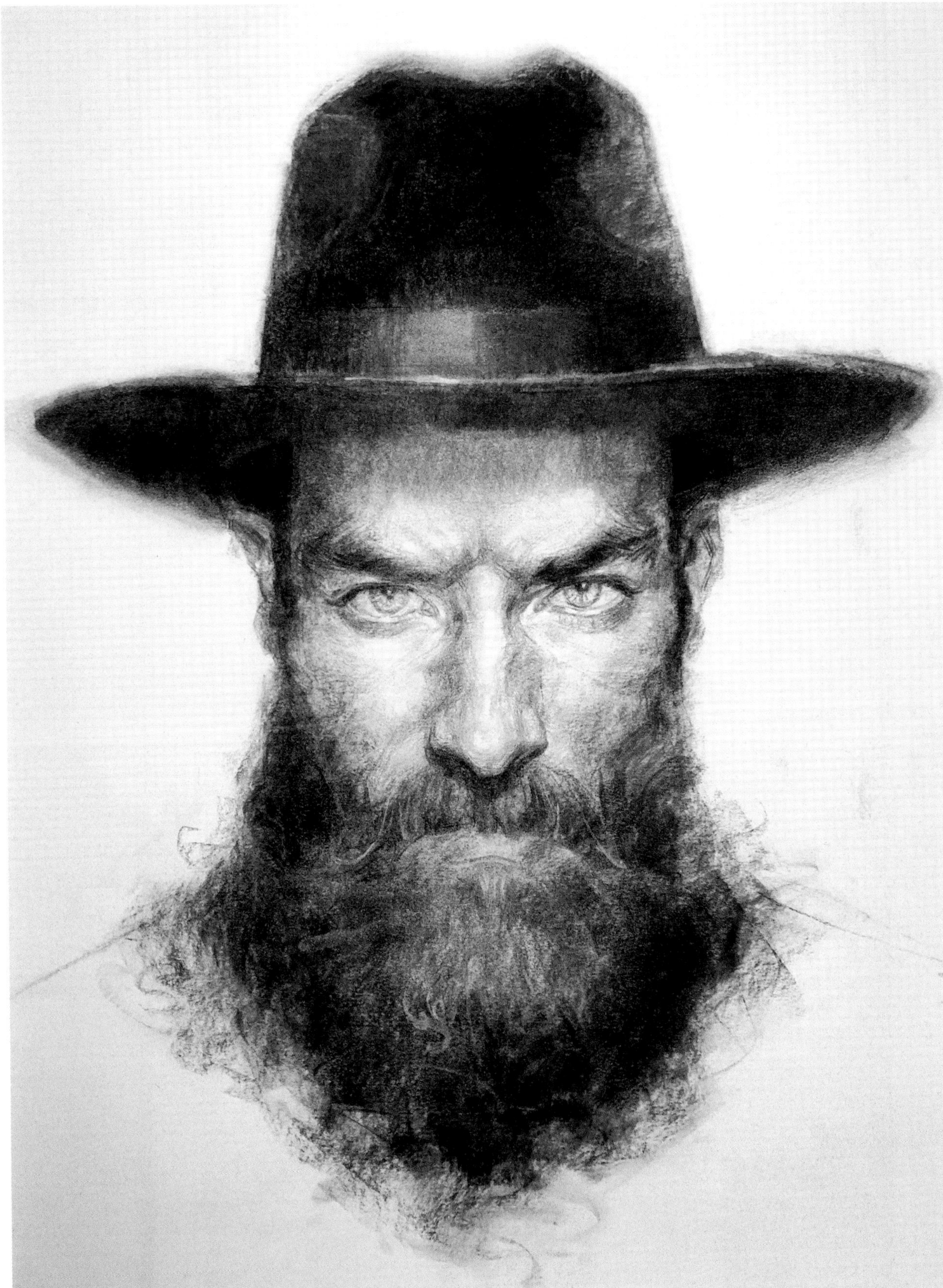

Profil

Im Profil wird der Kopf von einer Seite gezeigt. Ein gelungenes Profilporträt ist immer ansprechend, kann aber auch etwas Geheimnisvolles haben. Profile sind eine gute Wahl für Anfänger, da man nur eine Gesichtshälfte zeichnet. Mit etwas Übung verinnerlichen Sie das Wissen und sind in der Lage, sich ein Bild zu machen, ohne alle Konstruktionslinien zeichnen zu müssen.

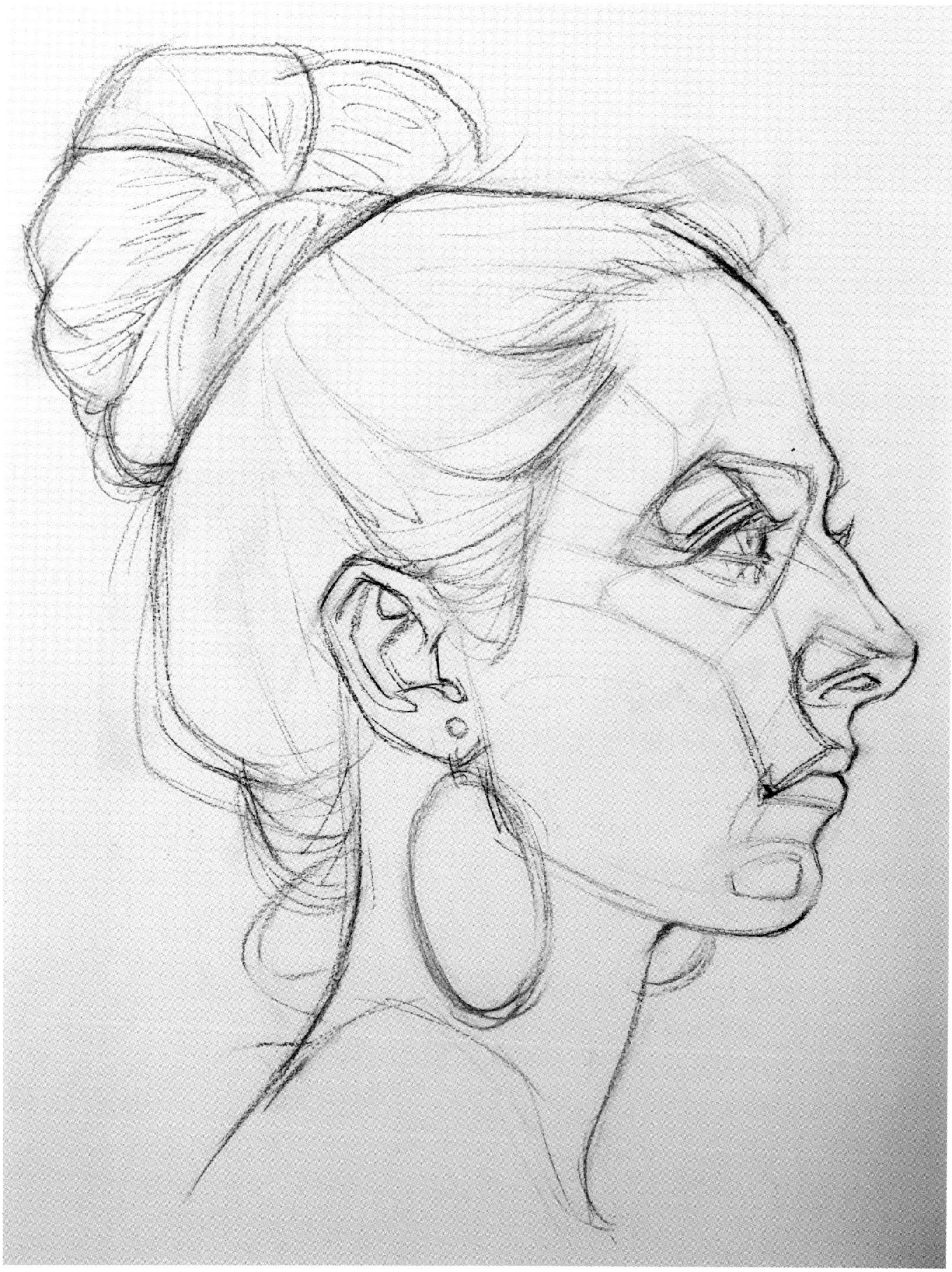

▲ Üben Sie, das Profil in beide Richtungen zu zeichnen, um Ihre Zeichenfähigkeiten zu trainieren. Wahrscheinlich werden Sie eine Richtung bevorzugen, Sie sollten aber beide zeichnen können.

PROFIL: DIE NASE

1 | Die Nase hat im Profil eine dreieckige Form. Achten Sie auf die Höhe und Breite der Nase und zeichnen Sie die Form mit geraden Strichen.

2 | Die untere Ebene der Nase und des Nasenflügels einfügen.

3 | Die Konturen genauer definieren, um die Ebenen der Nase und des Nasenflügels darzustellen. Dafür mit wenigen Strichen die Nasenspitze und den Nasenflügel in einzelne Formen aufteilen. Den Schlagschatten der Nase hinzufügen.

4 | Mit der Breitseite eines Stücks Rebenkohle die ersten Tonwerte einfügen. Das Licht kommt von oben, sodass sich die obere Ebene der Nase im Licht befindet, während die seitlichen und unteren Ebenen im Schatten liegen.

5 | Die dunklen Tonwerte verstärken, um klare Unterscheidungen zwischen Licht, Mitteltönen und Schatten auf der Seite und der Unterseite der Nase zu schaffen.

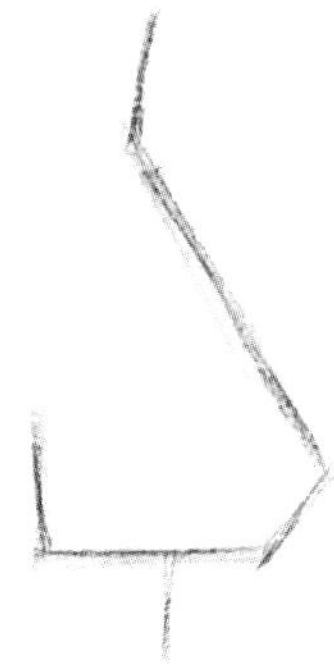

1

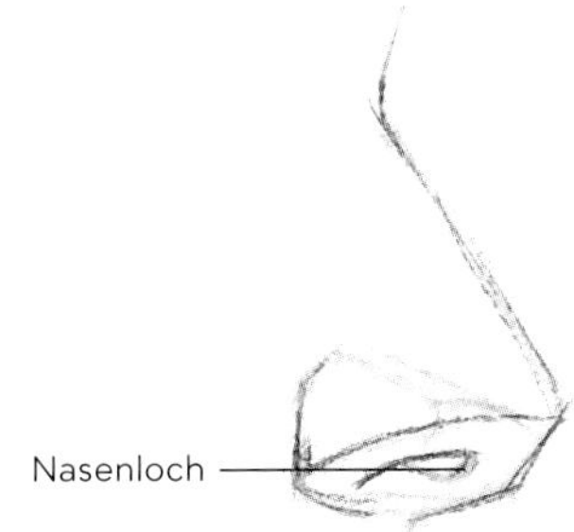

2

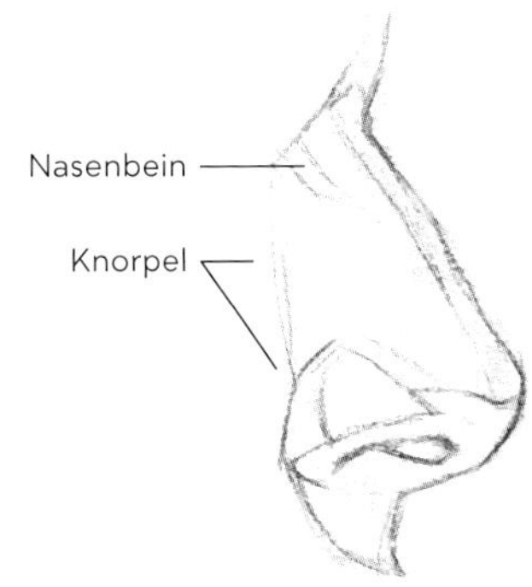

3

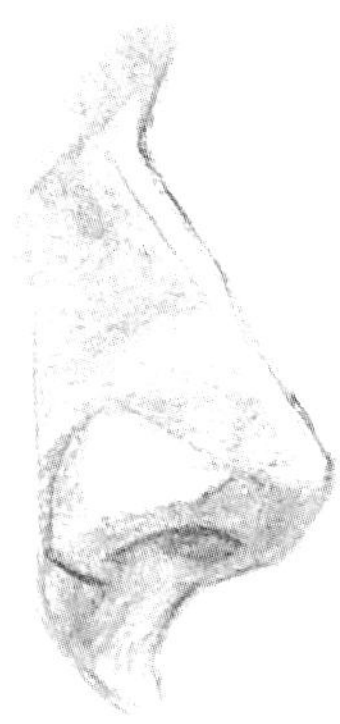

4

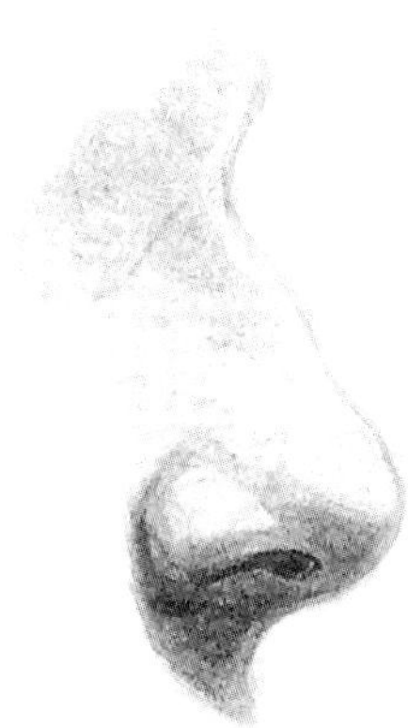

5

PROFIL: DAS OHR

1 | Zuerst eine schräge Hilfslinie vom Kiefer nach oben zeichnen. Die Grundform des Ohrs – vorerst noch kantig – an diese Linie anfügen.

2 | Die Krümmungen am äußeren Ohr und am Ohrläppchen weicher und runder zeichnen. Dann die Details in der Ohrmuschel mit kurzen, gekrümmten Strichen einfügen.

3 | Die Konturen des Ohrs und der inneren Formen mit kräftigeren, dunkleren Strichen genauer zeichnen.

4 | Die Schatten im Inneren des Ohrs hinzufügen: Die dunkelsten liegen direkt am Rand. Schatten um den äußeren Rand des Ohrläppchens einfügen, um es plastischer wirken zu lassen. Beachten Sie den kleinen Schatten am Übergang zwischen Ohrläppchen und Kiefer.

5 | Dunkeln Sie die Schatten innerhalb des Ohrs mit kräftigen Strichen ab. Verwenden Sie kleine, parallele Striche, um die Tonwerte am Ohrrand zu vertiefen. Danach die hellen Bereiche mit einem Radiergummi aufhellen. Vergessen Sie nicht den Schlagschatten auf der Rückseite des Halses.

Das Ohr ist um etwa 15 Grad nach hinten geneigt.

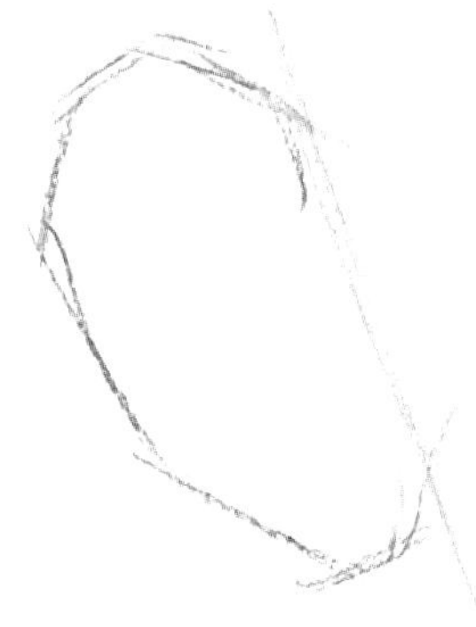

1

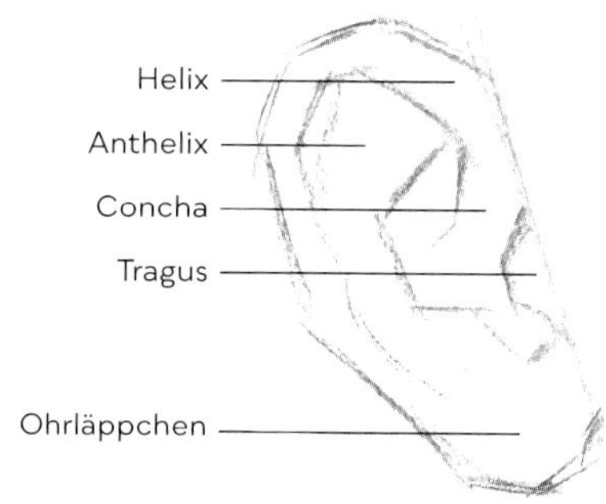

2

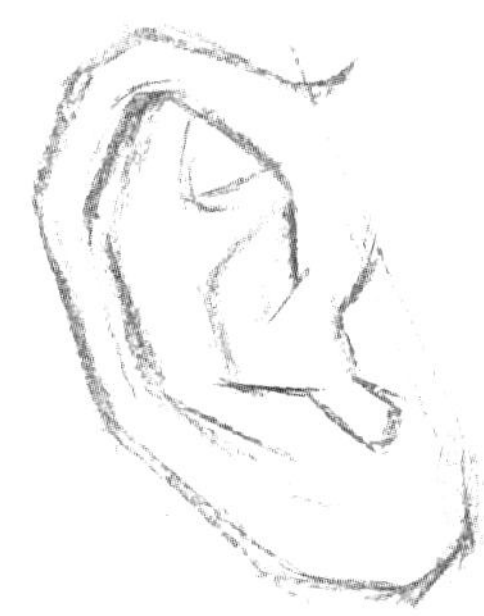

3

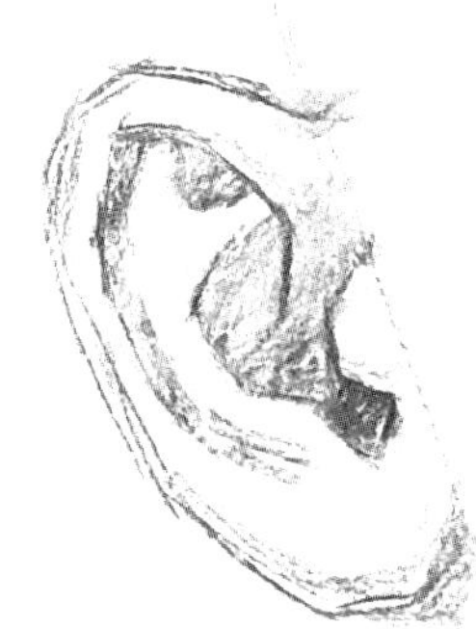

4

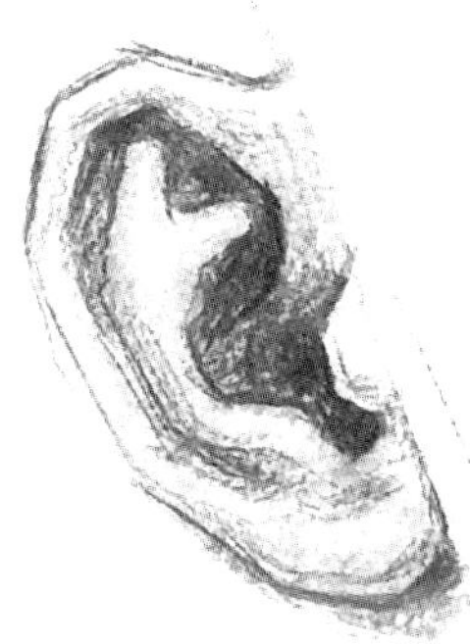

5

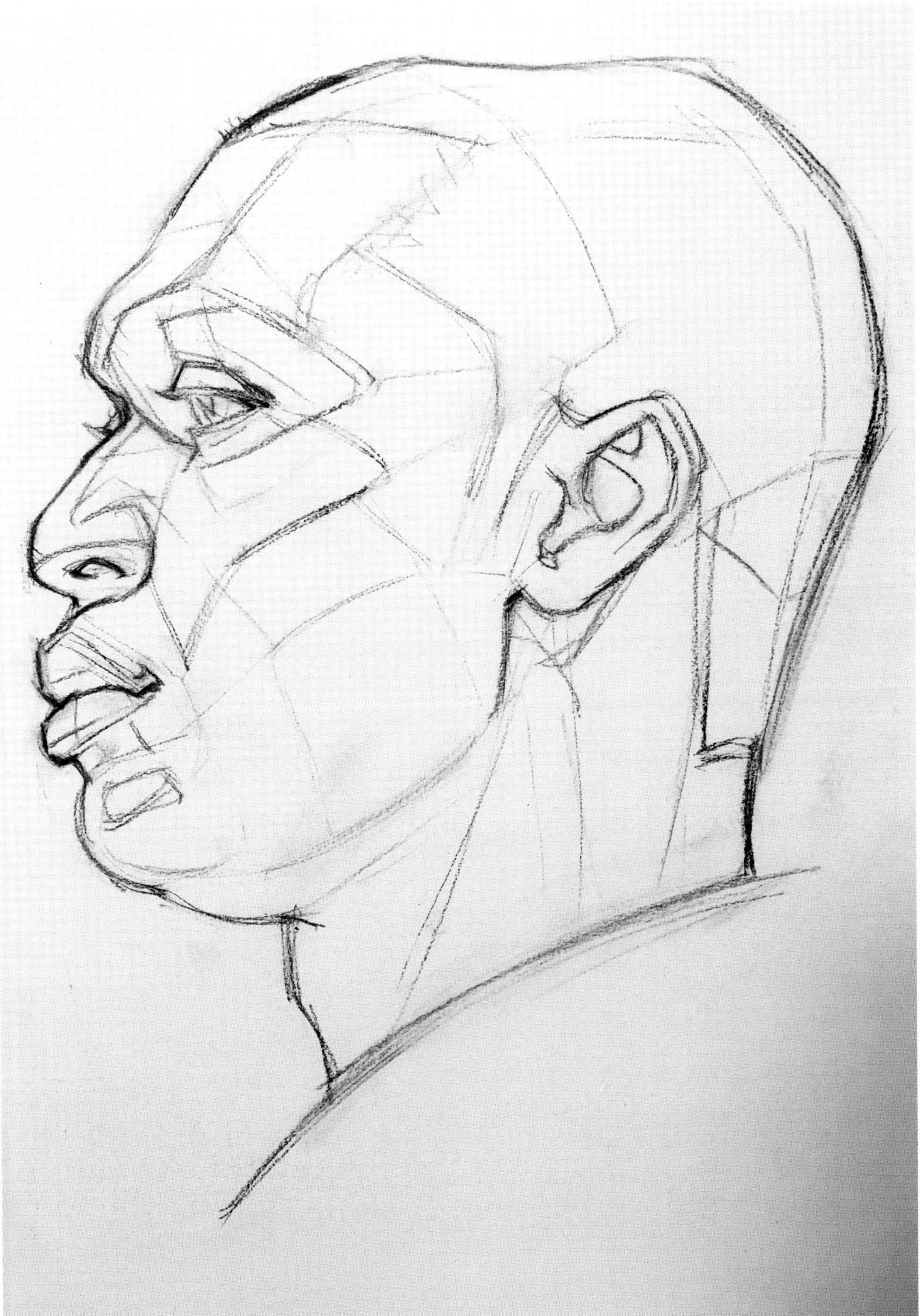

PROFIL: DER MUND

1 | Von der Seite betrachtet, ist der Mund dreieckig. Die Lippen mit einigen geraden Strichen skizzieren und die Rundung des Kinns andeuten. Die Trennlinie zwischen den Lippen liegt auf Höhe der unteren waagerechten Hilfslinie des Gesichts.

2 | Nun die Lippen etwas weicher und runder zeichnen. Die schräge Hilfslinie an der Vorderseite von Ober- und Unterlippe zeigt das Verhältnis der Lippen zueinander an: Die Oberlippe steht normalerweise etwas weiter vor.

3 | Anhand der Hilfslinien die Form der Lippen mit kräftigeren Strichen festlegen. Die Oberlippe ist nach unten gebogen und überlappt die Unterlippe leicht, während die Unterlippe leicht zurückweicht und voller ist als die Oberlippe. Die Kontur des Kinns verdeutlichen und die Schatten in den Mundwinkeln andeuten.

4 | Mit der Breitseite eines Stücks Rebenkohle die ersten Tonwerte einfügen. Die Oberlippe neigt sich schräg nach unten und liegt im Schatten, während die Unterlippe das Licht einfängt und einen helleren Tonwert hat. Die Oberlippe wirft einen Hauch von Schatten auf die Unterlippe. In der Vertiefung unterhalb der Unterlippe befinden sich ebenfalls Schatten. Die Schatten an den Mundwinkeln verdeutlichen. Dann mit der Ausarbeitung von Kinn und Kiefer beginnen.

5 | Die Oberlippe abdunkeln und die Linie zwischen den Lippen sowie den dunklen Mundwinkel verstärken. Vertiefen Sie die Schattenpartie unter der Unterlippe und modellieren Sie Kiefer und Kinn mit weiteren Strichen, sodass sie runder und dreidimensionaler erscheinen. Zuletzt den vorderen Rand der Unterlippe abdunkeln, wo der Schatten der Oberlippe auf sie fällt.

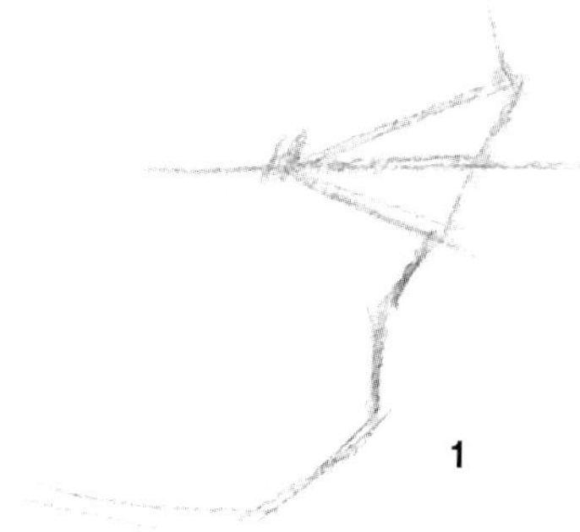
1

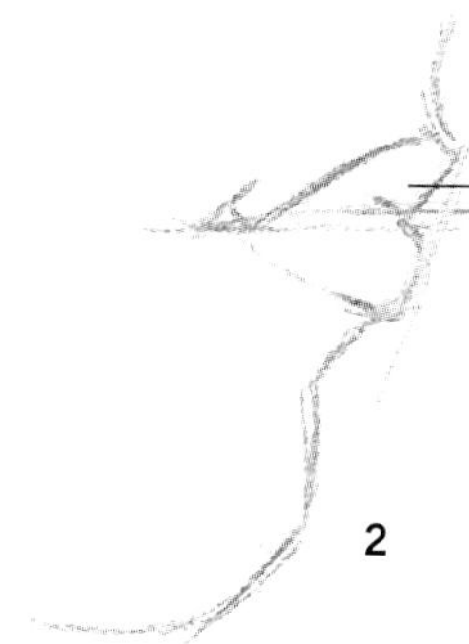

2

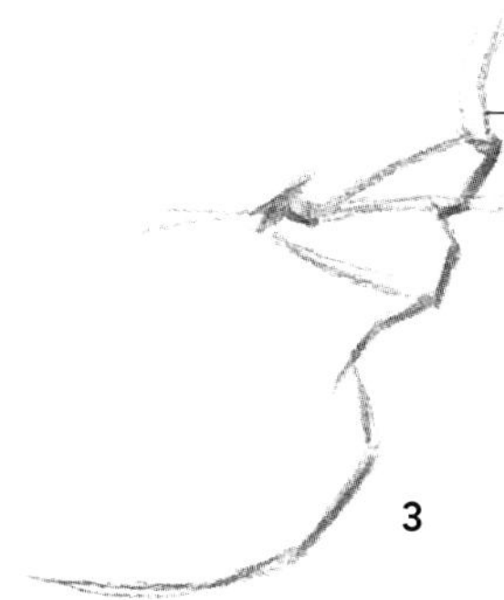

3

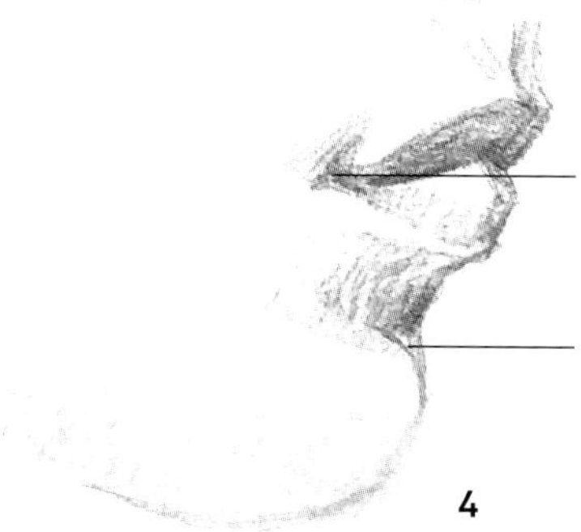

4

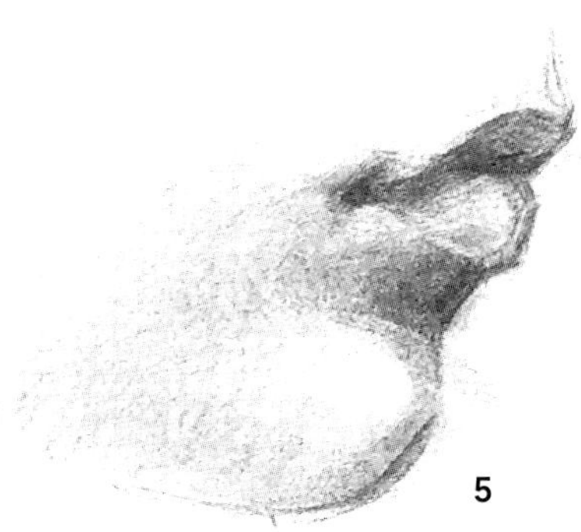
5

PROFIL: DAS AUGE

1 | Zuerst die Formen mit Rebenkohle skizzieren, um die geometrischen Formen der Augenhöhle und des Auges abzubilden.

2 | Das Auge ist eine kleine Kugel in der runden Schale der Augenhöhle. Zuerst die komplette Kugel zeichnen, dann die Augenlider wie zwei geschwungene Bänder andeuten. Die Iris an der Vorderseite der Kugel platzieren. Das bewegliche Oberlid ist doppelt so hoch wie das unbewegliche Unterlid. Außerdem überlappt das Oberlid das Unterlid im äußeren Winkel.

3 | Die Linien der Augenlider klarer und dunkler ausarbeiten, die Iris genauer einzeichnen und die Pupille hinzufügen. Am oberen Rand des Unterlids einen zweiten Strich hinzufügen. Das Oberlid ist steiler geneigt als das Unterlid und ragt weiter nach vorne.

4 | Mit der Breitseite der Rebenkohle erste Tonwerte mit parallelen Strichen andeuten. Die Augenbraue abdunkeln und den Schatten unter der Braue knapp über dem Nasenrücken ansetzen. Schatten an den Rändern der Augenlider hinzufügen und einen Schatten in die Augenhöhle über dem Oberlid setzen. Beachten Sie, dass das Oberlid einen Schatten auf die Iris und den weißen Teil des Augapfels wirft.

5 | Die Schatten um das Auge herum abdunkeln, um die Augenhöhle tiefer erscheinen zu lassen. Ebenso die schattigen Ränder der Augenlider abdunkeln, dann die Wimpern mit einigen dunklen Strichen andeuten. Die Iris abdunkeln und die Pupille schwärzen. Tragen Sie knapp über dem unteren Augenlid einen Hauch von Grau auf, um die Rundung des Augapfels zu verdeutlichen. Unter der Augenbraue den Schatten mit weichen, unscharfen Rändern ausarbeiten.

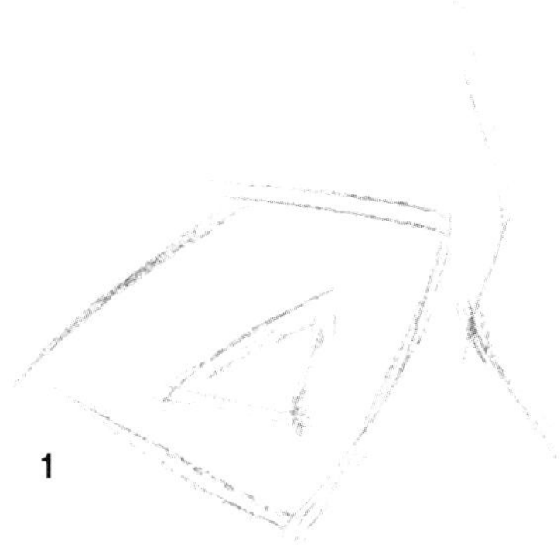
1

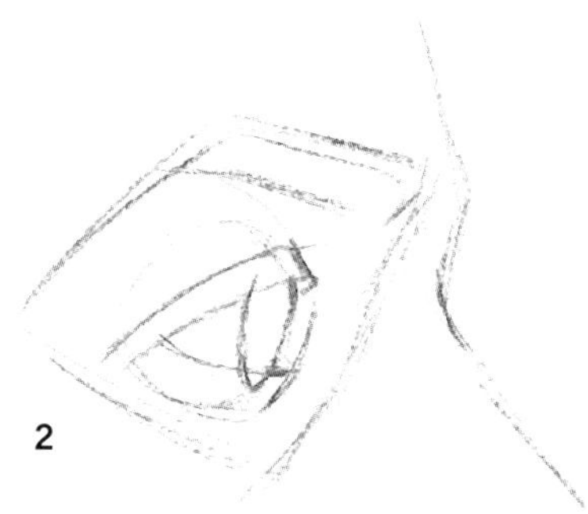
2

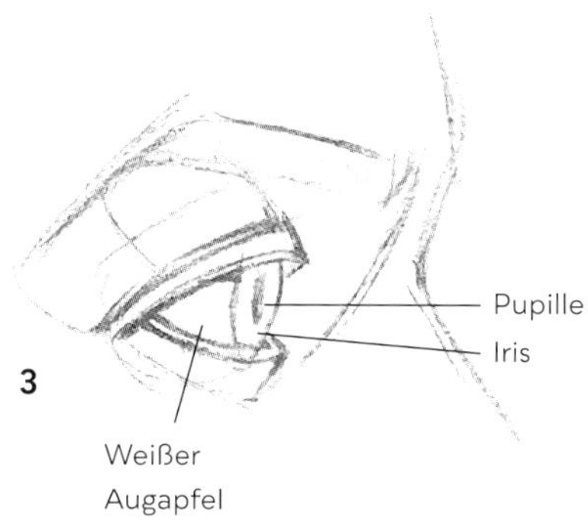

3

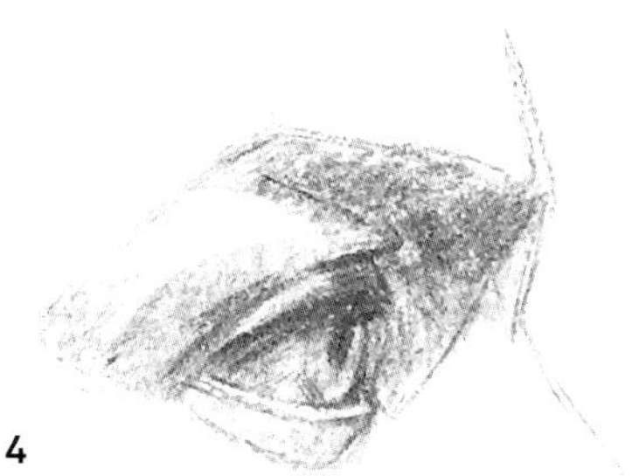
4

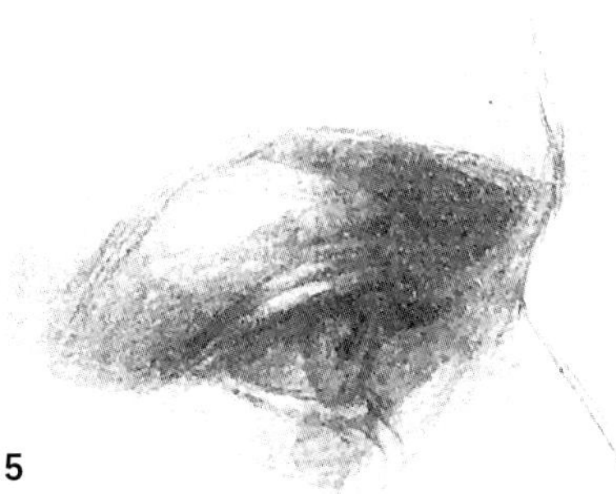
5

MÄNNLICHE UND WEIBLICHE PROFILE IM VERGLEICH

Im Profil kann man die Unterschiede zwischen männlichen und weiblichen Gesichtern besonders gut studieren.

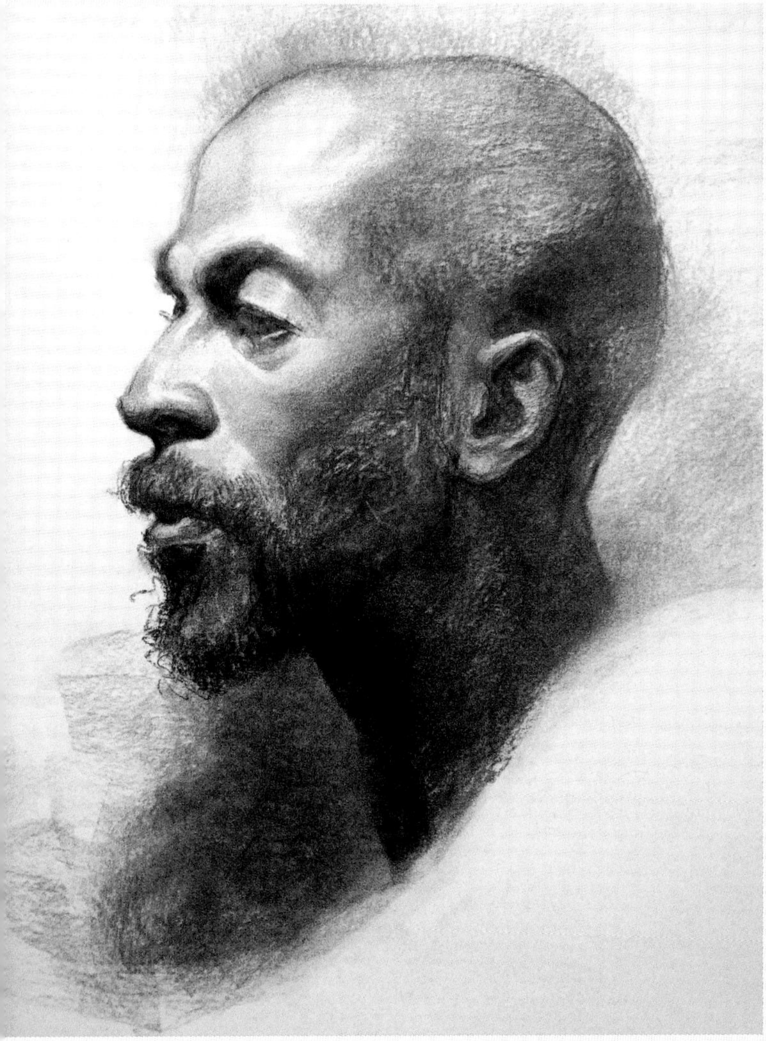

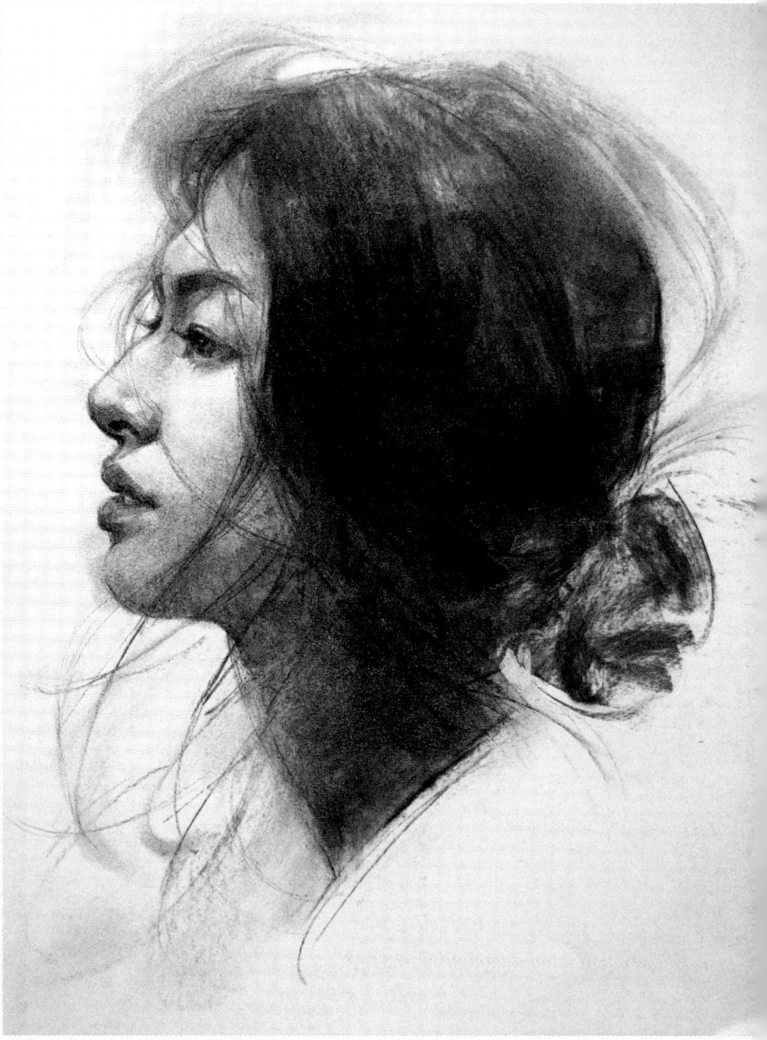

▲ Die Augenbrauen treten beim Mann stärker hervor als bei einer Frau.

▲ Die Wurzel der weiblichen Nase ist in der Regel runder als die der männlichen. Bei Frauen findet sich zwischen Mund und Nase häufiger eine Kurve.

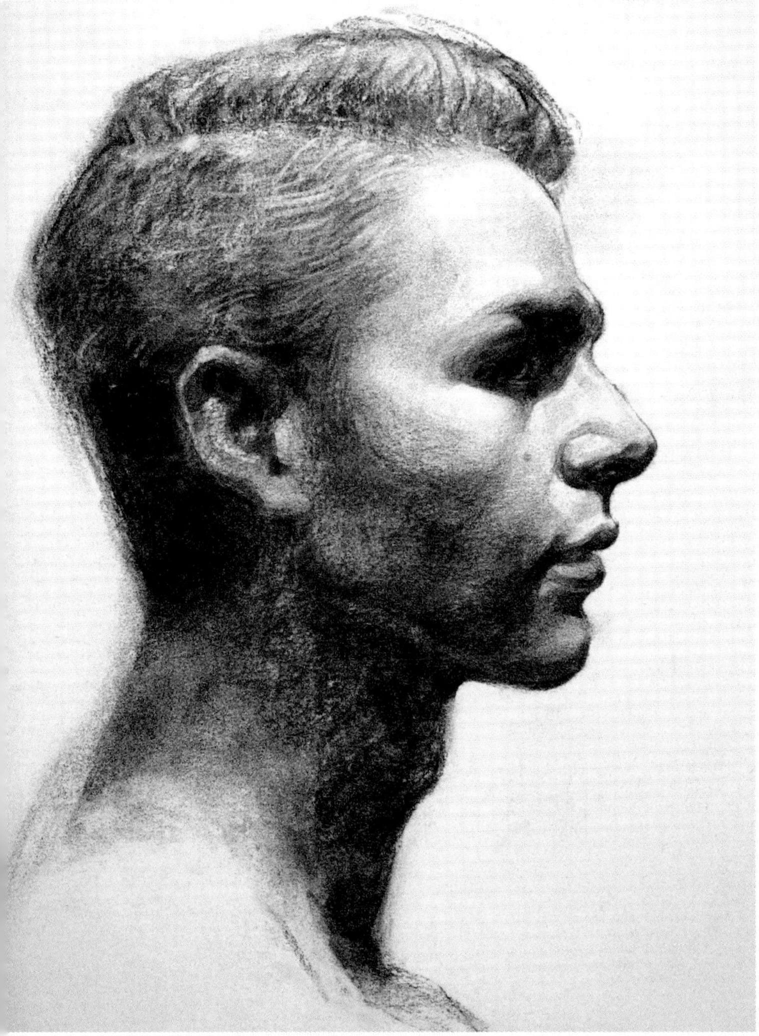

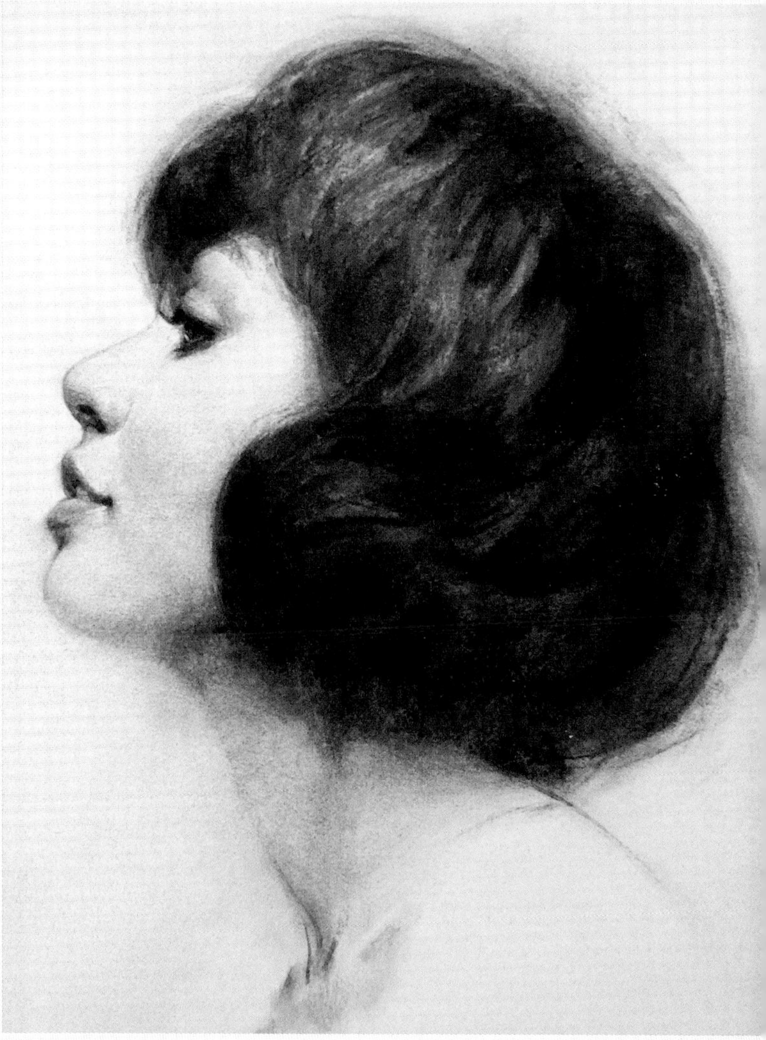

▲ Männliche Nasen sind tendenziell länger und an der Unterseite gerader als die durchschnittliche weibliche Nase. Männer haben häufig ein markanteres Kinn als Frauen.

▲ Im Allgemeinen sind die Lippen von Frauen voller als die von Männern.

Viertelprofil

Im Viertelprofil ist der Kopf leicht zur Seite gedreht, jedoch nicht bis ins Profil. Man sieht beide Augen, aber nur ein Ohr. Dieser Blickwinkel eignet sich gut, um die Konturen des Gesichts herauszuarbeiten.

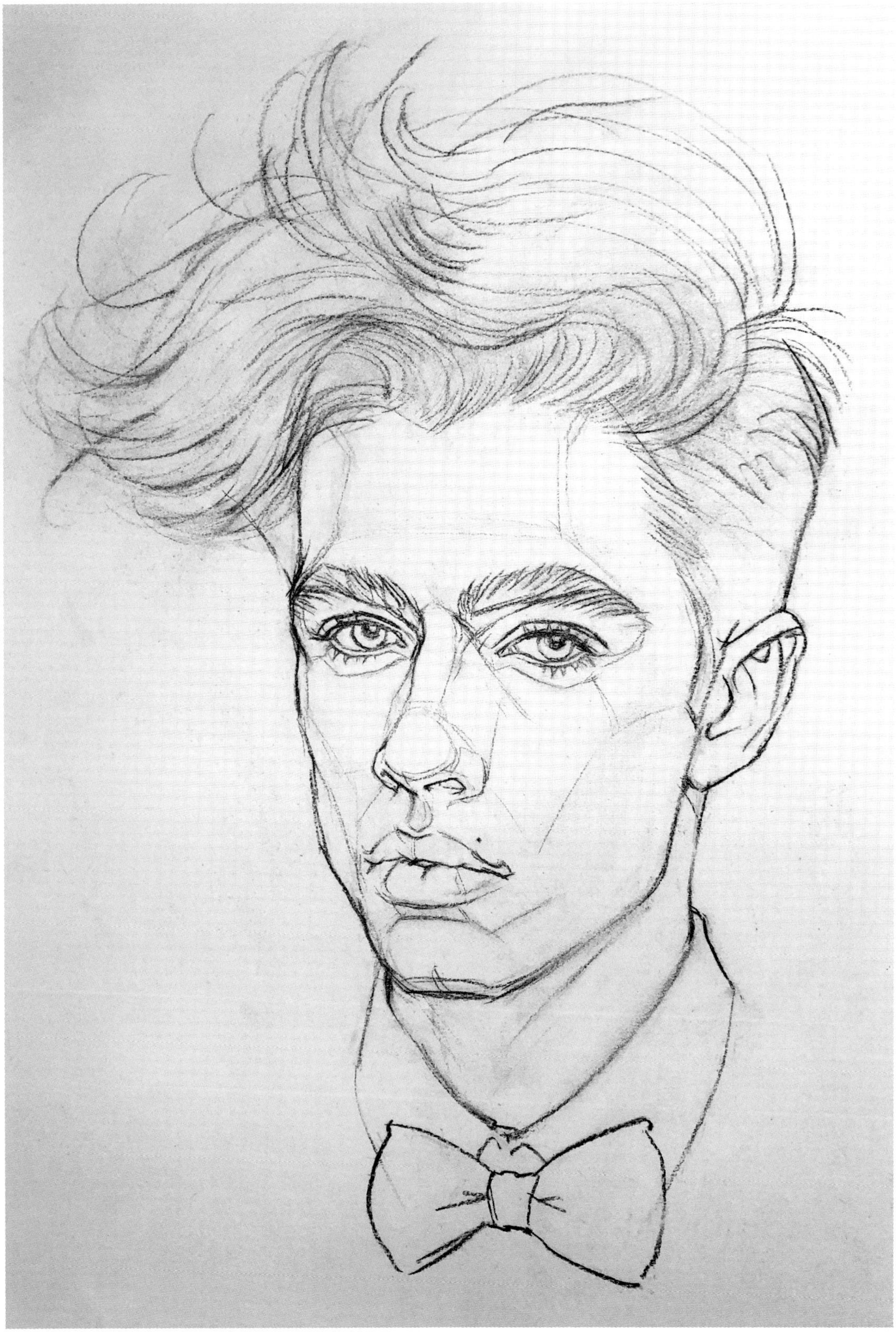

Ich finde das Viertelprofil interessanter als die Frontalansicht, die durch ihre Symmetrie leicht statisch oder vorhersehbar wirken kann. Im Viertelprofil fällt Licht sowohl auf frontale als auch auf seitliche Flächen des Gesichts. Außerdem kommt es zu einer perspektivischer Verkürzung. Sie erlaubt es, auf einige Details zu verzichten und einige Konturlinien verschwimmen zu lassen.

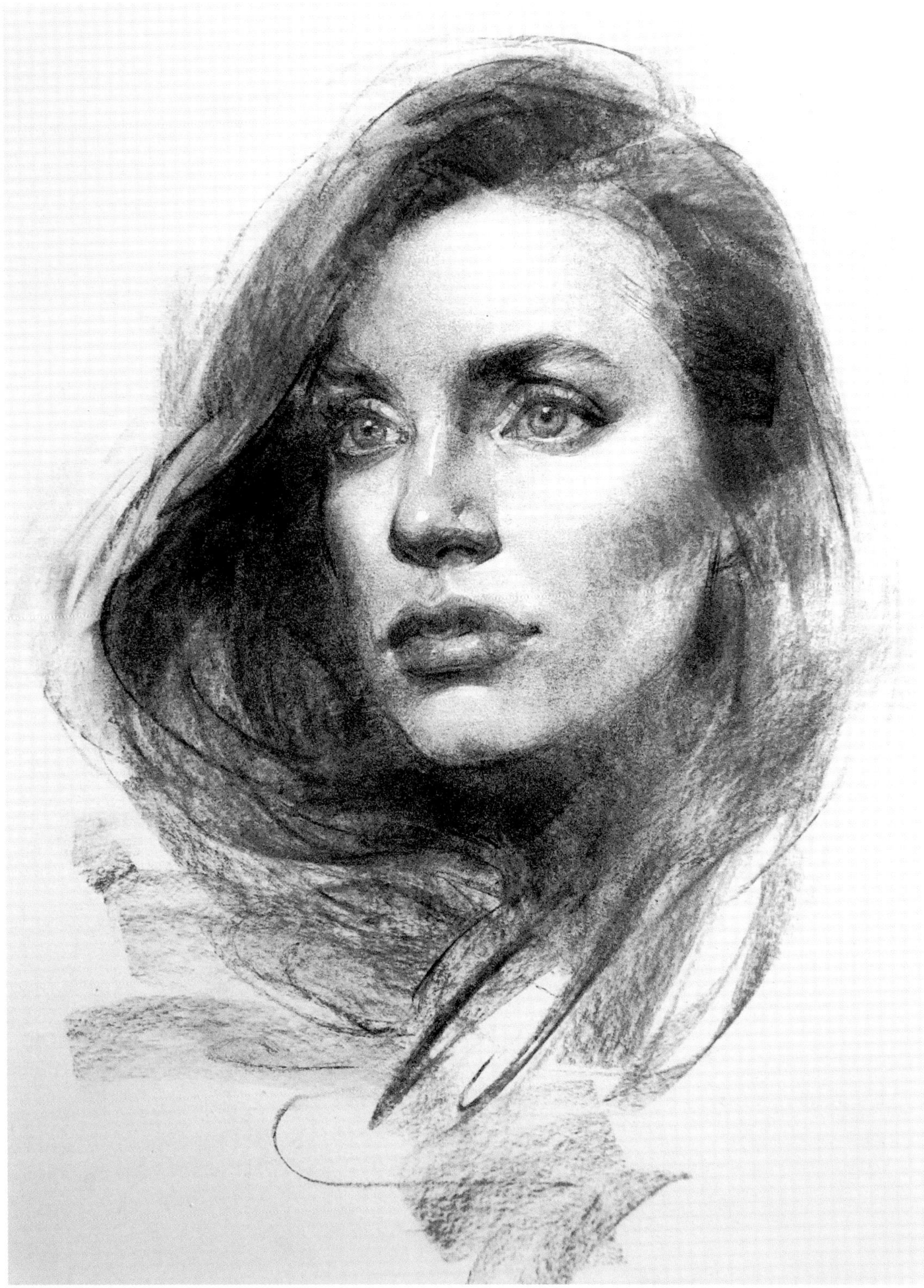

VIERTELPROFIL: DIE NASE

Im Viertelprofil ist die Nase nicht mehr symmetrisch; von einer Seite ist mehr zu sehen als von der anderen. In dieser Zeichnung ist der Kopf leicht angehoben, sodass wir mehr von der Unterseite der Nase sehen.

1 | Die Grundform der Augenhöhlen und der Nase skizzieren. Aus diesem Blickwinkel sind die obere, vordere und untere Ebene sowie eine seitliche sichtbar. Die untere Ebene ist dreieckig und ihre breite Basis wölbt sich sanft über den oberen Bereich des Mundes.

2 | Die Striche überarbeiten, um die Form der Nase zu definieren. Gebogene Linien zeigen die Nasenlöcher und die Nasenspitze an. Achten Sie auf die Breite der oberen Ebene, die sich oben verengt und unten verbreitert. Die Strichzeichnung muss genau und korrekt sein, bevor Sie mit dem Verwischen beginnen. Es ist sehr schwierig, die Form noch zu korrigieren, nachdem Sie mit dem Verwischen begonnen haben.

3 | Mit der Breitseite eines Stücks Rebenkohle die Formen der Schatten auf der rechten Seite und unterhalb der Nase mit groben, krakeligen Strichen andeuten. Achten Sie auf die Unterscheidung zwischen Mitteltönen und Schatten an der Nasenspitze und den Seiten der Nase. Das Nasenbein nimmt fast die Hälfte der Länge ein, bevor der Knorpel beginnt. Der knöcherne Teil erzeugt einen leichten Schatten am Nasenrücken.

4 | Die Tonwerte auf der Schattenseite der Nase und um die Nasenspitze herum vorsichtig weiter ausarbeiten. Die Tonwerte sollen gleichmäßig sein. Die Nasenflügel mit dunkleren Strichen schattieren und Lichtreflexe einfügen, um ihre Rundung anzudeuten. Die Highlights am besten mit einem Knetradierer setzen.

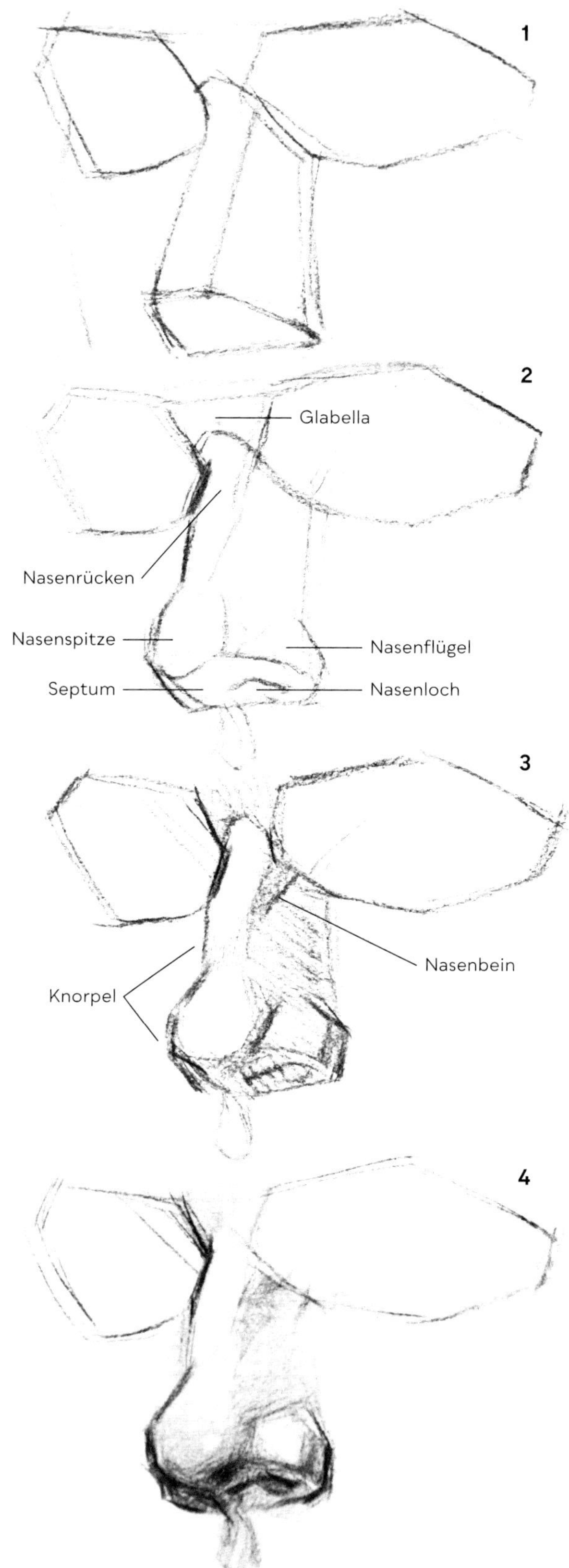

VIERTELPROFIL: DAS OHR

1 | Aus diesem Blickwinkel ist nur ein Ohr sichtbar. Es wird zuerst mit einfachen Strichen skizziert. Achten Sie darauf, dass es nach hinten geneigt ist, also nicht senkrecht steht.

2 | Runden Sie die Linien sanft ab, um die Form des oberen Ohrs und des Ohrläppchens zu verdeutlichen. Dann die Formen des Innenohrs mit kurzen, geschwungenen Strichen einzeichnen. Eine dunkle, innere Linie definiert die gewundene Form des Rands, der zur tiefliegenden »Schale« in der Mitte hinführt. Achten Sie darauf, dass der äußere Rand stark in der Breite variiert.

3 | Mit der Breitseite eines Stücks Rebenkohle den Schattenbereich im Inneren des Ohrs andeuten. Innerhalb des Rands ist er am dunkelsten. Fügen Sie um den äußeren Rand des Ohrs und des Ohrläppchens Schatten hinzu, um die Form dreidimensional erscheinen zu lassen.

4 | Die Schatten innerhalb der Ohrmuschel mit kräftigen Strichen abdunkeln. Verwenden Sie kurze, parallele Striche, um die Töne um den Ohrrand herum zu verstärken, und hellen Sie dann die Lichter mit einem Radiergummi auf.

Das Ohr ist um etwa 15 Grad nach hinten geneigt.

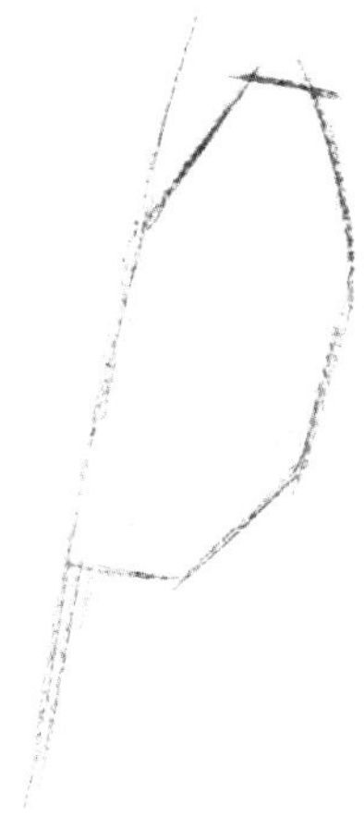

1

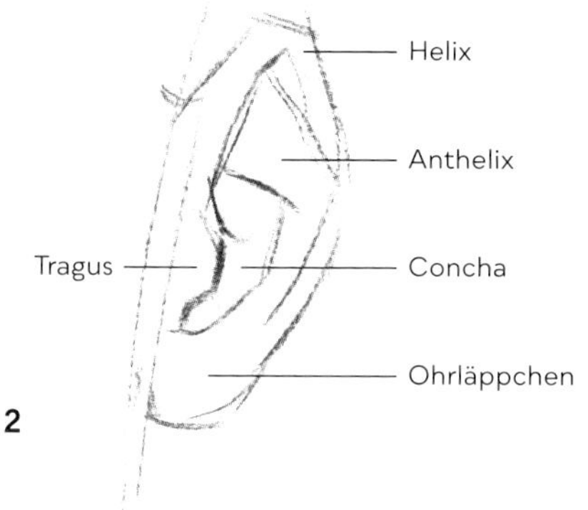

2

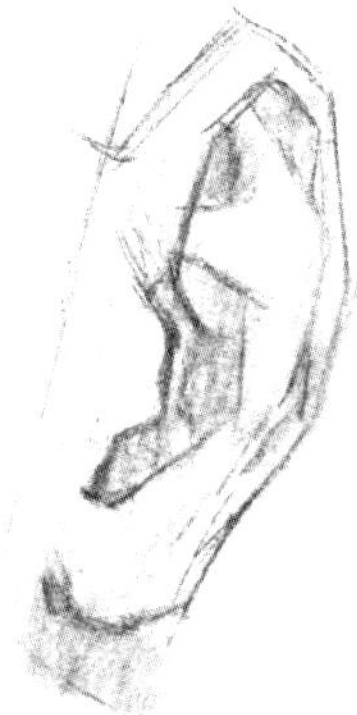

3

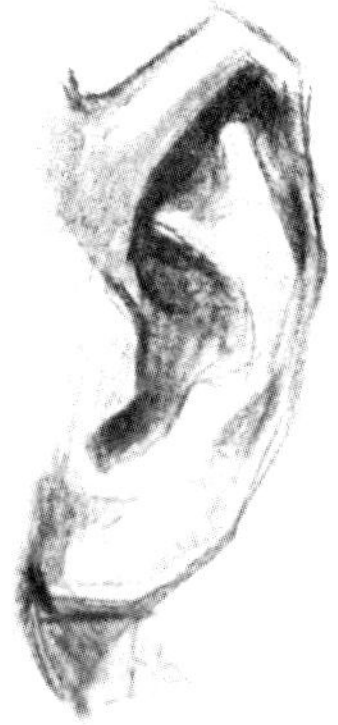

4

VIERTELPROFIL: DER MUND

1 | Zuerst die geflügelte Form der Oberlippe mit geschwungenen Linien zeichnen, um die Weichheit des weiblichen Mundes anzudeuten. Die vollere Unterlippe mit einem Bogen zeichnen und die Vertiefung unter ihr andeuten. Da der Kopf leicht nach links gedreht ist, ist es auch der Mund. Wir sehen also mehr von seiner rechten Seite.

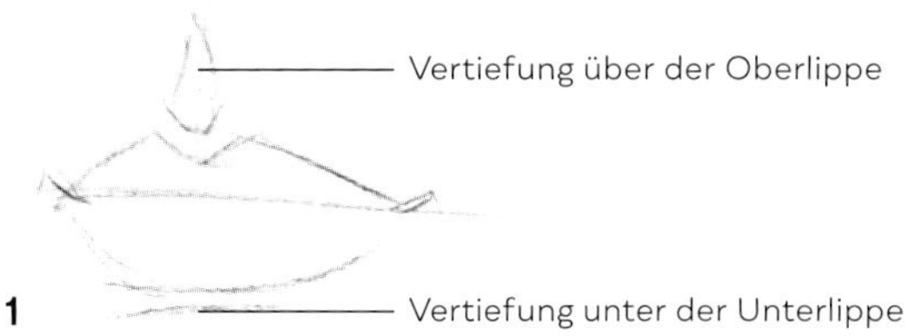

1

2 | Die Form der Lippen genauer zeichnen. Die Mitte der Oberlippe ragt etwas über die Unterlippe hinaus. Anstatt Trennlinien für die drei Ebenen der Unterlippe zu zeichnen, die äußere Kontur leicht kantig darstellen, um diese Ebenen erkennbar zu machen.

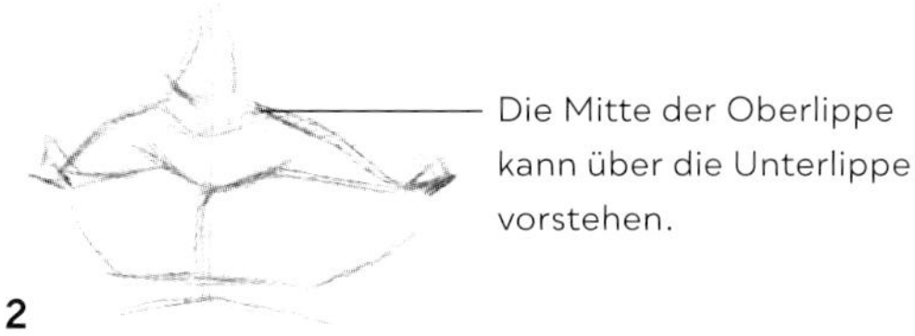

2

3 | Mit der Breitseite eines Stücks Rebenkohle erste Tonwerte einfügen, dabei die Schatten mit groben Strichen andeuten, um die Oberlippe abzudunkeln. Dunkeln Sie die Trennlinie zwischen den Lippen ab und betonen Sie die Schatten an den Mundwinkeln. Genau über dieser Schattenlinie auch die Oberlippe etwas abdunkeln, um ihre Wölbung herauszuarbeiten. Der sich nach oben, also zum Licht hin wölbende Teil der Unterlippe ist etwas heller. Die Schattenseite auf der rechten Seite wird jedoch abgedunkelt. Unterhalb der Unterlippe Schatten mit groben Strichen andeuten.

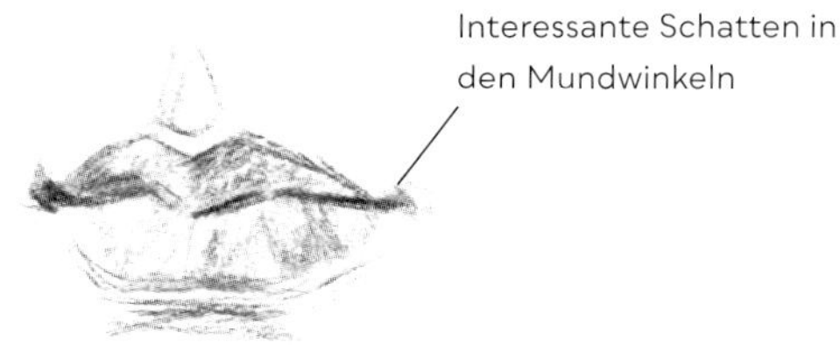

3

4 | Die Schatten auf der Oberlippe weiter abdunkeln und die Trennlinie zwischen den Lippen verstärken. Die Schatten in den Mundwinkeln vertiefen. Die Oberlippe nochmals abdunkeln, nur den Lichtbereich heller lassen. Die schattige Unterseite der Unterlippe verstärken, um die Form runder erscheinen zu lassen. Die Mundwinkel sind wie Donuts geformt, achten Sie also darauf, dass die Kanten weich bleiben. Zum Schluss das Kinn und die Kerbe über der Oberlippe schattieren.

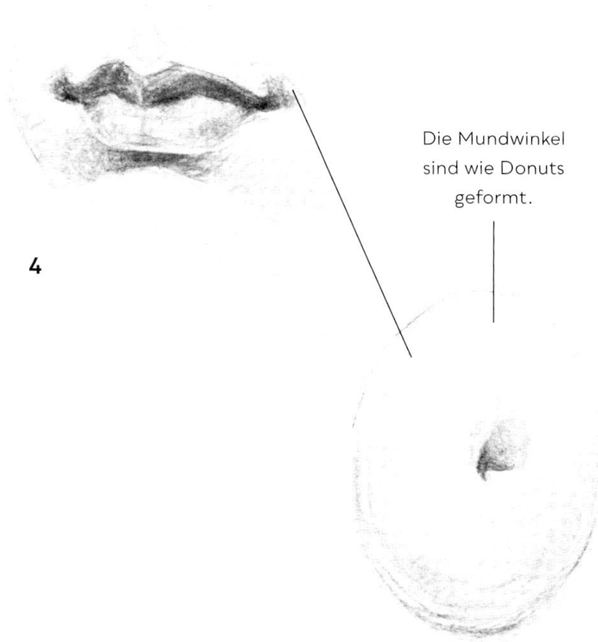

4

VIERTELPROFIL: DAS AUGE

1 | Die Form der Augenhöhle mit kantigen Strichen skizzieren. Die Augen sorgfältig innerhalb der Grenzen der Augenhöhlen platzieren. Auf die Breite der beiden Augenhöhlen achten, die aufgrund der Perspektive variieren kann.

1

2 | Mit zügigen Strichen die Hauptkonturen der Augenlider, der Iris und der Augenbraue zeichnen. Die gerade horizontale Linie, die das Auge schneidet, ist die Hilfslinie zur Positionierung der Augen im Gesicht.

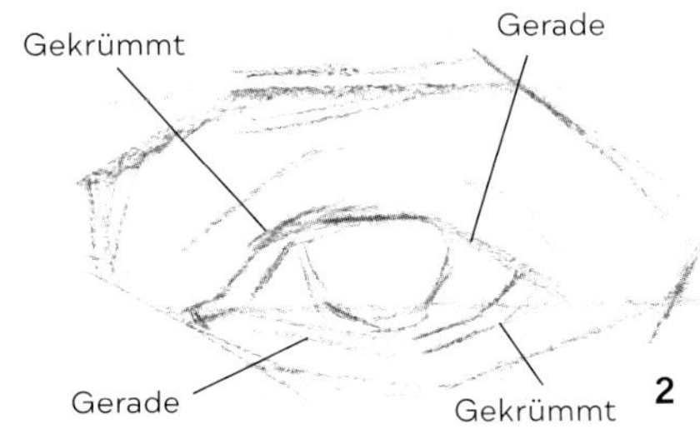

2

3 | Die Striche präziser und kräftiger nachzeichnen, Iris und Pupille einfügen. Das Oberlid beginnt als lange, abgeflachte Kurve, die am inneren Winkel steil nach unten verläuft, während das Unterlid am inneren Winkel als abgeflachte Kurve beginnt und am äußeren Winkel steil nach oben verläuft. Das untere Augenlid ist feucht und reflektiert Licht.

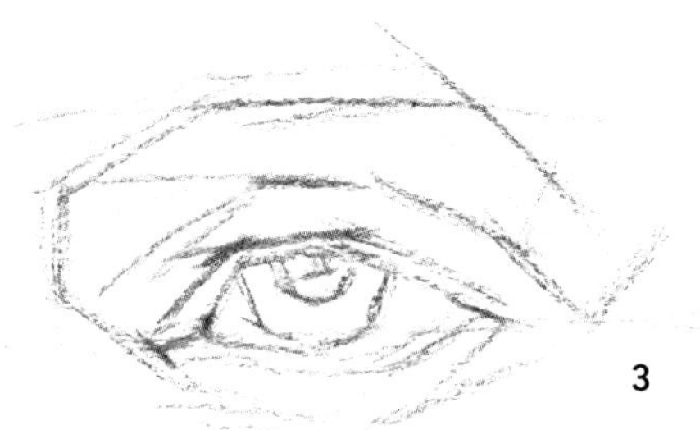
3

4 | Mit der Breitseite der Rebenkohle schattieren, dabei die Konturen der Augenhöhlen andeuten. Dunkle und helle Werte im Augapfel einfügen, dabei bestimmt die Augenfarbe die Tonwerte. Die Ränder der Augenlider einzeichnen und dabei auf die Schatten achten, die das Oberlid auf das Auge wirft. Je tiefer das Oberlid, desto tiefer der Schatten über der Iris. Pupille und Augenbraue abdunkeln.

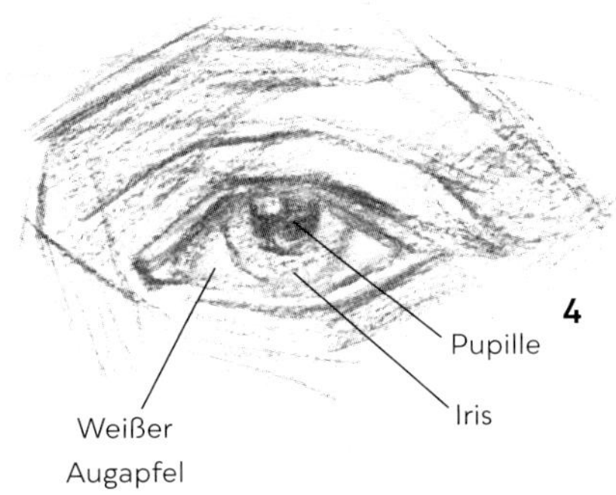

4

5 | Zum Schluss die Pupille schwärzen, die Iris abdunkeln und die Schattenränder der Augenlider verstärken. Den weißen Augapfel nur gering schattieren, um seine Rundung erkennbar zu machen. Um die Augenhöhle herum weitere Gruppen paralleler Striche auftragen, um die Schatten zu vertiefen und die Form der Augenhöhle herauszuarbeiten. Die Augenbraue mit längeren, fließenden Strichen einzeichnen und die Wimpern mit kurzen Bögen andeuten. Zum Schluss mit einem Knetradierer die Lichter setzen.

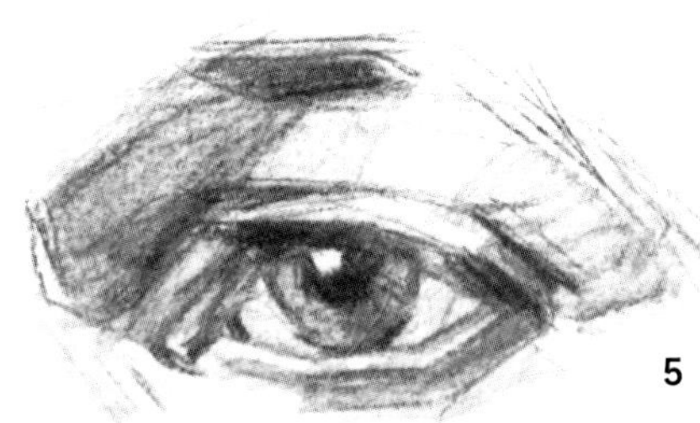
5

PERSPEKTIVISCHE VERKÜRZUNG IM VIERTELPROFIL

Wenn der Kopf in diesem Winkel betrachtet wird, ist die Perspektive des Gesichts und der Gesichtszüge verzerrt. Durch die perspektivische Verkürzung erscheinen die nächstgelegenen Teile eines Objekts größer als die weiter entfernten Teile. Gerade beim Zeichnen von Porträts im Viertelprofil sollten Sie die Proportionsunterschiede sorgfältig studieren und den Abstand zwischen den Gesichtszügen messen.

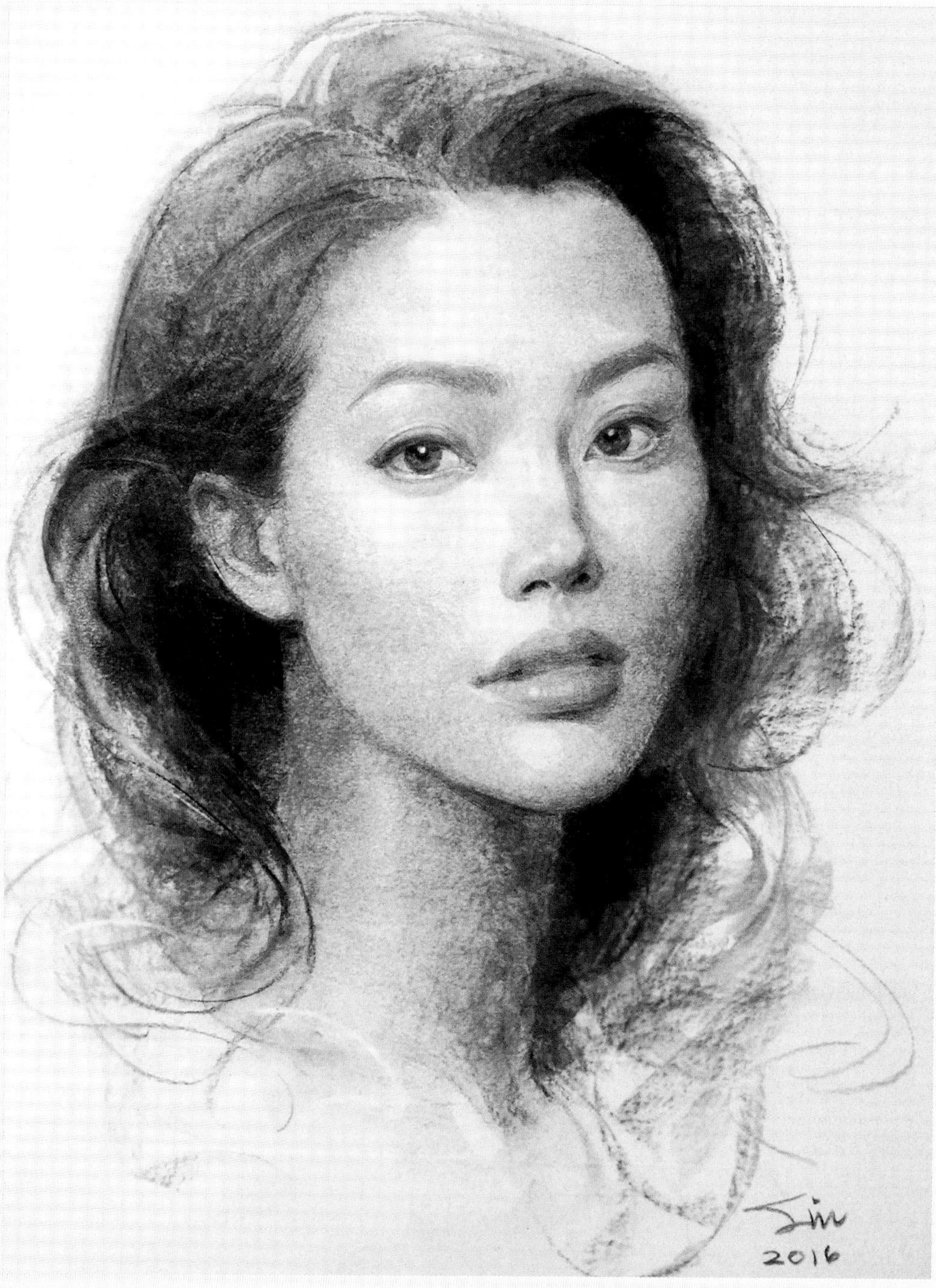

▲ Im Viertelprofil bildet das nächstgelegene Auge den Blickfang. Augen und Augenbrauen sagen viel über die Stimmungslage Ihres Motivs aus. Der Abstand zwischen den beiden Augen entspricht in der Regel der Breite eines Auges, kann aber je nach Winkel des Kopfs auch kleiner sein.

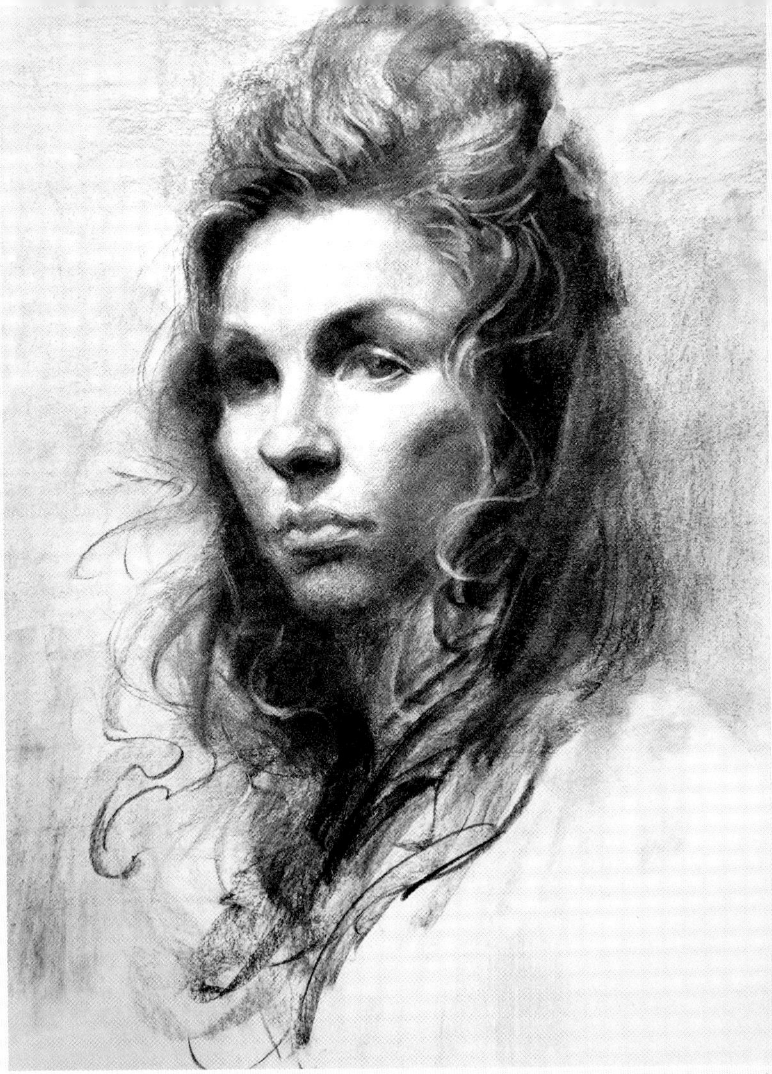

Aufgrund der perspektivischen Verkürzung ist hier die zugewandte Seite des Gesichts breiter als die abgewandte. Der Wangenknochen erscheint auf der abgewandten Seite ausgeprägter und hat eine härtere Konturlinie.

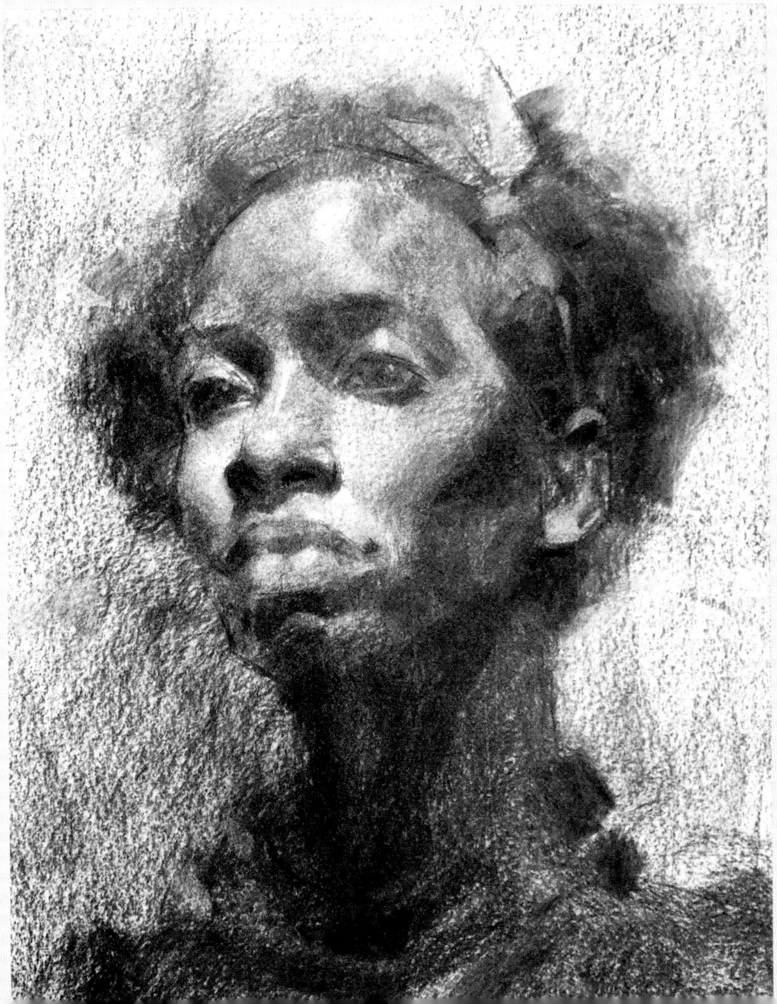

Weil das Modell den Kopf leicht hebt, ist die Nasenspitze den Augen näher.

EIN PORTRÄT ENTWICKELN SCHRITT FÜR SCHRITT

1 | Mit Rebenkohle die Position des Kopfes festlegen, dafür die oberen, unteren und seitlichen Begrenzungen mit geraden Strichen markieren. Keine geschwungenen Linien zeichnen, um die Kontur anzupassen: Das kann zu falschen Proportionen oder Perspektiven führen. Gerade Striche erleichtern es, das Motiv als Ganzes zu betrachten und die Beziehungen zwischen den wichtigsten Teilen zu untersuchen. Nun einen Kreis für den Kopf und eine U-Form für den Kiefer zeichnen. Das Kreuz kennzeichnet den Schnittpunkt der senkrechten Mittellinie mit der Hilfslinie für die Augenhöhe. Die Augenlinie ist aufgrund der Neigung des Kopfs leicht gekrümmt.

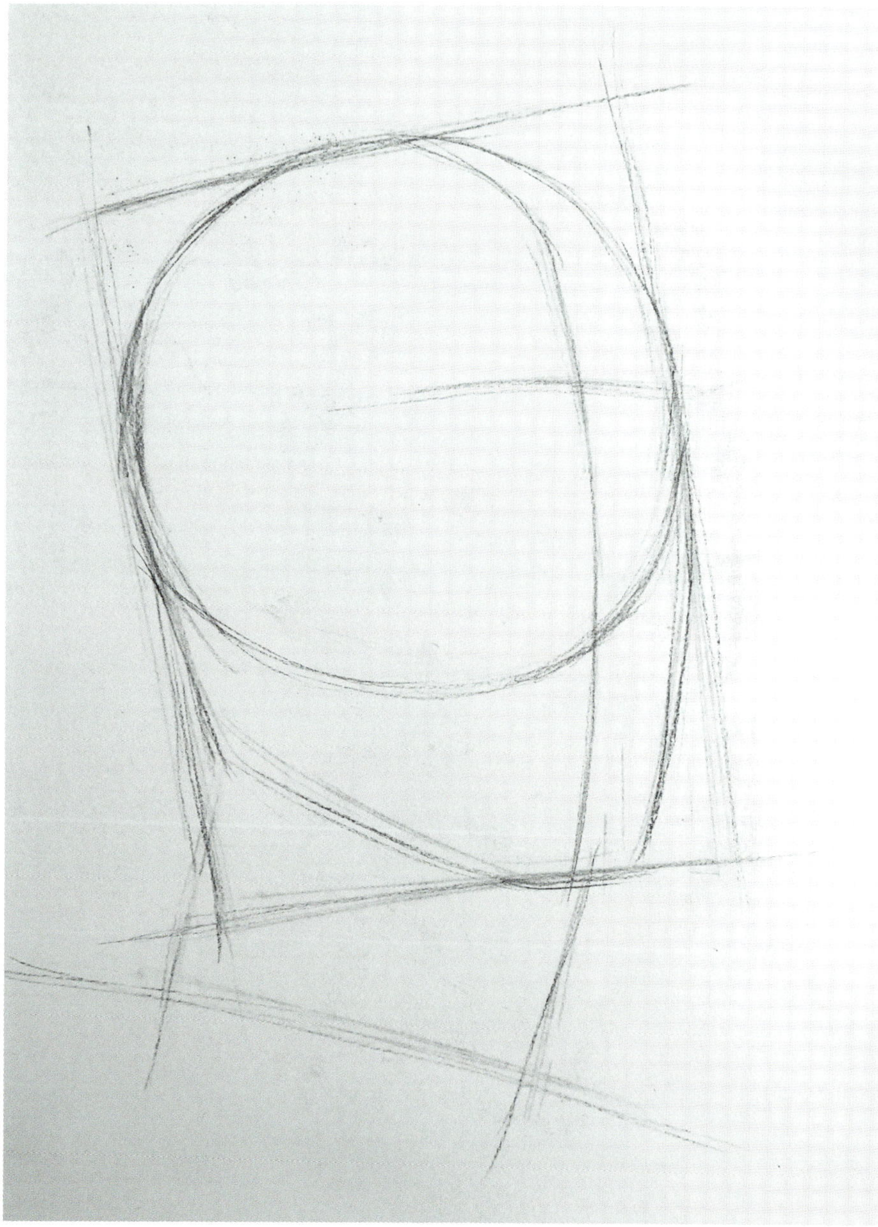

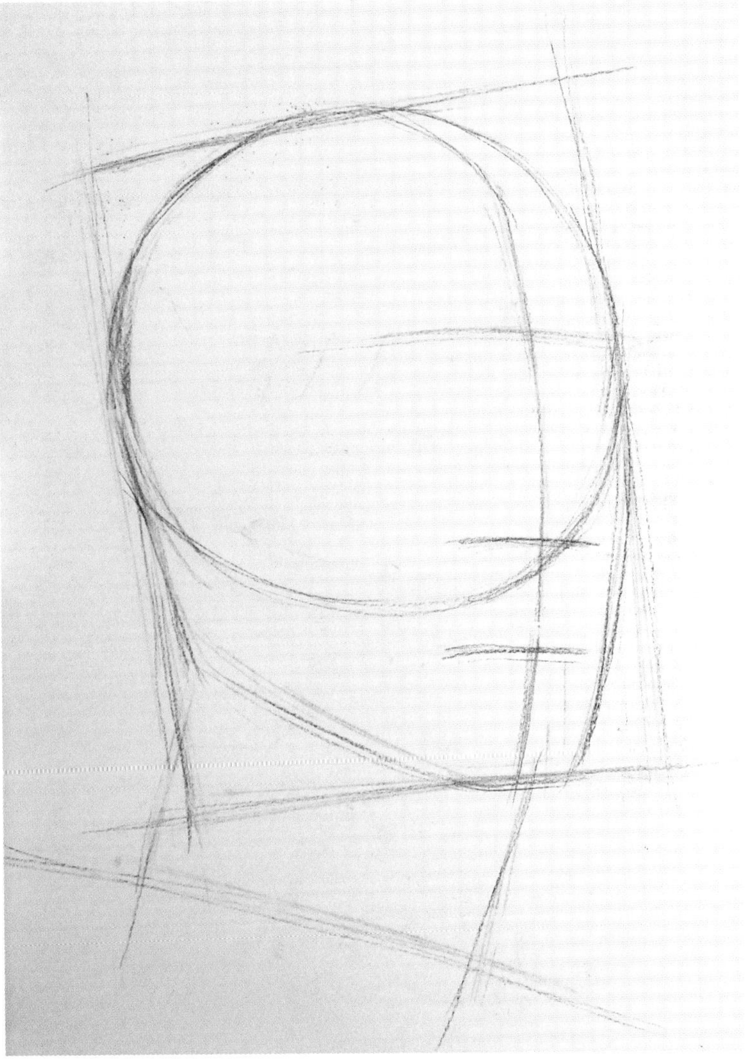

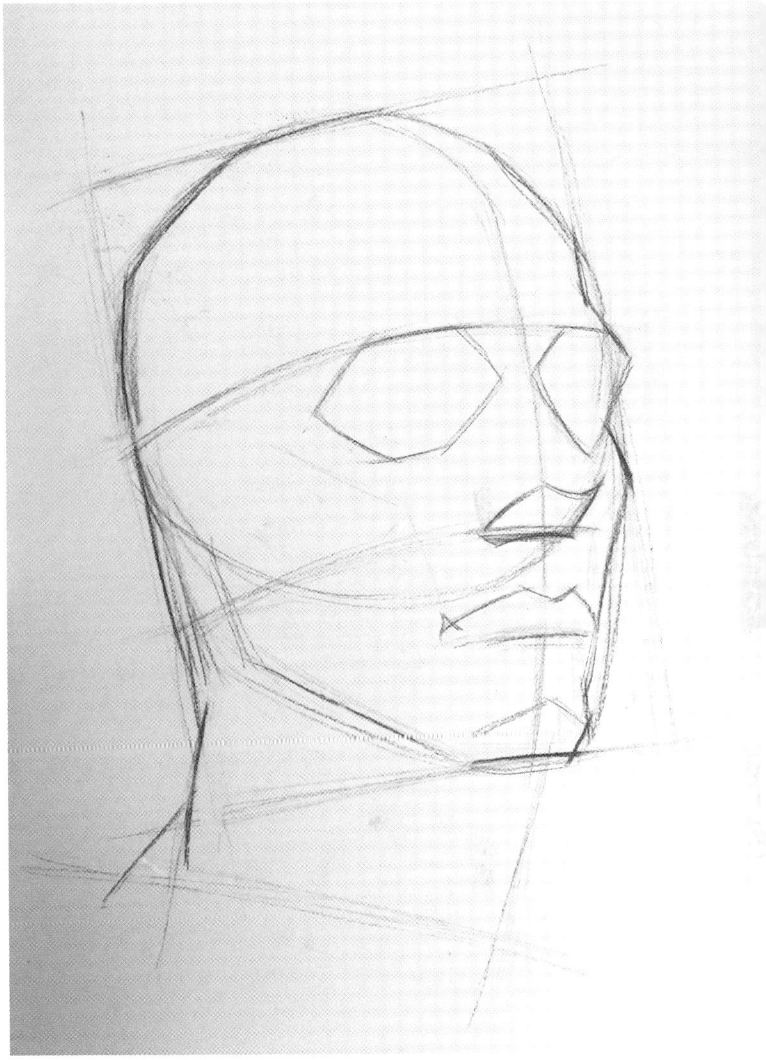

2 | Die grob skizzierte Kopfform durch Hilfslinien in Drittel teilen: ein Drittel vom Haaransatz bis zu den Augenbrauen, ein Drittel von den Augenbrauen bis zur Nase und ein Drittel von der Nase bis zum Kinn. Die Unterlippe liegt auf halbem Weg zwischen Nase und Kinn.

3 | Weiterhin mit geraden Strichen die großen Schattenbereiche definieren, wie Augenhöhlen, Mund und Nasenwurzel. Den ungefähren Umriss des Kopfs einzeichnen und die Hilfslinien bis zum Hinterkopf verlängern. Beachten Sie den unteren Bereich des Kinns, der durch den Winkel des Kopfs verkürzt ist.

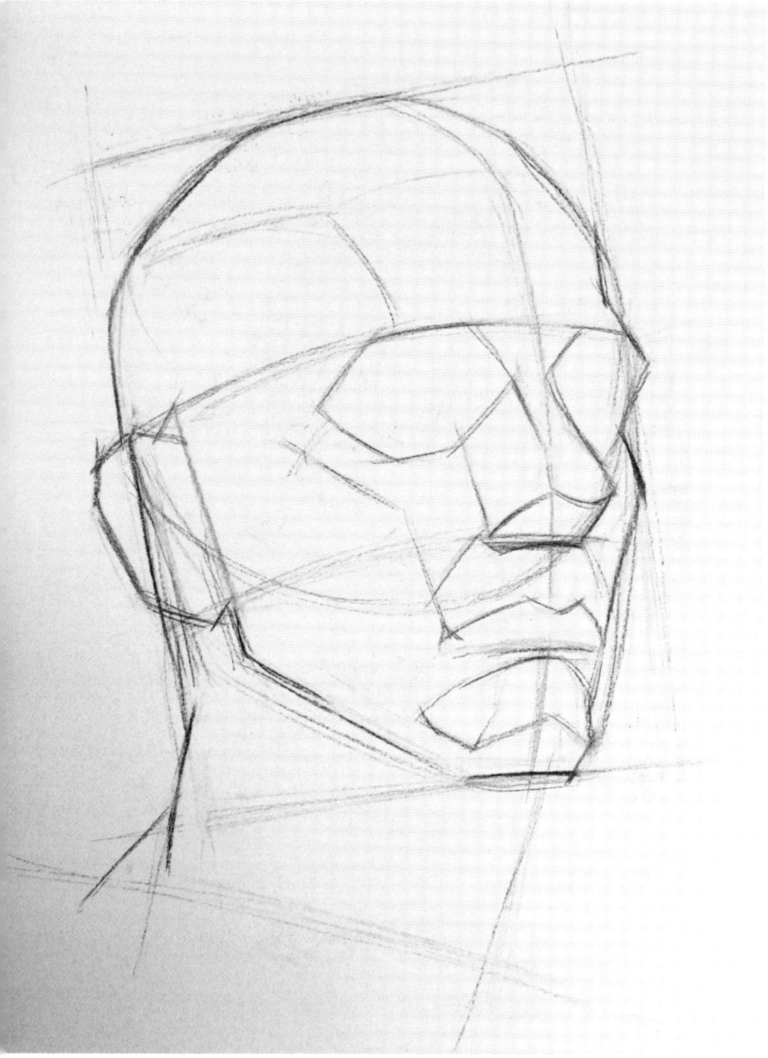

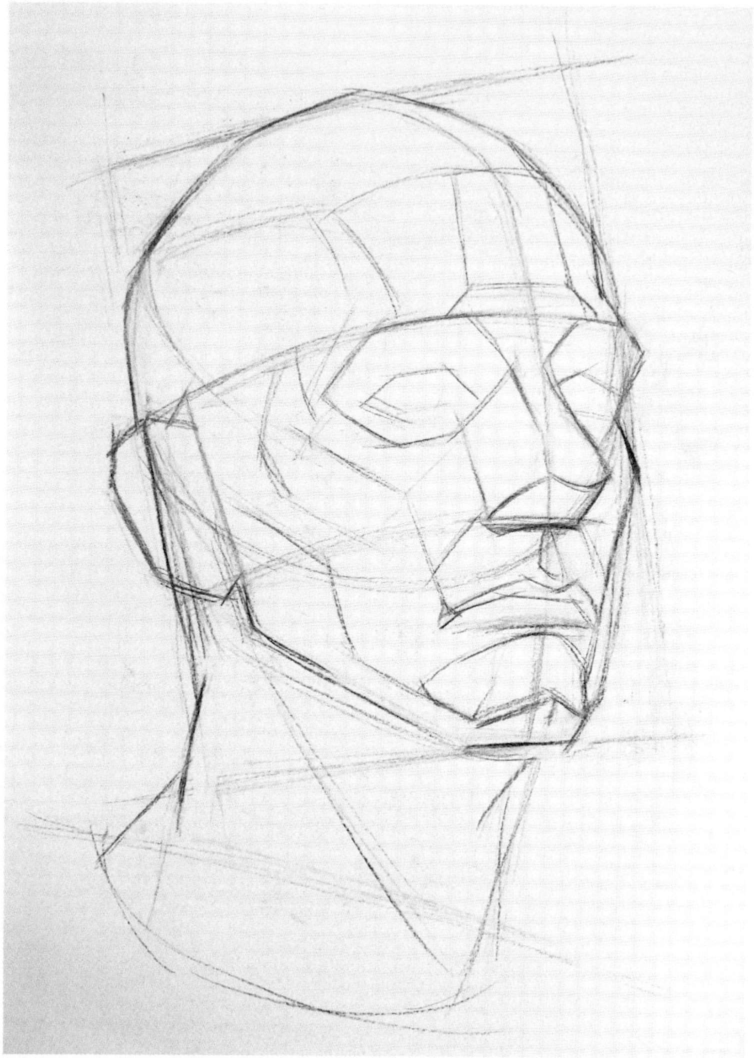

4 | Die Grundform des Ohrs einzeichnen. Es liegt zwischen der Augenlinie und dem unteren Teil der Nase. Die ebenen Flächen der Stirn, der Wangenknochen, der Nase und des Kinns mit geraden Strichen einzeichnen.

5 | Konzentrieren Sie sich in diesem Stadium darauf, die Proportionen und Beziehungen der Formen zueinander genau zu analysieren, während Sie das Gesicht weiter verfeinern. Auf Details wie Pupillen und Nasenlöcher wird vorerst noch verzichtet.

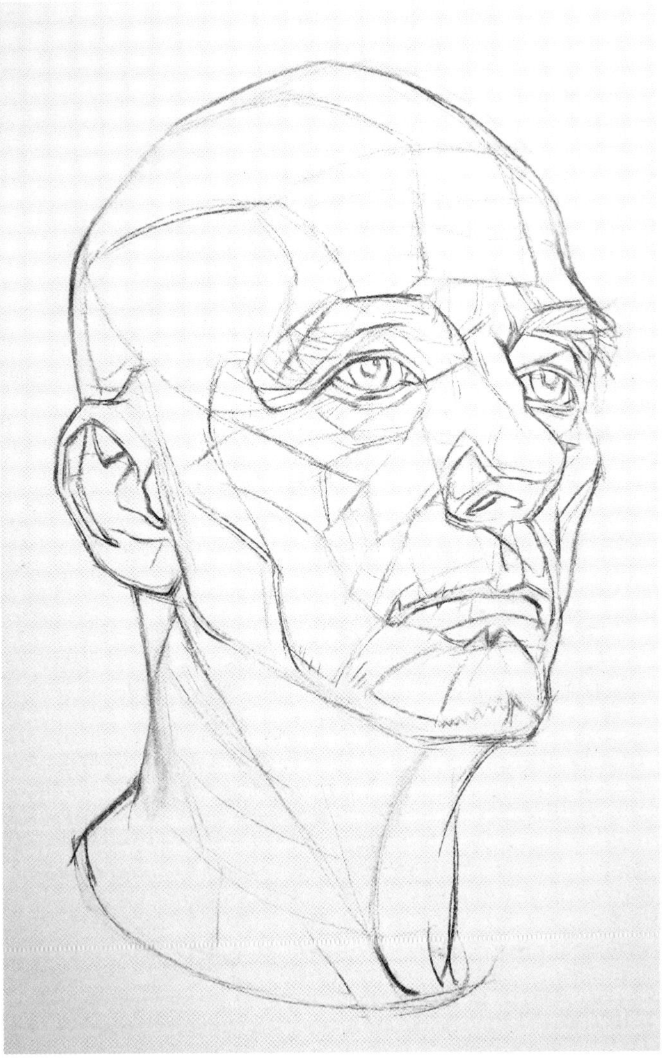

6 | Weiterhin mit überwiegend geraden Strichen Schattenbereiche und Berührungspunkte der Ebenen kennzeichnen, beispielsweise die Vorderseite, die Seiten und die Neigung der Stirn sowie die Vorderseite, die Flügel und die Basis der Nase. Markieren Sie die ungefähre Form und Position des Brauenbogens, der Wangenknochen, der Schläfenknochen, des Kinns und des Kiefers.

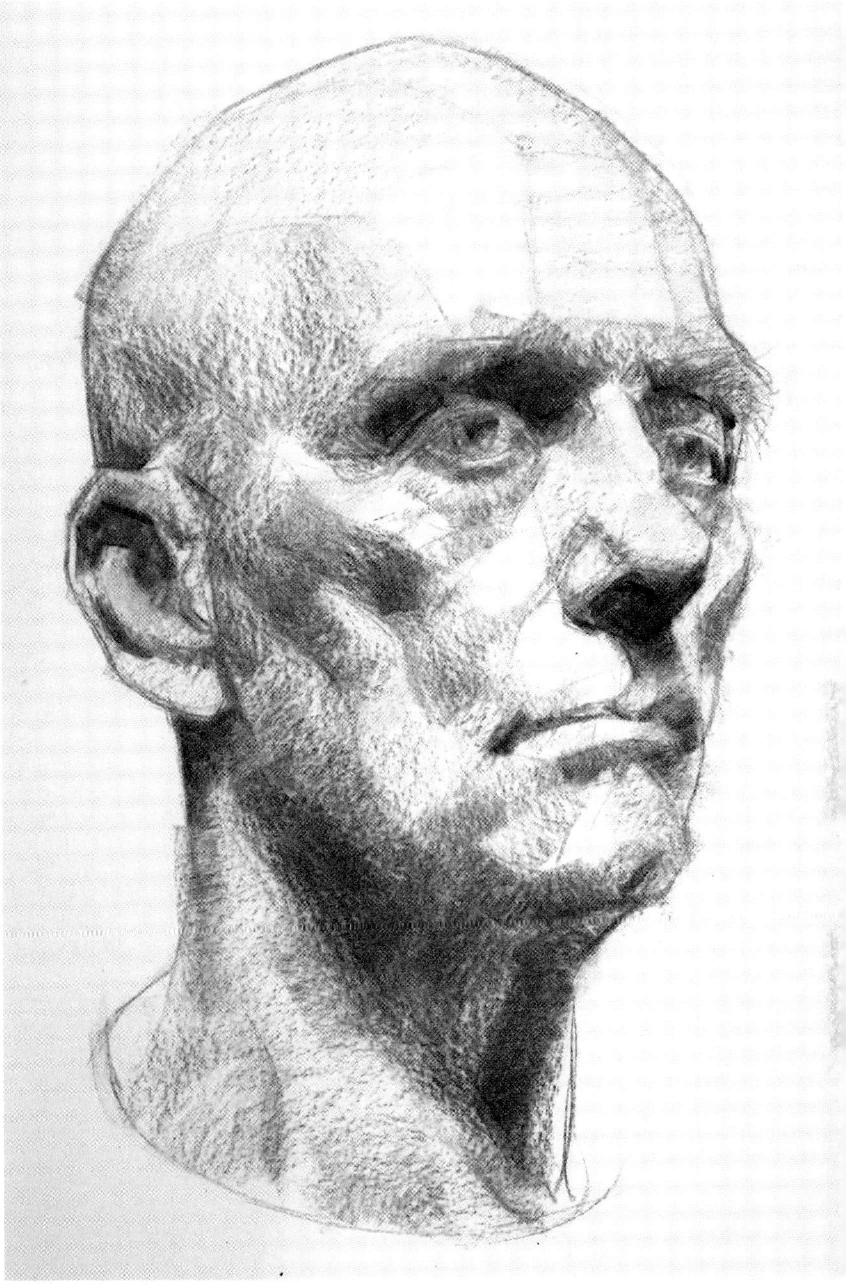

7 | Jetzt mit der Breitseite eines Stücks Rebenkohle die Tonwerte einfügen und die Struktur des Kopfs aufbauen. Denken Sie daran, dass alle Objekte helle, mittlere und dunkle Tonwerte aufweisen, wenn sie dem Licht ausgesetzt sind. Das gilt auch für jedes einzelne Gesichtsmerkmal. Den gesamten Schattenbereich der Nase schraffieren, dann mit den dunklen Schatten des Wangenknochens und anderer Bereiche fortfahren. Wenn Sie möchten, können Sie anschließend die Oberfläche mit der Fingerspitze oder einem Tortillon verwischen, sodass die einzelnen Striche nicht mehr zu sehen sind.

8 | Nun werden die Details eingefügt und mit wiederholten Strichen ausgearbeitet. Überprüfen Sie dabei erneut die Formen der verschiedenen Gesichtsbereiche und arbeiten Sie mit unterschiedlichen Strichen, um harte und weiche Kanten zu erzeugen.

Wo immer Sie Details hinzufügen, schattieren Sie zuerst den gesamten Bereich. Dann die Lichter mit einem Radiergummi aufhellen und Schatten mit Zeichenkohle vertiefen. Falten können schwierig zu zeichnen sein, aber sie machen die Zeichnung interessant, da sie Textur und Details beisteuern. Falten sollten nicht hervorstechen und müssen mit der Form der Gesichtszüge übereinstimmen. Deuten Sie Falten nur an, statt zu versuchen, jede einzelne abzubilden (siehe auch Ältere Menschen zeichnen, Seite 124.)

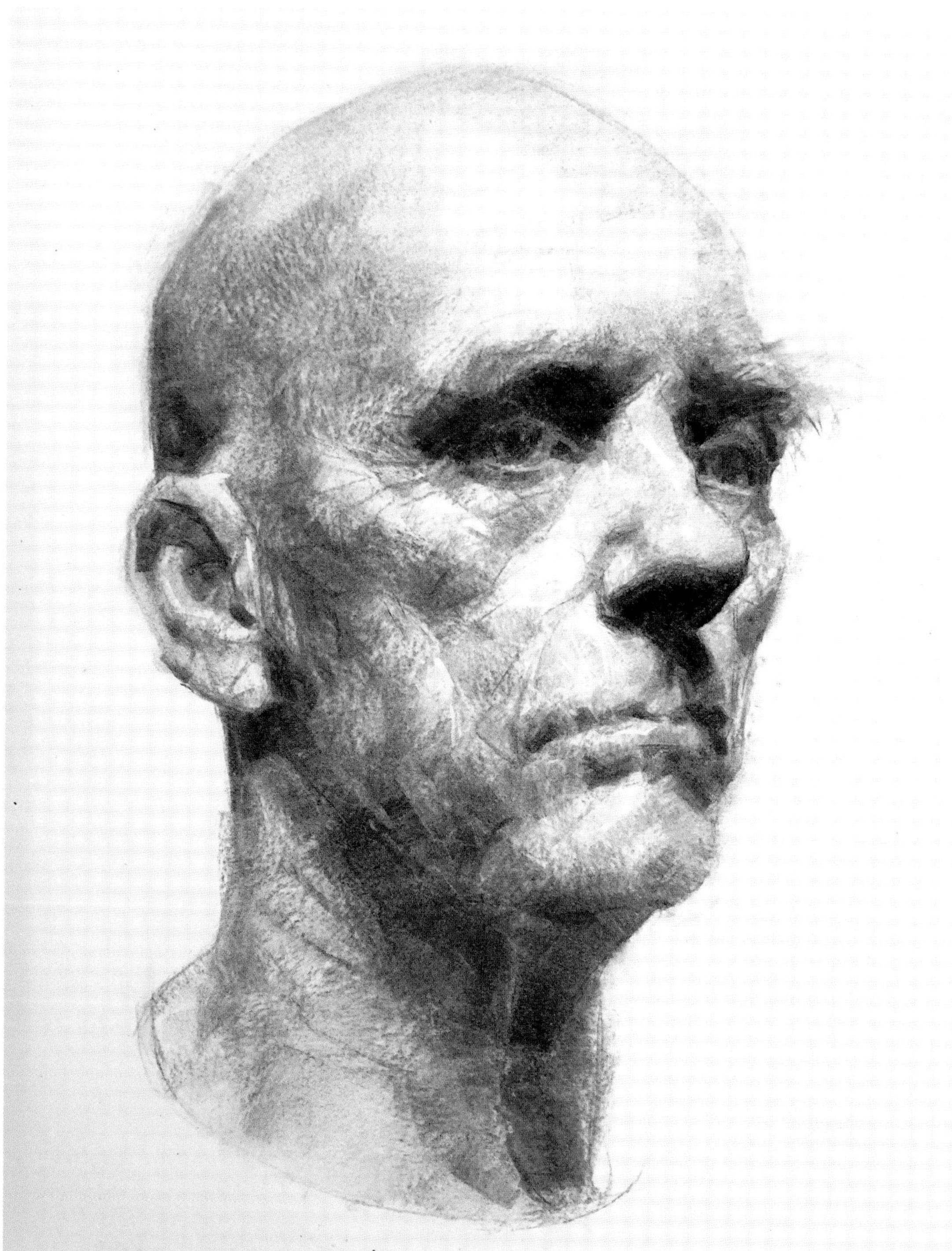

9 | Nochmals die Tonwerte sowie die Kanten des Gesichts prüfen. Jeder der drei Hauptwerte sollte in drei weitere Werte plus das Highlight aufgeteilt werden. Nur mit einem breiten Tonwertespektrum lassen sich die Formen und Volumina überzeugend darstellen. Die Ränder des Gesichts sollten keine durchgehende Linie bilden, sondern Rhythmus, räumliche Beziehungen und Variationen enthalten. Den Hell-Dunkel-Übergang am Kinn verstärken, um diesem Teil des Gesichts mehr Ausdruckskraft zu geben, dabei aber Struktur und Textur weich darstellen. Die tiefsten Schatten nochmals vertiefen. Wenn Sie mit dem Bild zufrieden sind, sprühen Sie es sofort mit Fixativ ein, um zu verhindern, dass die empfindlichen Kohlestriche verwischen.

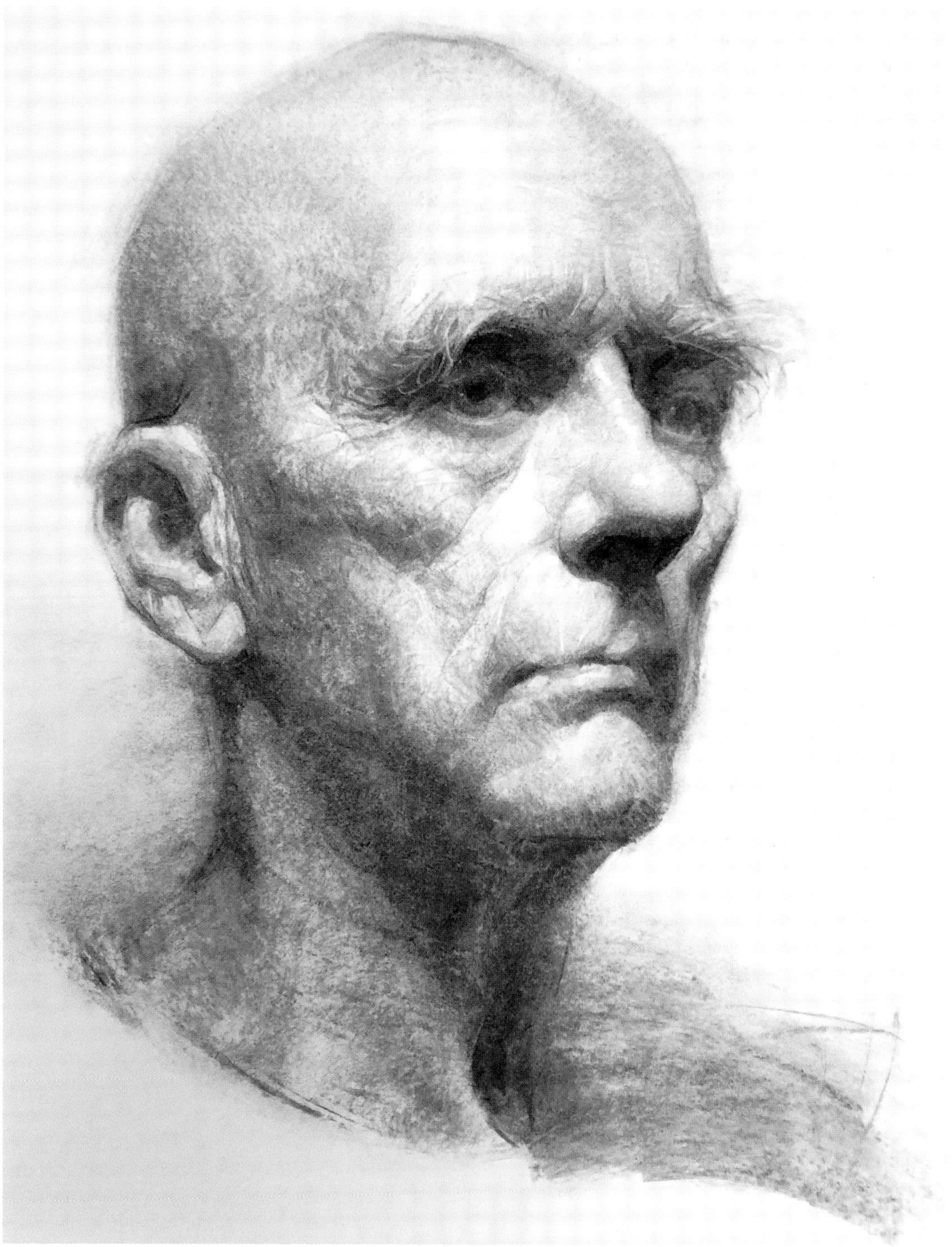

Bärte

Wenn Sie einen Bart einfach auf das Gesicht zeichnen, sieht er aus wie aufgeklebt. Ein Bart besteht, wie jedes andere Merkmal des Gesichts, aus Flächen mit unterschiedlichen Tonwerten. Studieren Sie Form und Volumen, Färbung und Wachstumsmuster, bevor Sie zu zeichnen beginnen.
Jeder Bart oder Schnurrbart ist anders, aber es gibt einige grundlegende Dinge:

1 | **Beziehung zu Nase und Mund.** Die Nase wirft einen Schatten auf den Schnurrbart, und der Schnurrbart wirft einen Schatten auf den Mund.

2 | **Oberlippe.** Ein fülliger Schnurrbart kann die Oberlippe teilweise oder ganz bedecken.

3 | **Ebenen.** Folgen Sie dem Licht und dem Schatten auf dem Kopf, wenn die Ebenen durch die Gesichtsbehaarung nicht ohne weiteres sichtbar sind. Wenn zum Beispiel die Wange im Schatten liegt, wird auch der Bart im Schatten liegen. Wenn die vordere Ebene des Kopfs im Licht liegt, gilt dasselbe für den Bart.

4 | **Farbe.** Achten Sie darauf, wie die Farbe der Haare neben der Haut aussieht. Ist der Bart heller als die Haut oder dunkler?

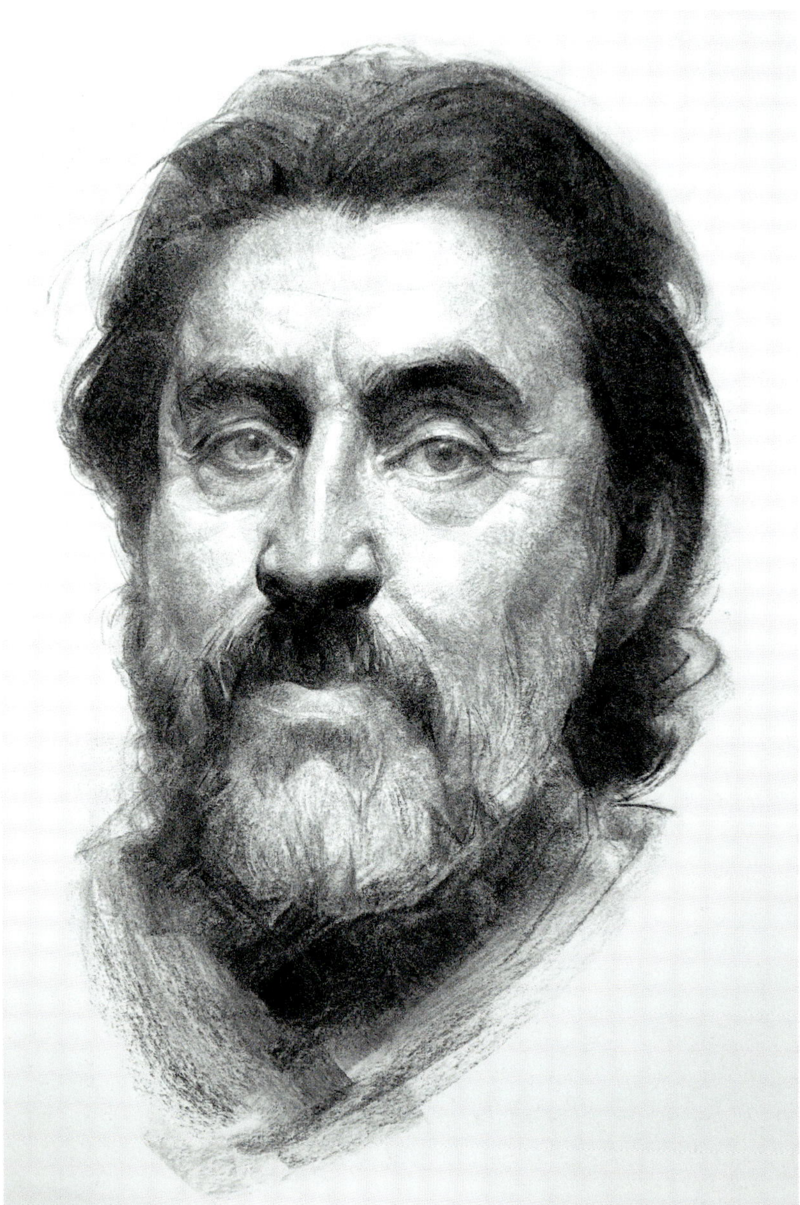

Stellen Sie sich den Schnurrbart als eine große Oberlippe vor, die auf der plastischen Form des Munds liegt und dadurch größere Schatten erzeugt.

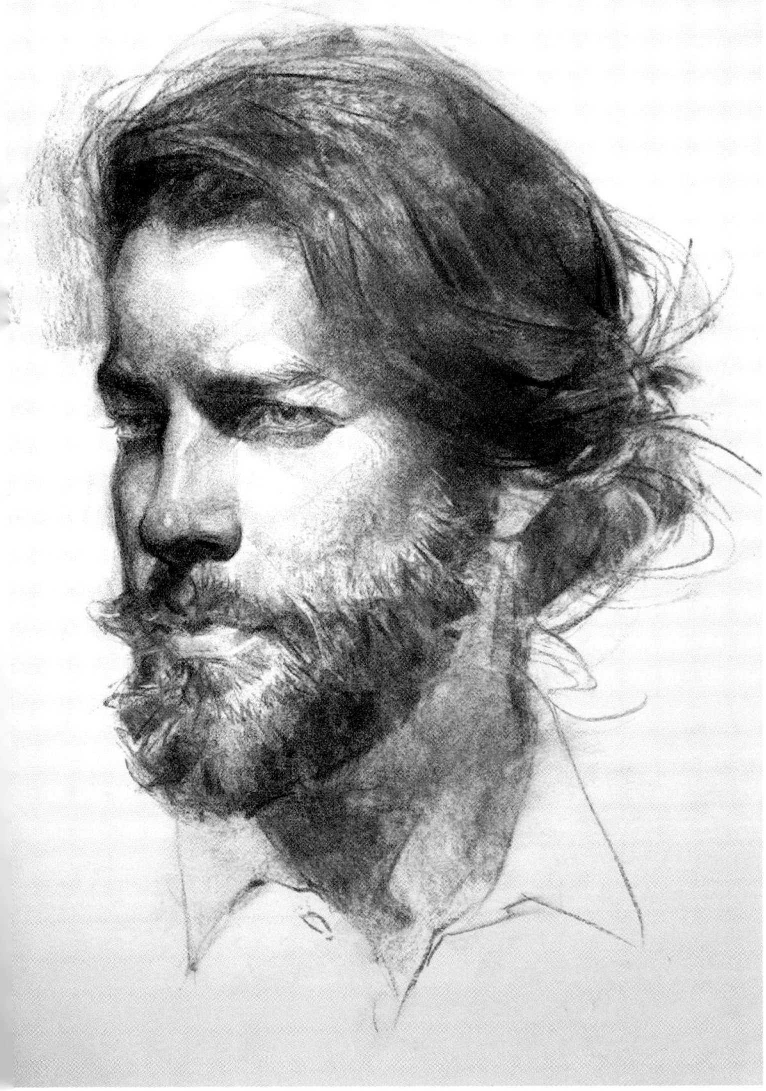

▲ Helle Haare lassen sich mit einem Knetradierer in einen Bart oder Schnurrbart »zeichnen«.

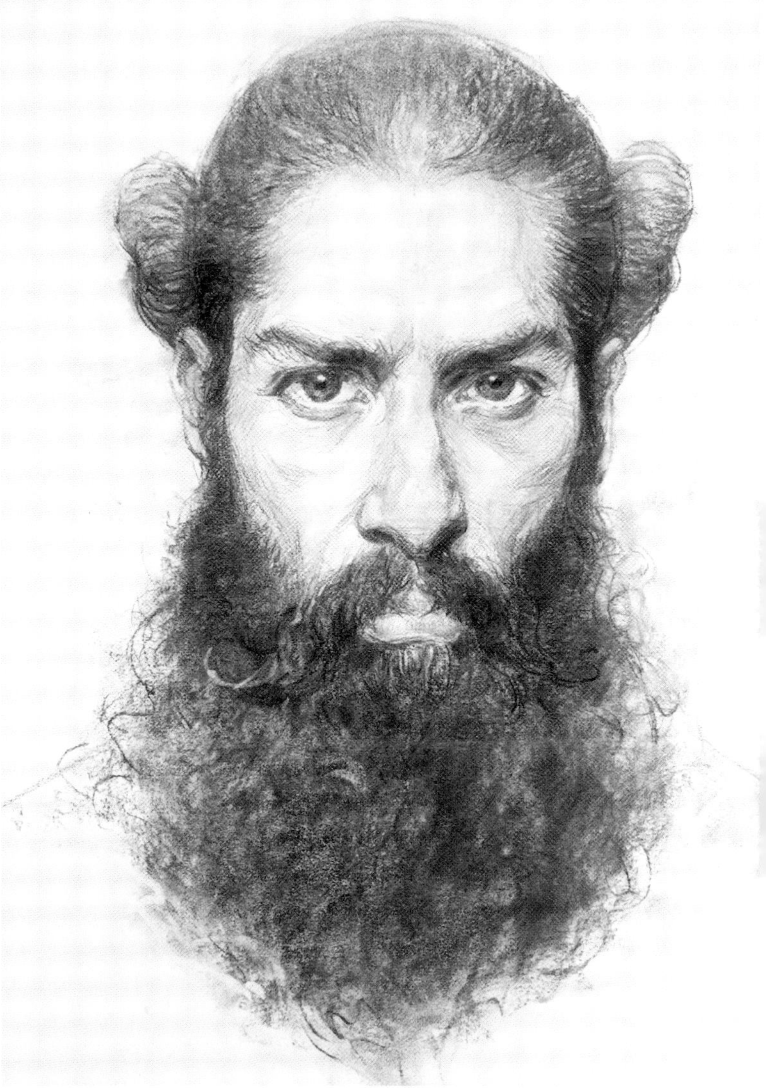

▲ Achten Sie auf die Form des Bartes und trainieren Sie Ihr Auge. Haare haben, ebenso wie Rauch, keine klar definierte Kontur. Versuchen Sie nicht, einzelne Haare darzustellen. Behandeln Sie den Bart wie eine Masse aus Licht und Schatten, und achten Sie auf weiche, verschwommene Konturen.

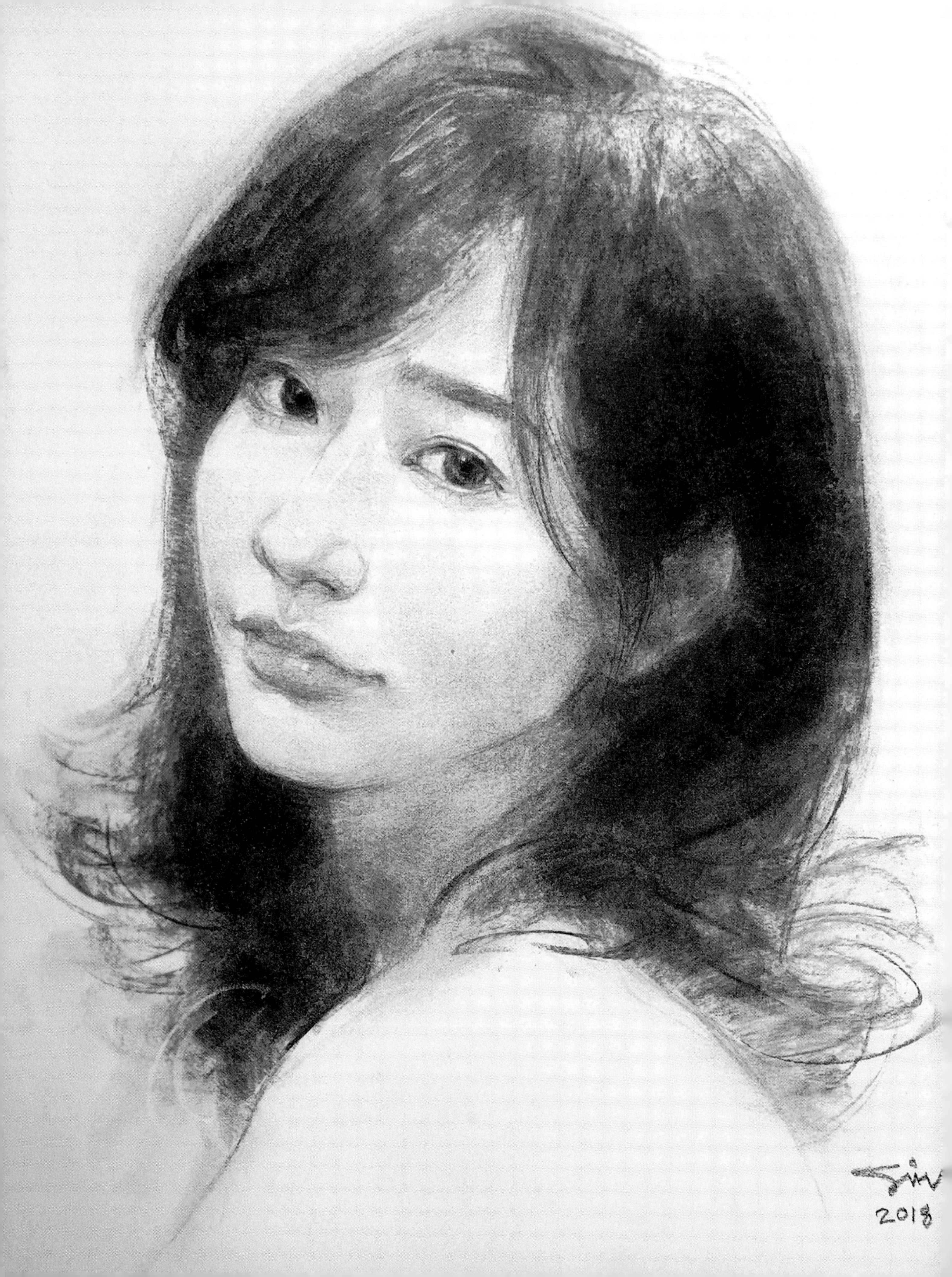
2018

4

RÄUMLICHKEIT & TIEFENWIRKUNG

MIT LICHT UMGEHEN

Für Porträts empfehle ich, das Modell schräg von oben zu beleuchten. Diese Art des Lichteinfalls, die ich als »Dreiviertel-Beleuchtung« bezeichne, erzeugt Licht- und Schatteneffekte in zwei Richtungen: von oben nach unten sowie seitlich. Das ist ein entscheidender Faktor für die Illusion von Dreidimensionalität.

Wenn alle Flächen gleichmäßig ausgeleuchtet werden, erscheint der Kopf flach. Beachten Sie, dass alle Beleuchtungsvarianten genutzt werden können, um eine Pose optisch aufzuwerten.

Dreiviertel-Beleuchtung

Bei der Dreiviertel-Beleuchtung liegt der größte Teil des Gesichts im Licht, aber auf einer Seite aller Formen gibt es schmale Schatten. Dies ist in den meisten Fällen eine schmeichelhafte Beleuchtung.

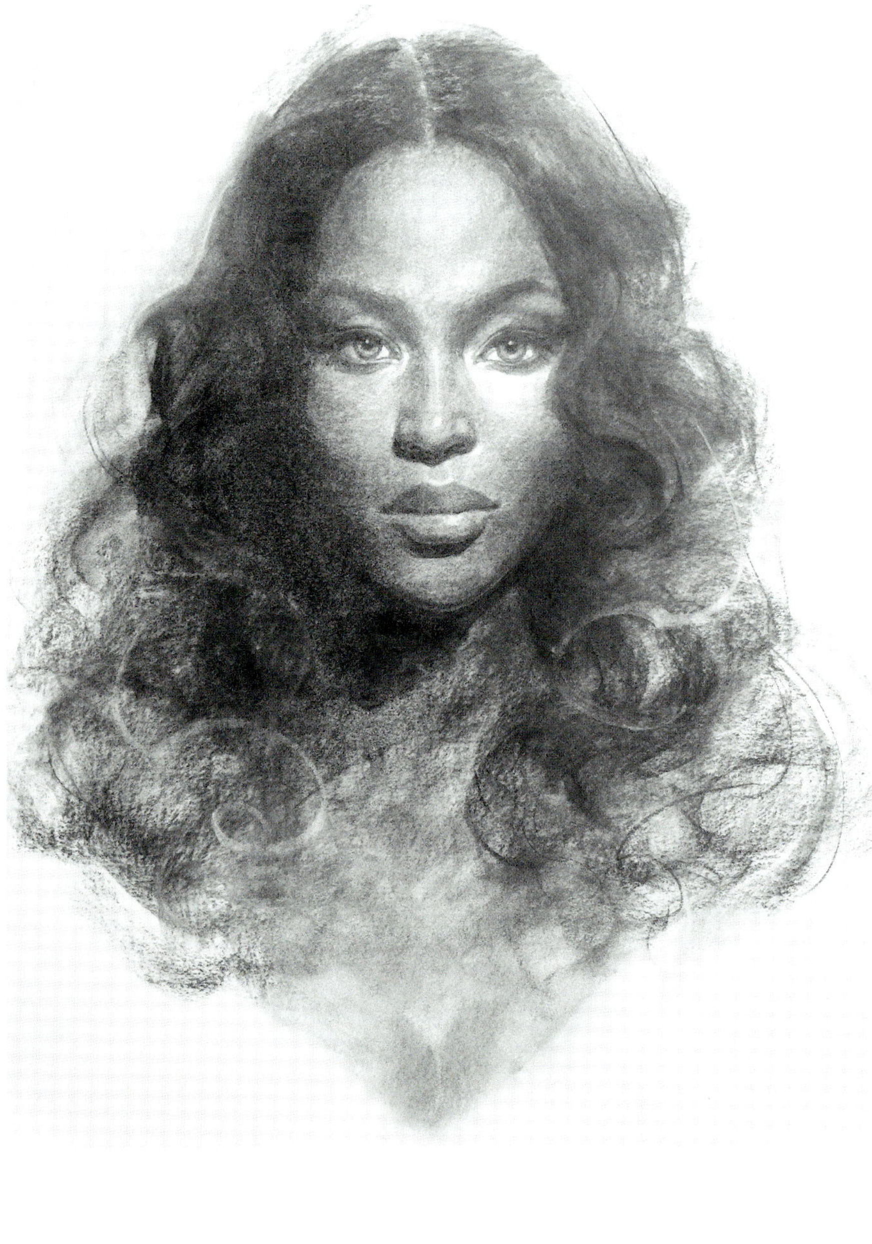

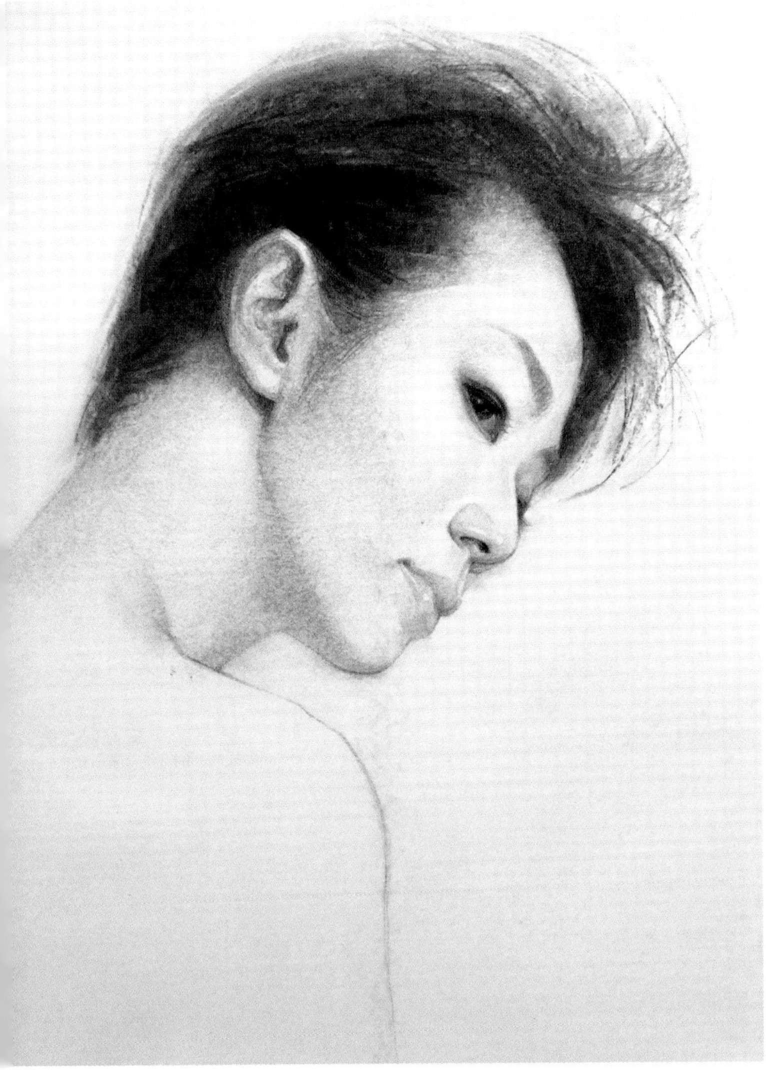

▲ Fällt das Licht von oben auf das Modell, entstehen außerdem stärkere Kontraste um die Augen, die bei den meisten Porträts einen wichtigen Blickfang bilden.

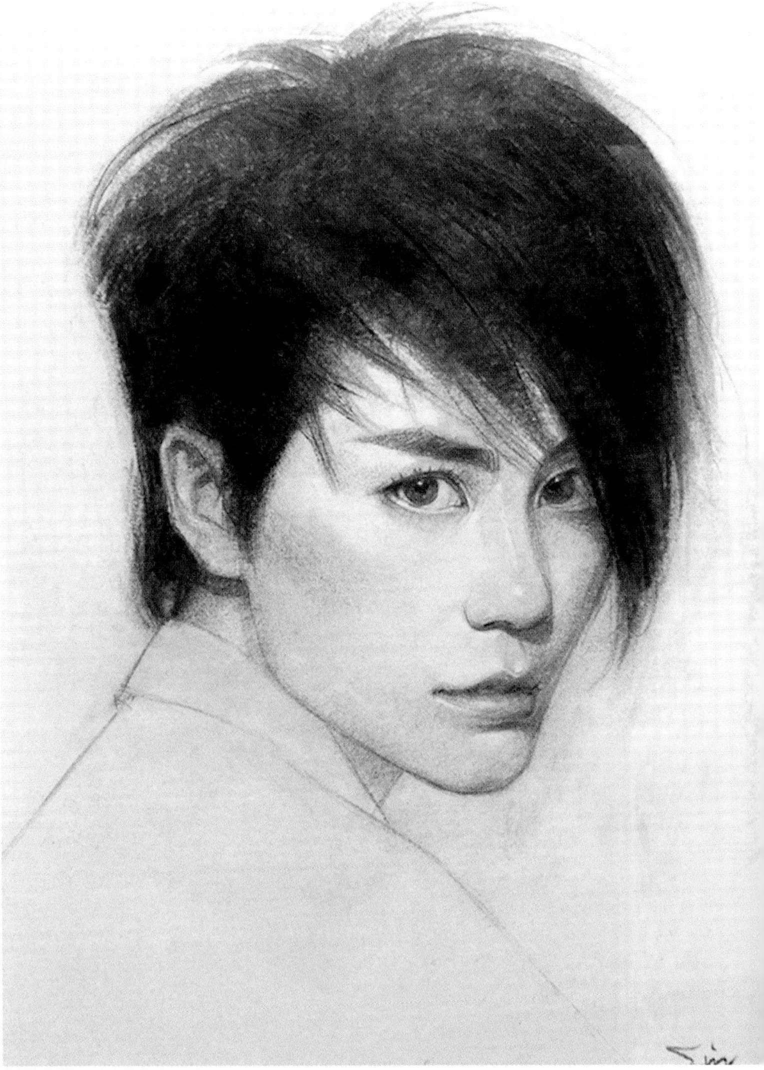

▲ Reflexionen der Lichtquelle lassen die Augen lebensecht wirken. Soll ein Porträt nachdenklich oder geheimnisvoll wirken, kann man diese Lichtreflexe bewusst klein und dezent gestalten.

Licht von hinten

Bei dieser Anordnung befindet sich die Lichtquelle hinter dem Modell und der größte Teil des Gesichts liegt im Schatten, das Licht »schleicht« sich aber um die Ränder des Gesichts herum. Obwohl die Vorderseite des Gesichts im Dunkeln liegt, gibt es einen deutlichen Kontrast zwischen den Schatten und den Mitteltönen, der die Gesichtszüge definiert. Die Schatten sind selten pechschwarz, sondern von dezentem Licht erfüllt.

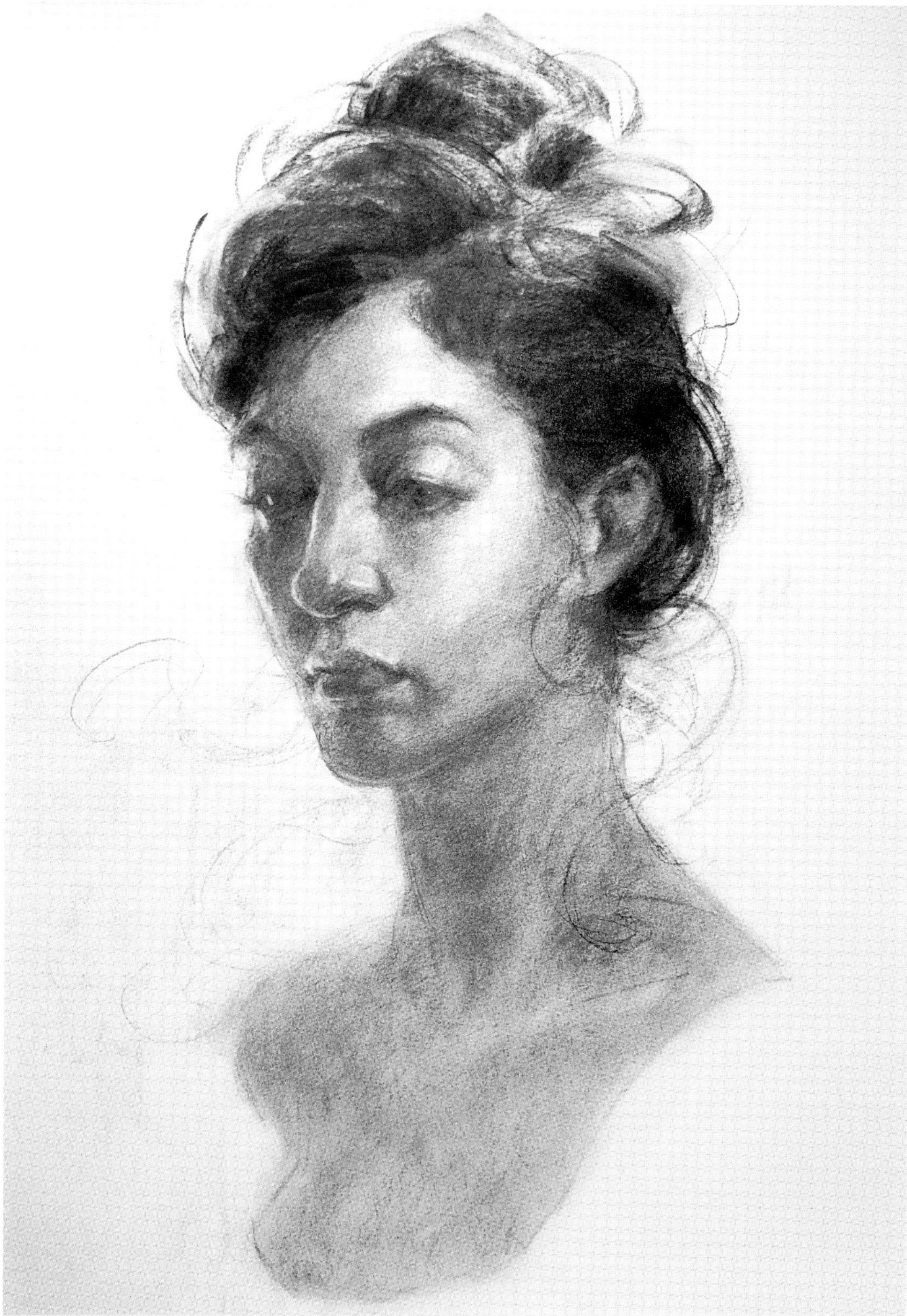

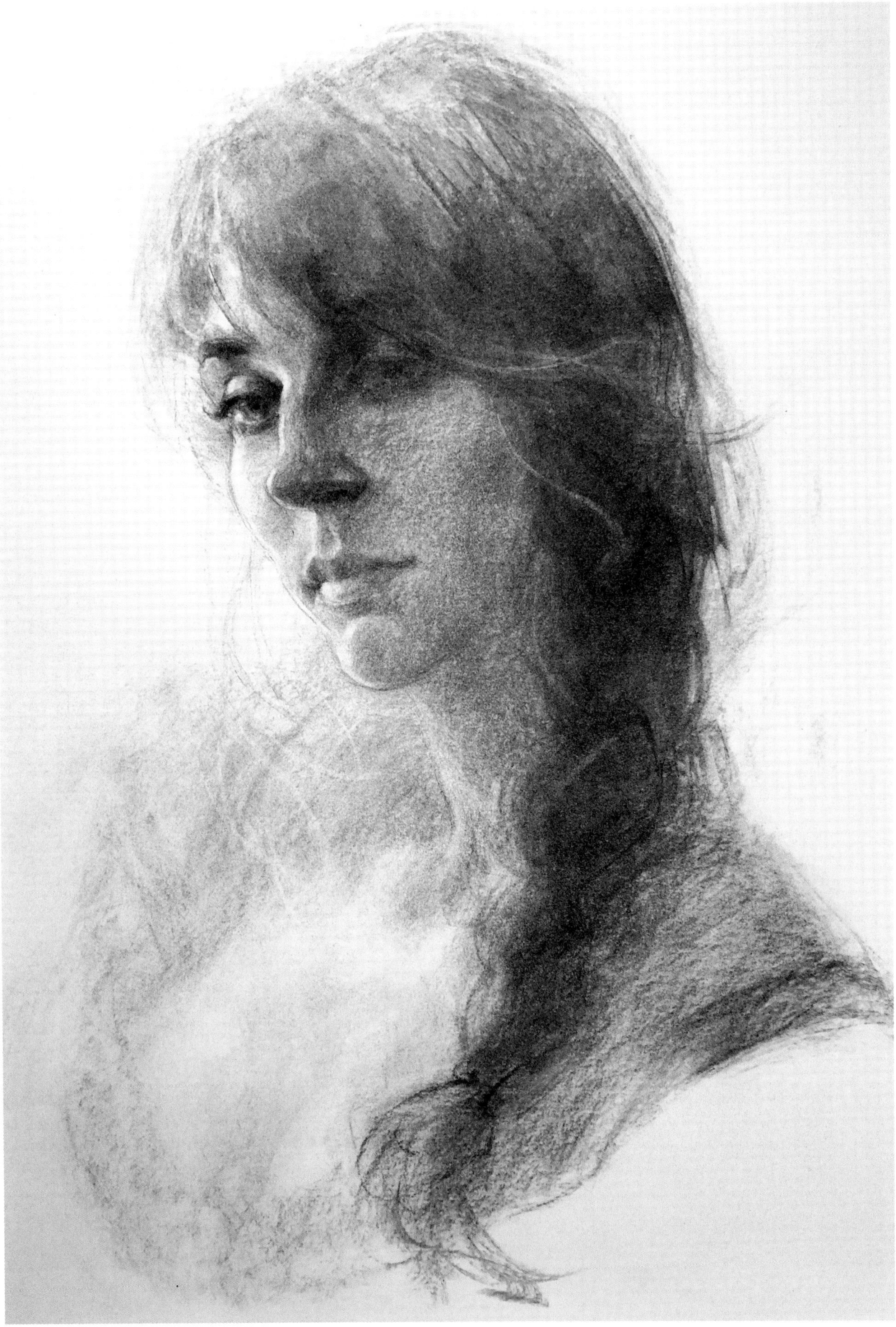

Licht von oben

Befindet sich die Lichtquelle direkt über dem Modell, werden nur die nach oben gerichteten Flächen angestrahlt und es entstehen dramatische Schatten.

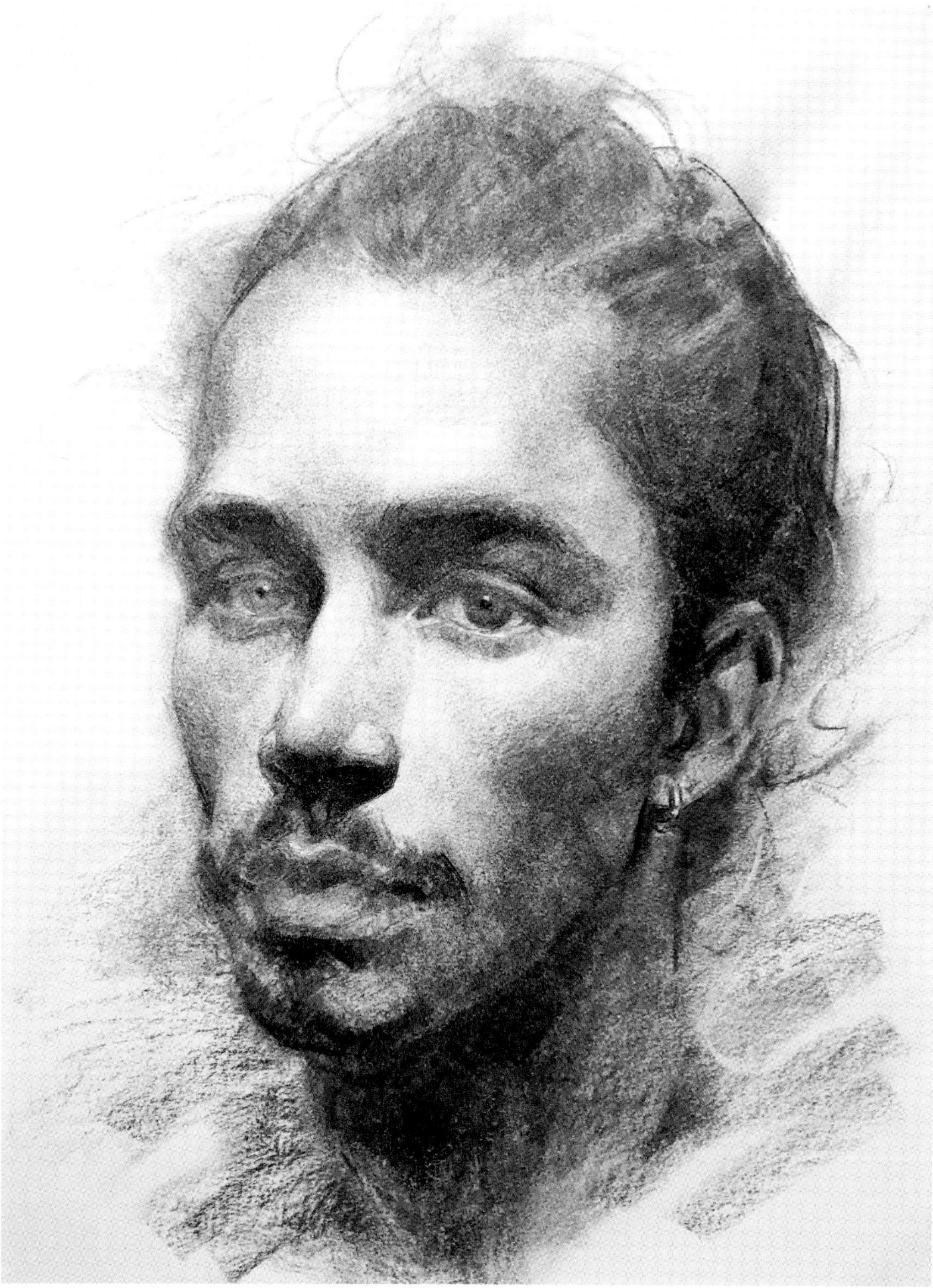

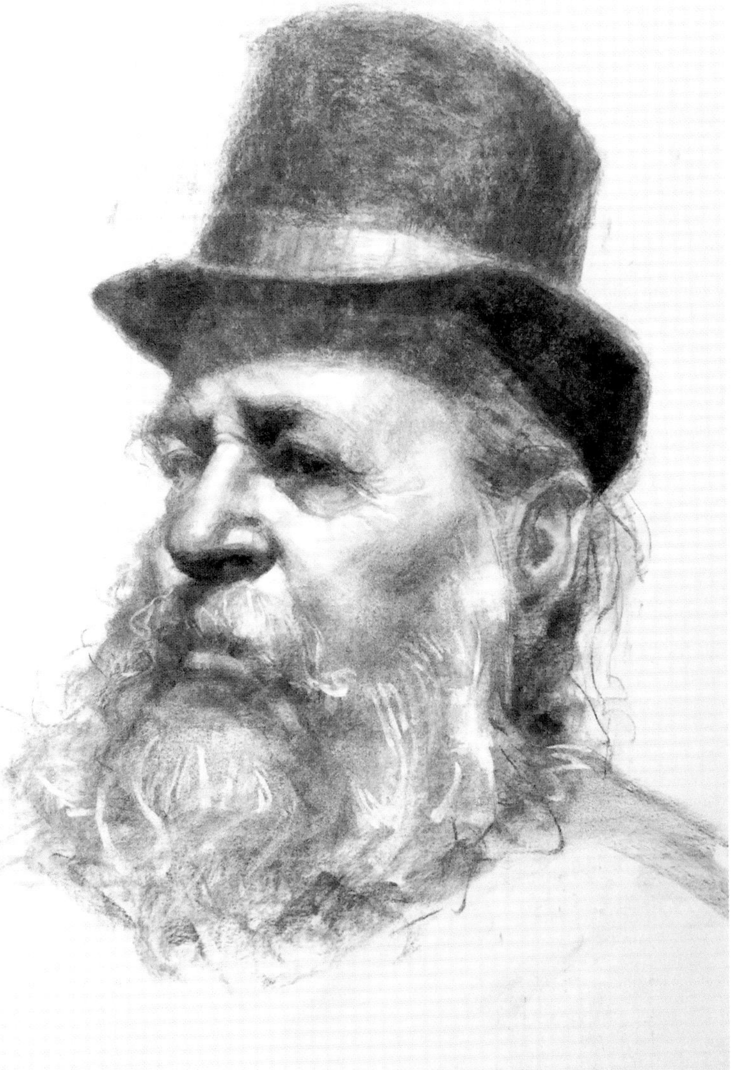

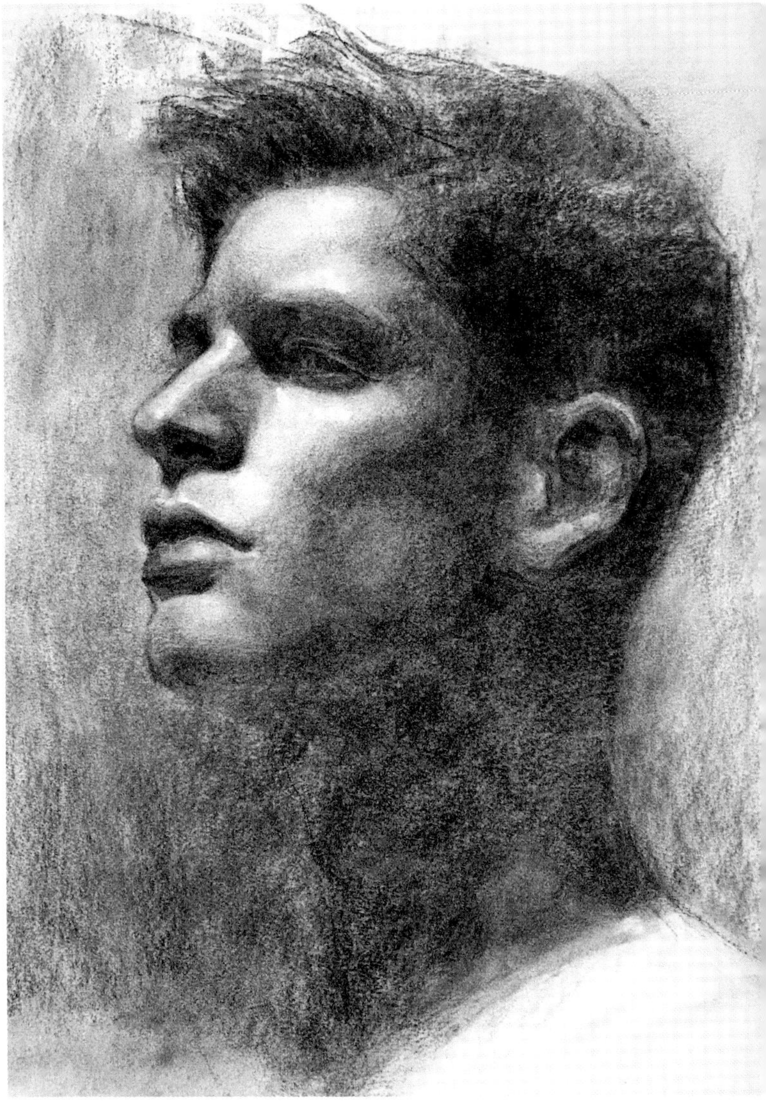

Licht von der Seite

Bei dieser Anordnung kommt das Licht von der linken oder rechten Seite, sodass ein Großteil des Gesichts im Schatten liegt. Eine Seite des Gesichts ist dunkel, nur auf den vorgewölbten Teil der Wange fällt etwas Licht. Die Nase wirft einen dunklen Schatten auf die linke oder rechte Seite. Die Augenhöhlen liegen ebenfalls in einem tieferen Schatten.

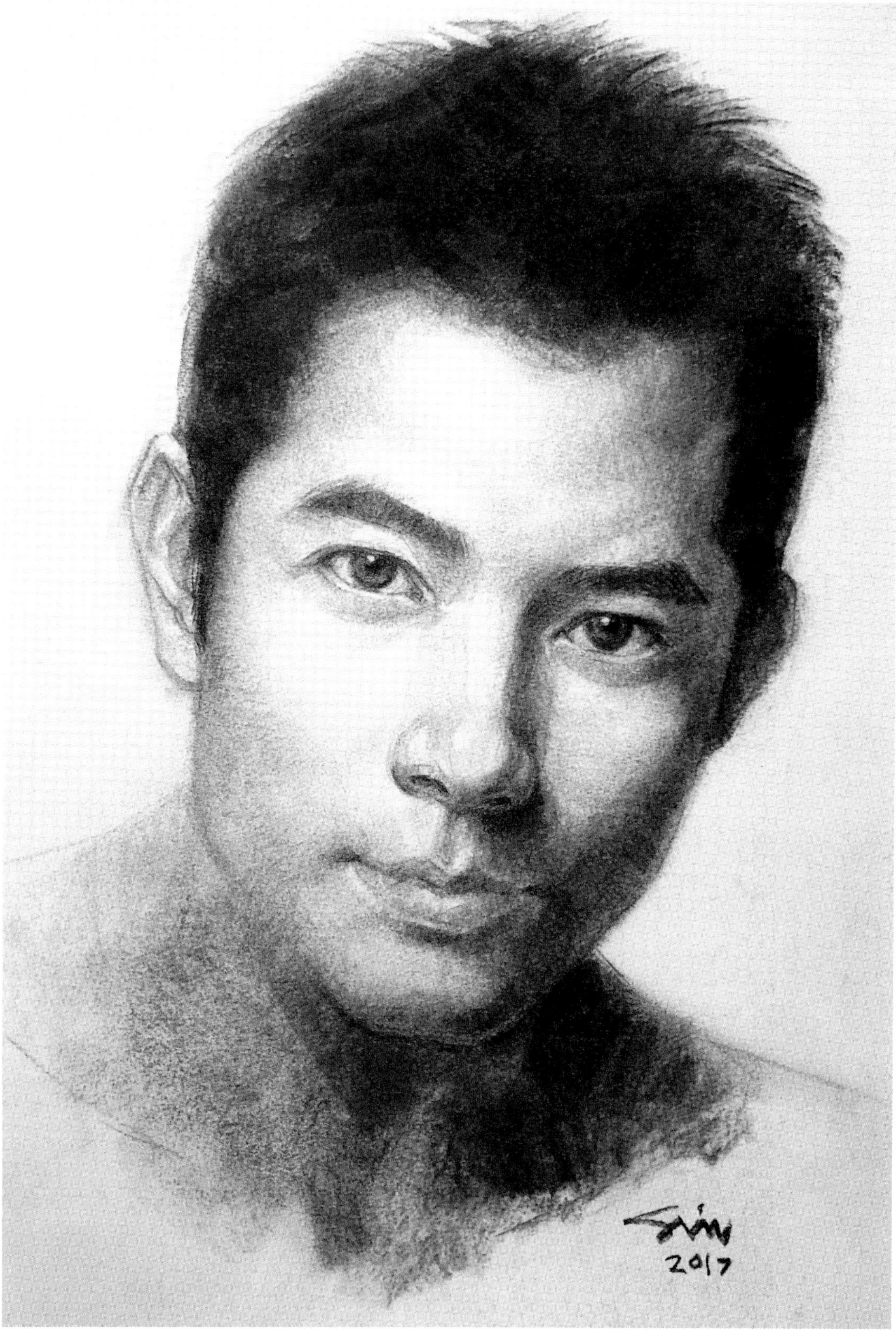

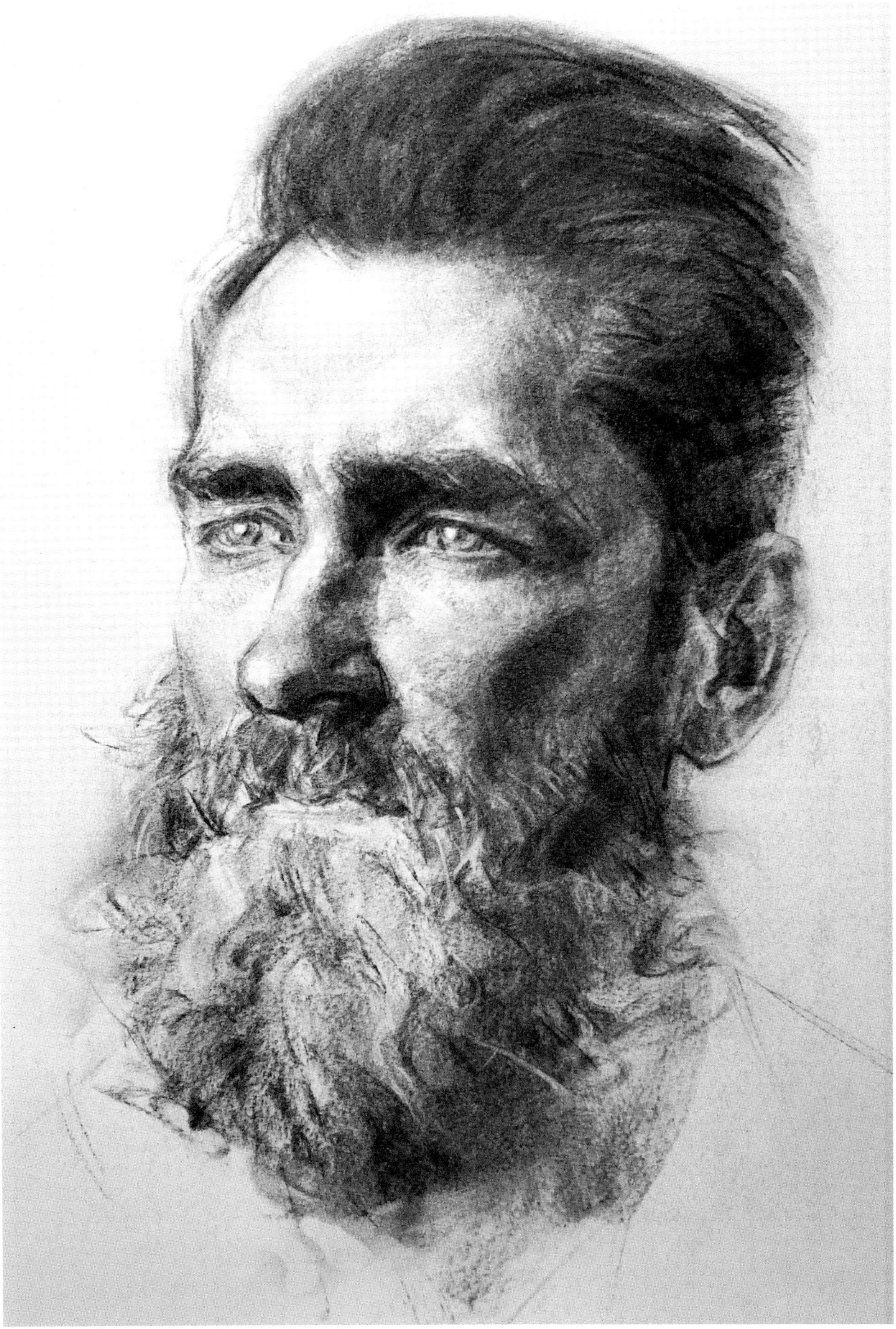

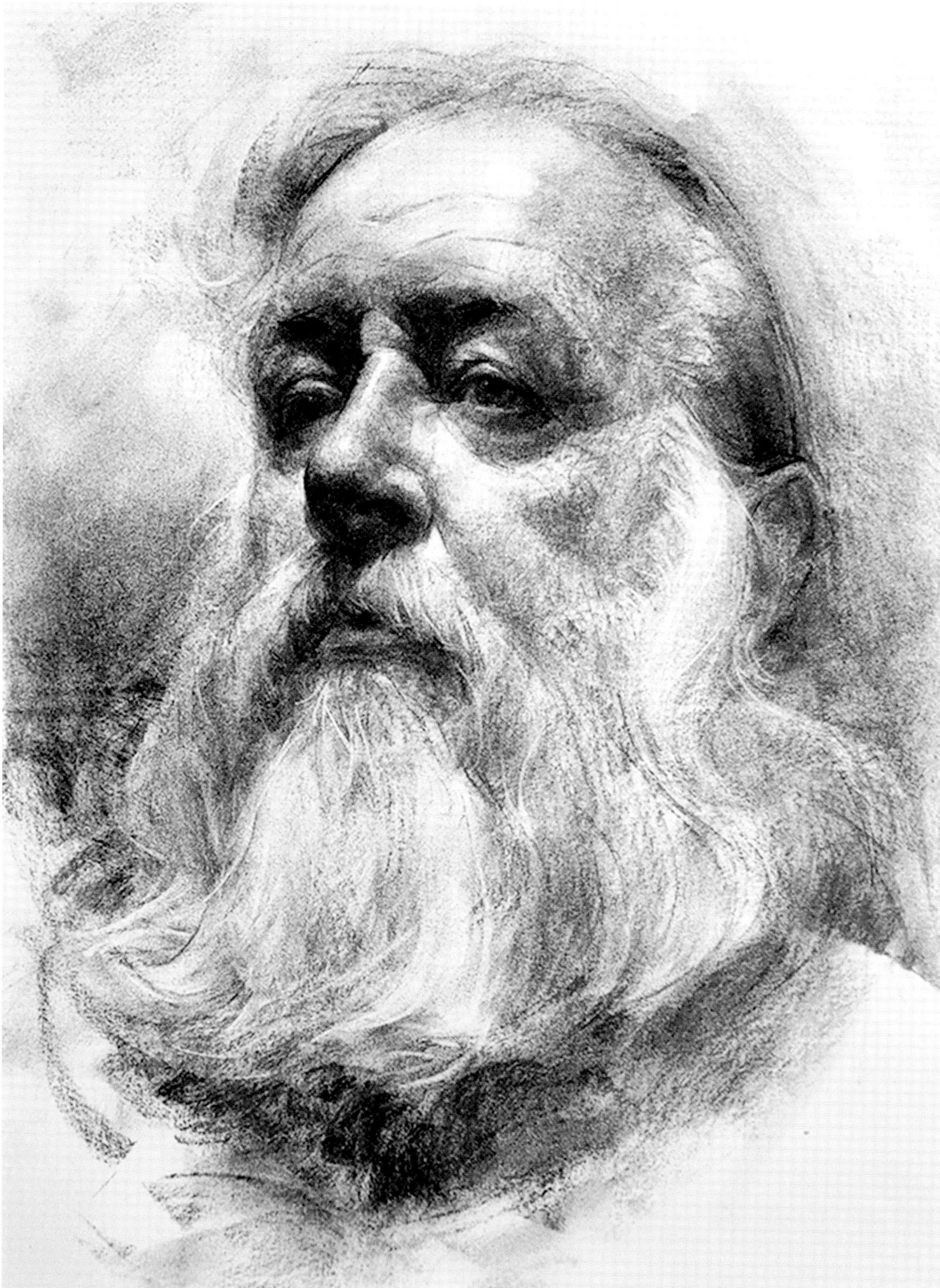

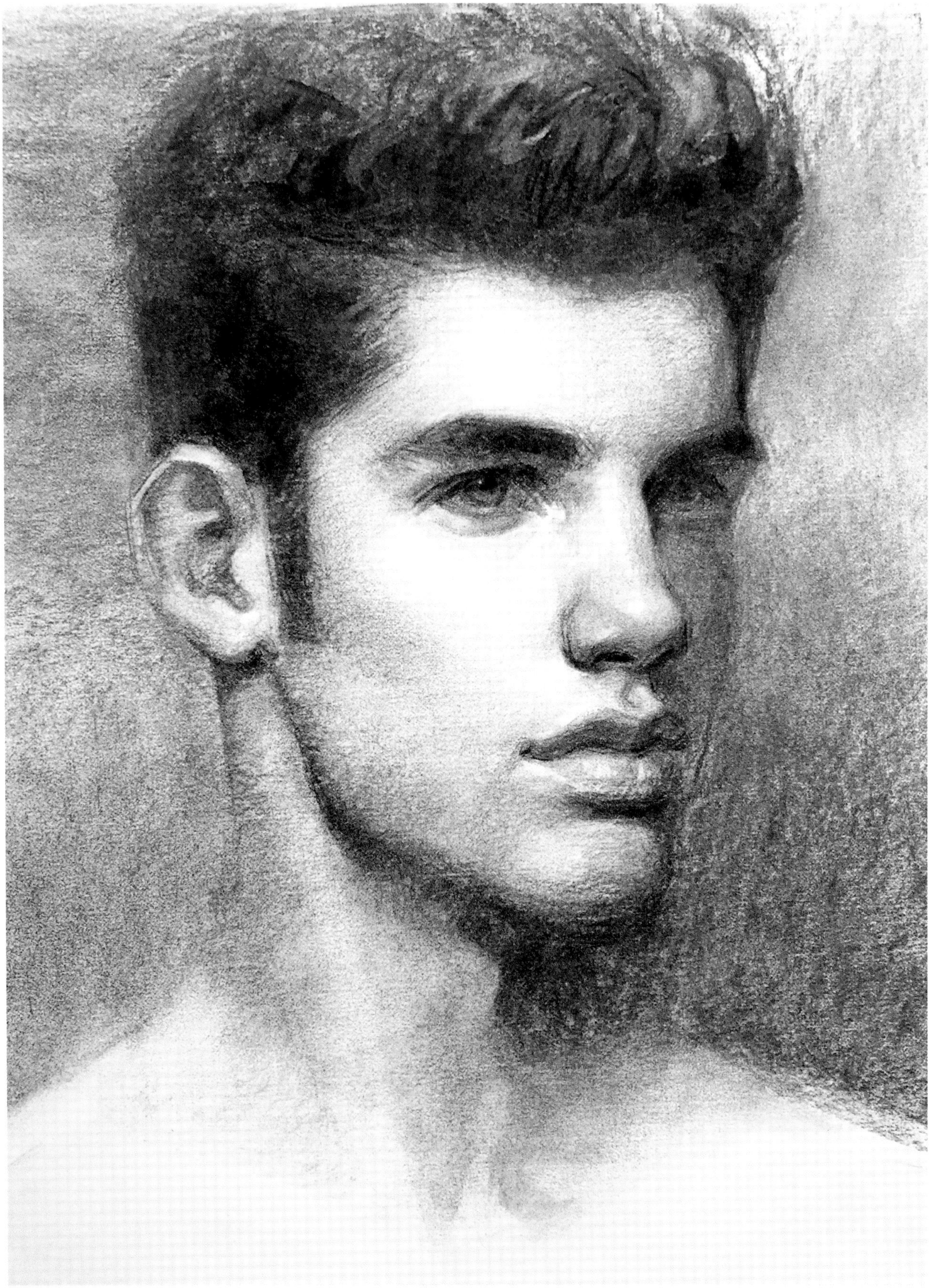

Licht von vorn

Bei dieser Beleuchtungsanordnung fällt das Licht direkt in die Mitte des Gesichts, sodass große Lichtflecken in der Mitte aller Formen und Schatten an den Rändern entstehen.

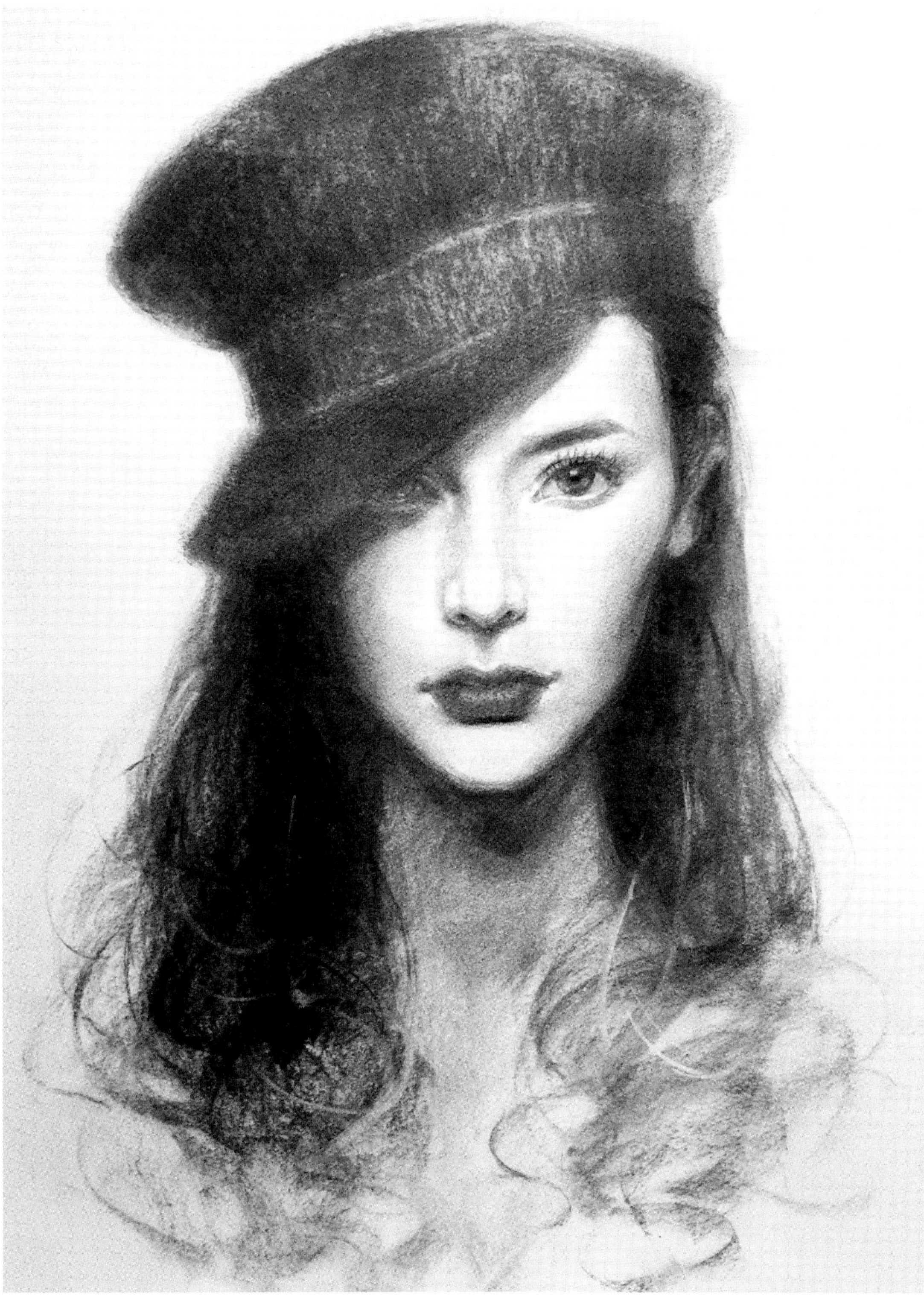

▲ Kinn und Kiefer werfen einen starken Schatten in der Mitte des Halses.

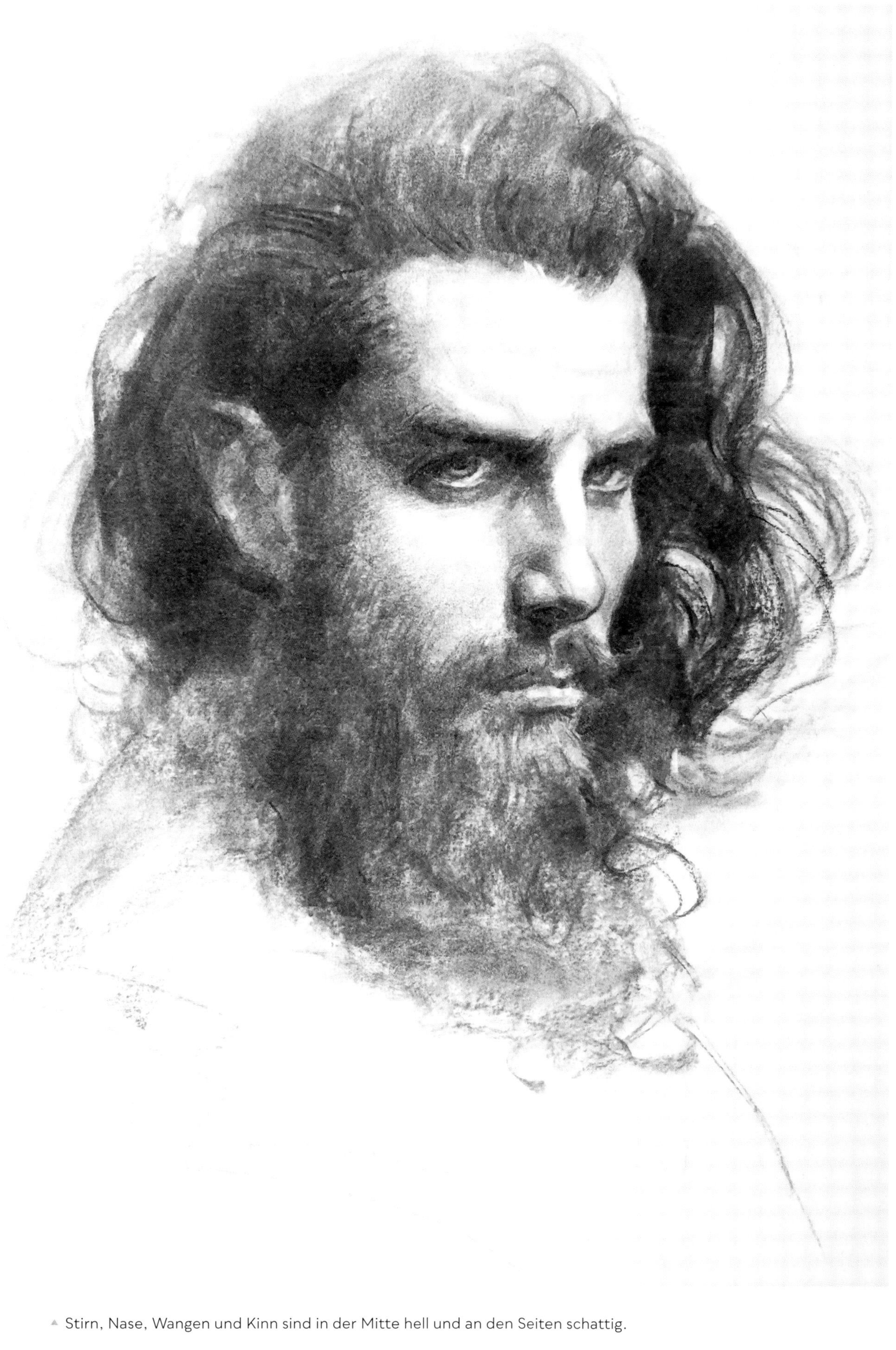

▲ Stirn, Nase, Wangen und Kinn sind in der Mitte hell und an den Seiten schattig.

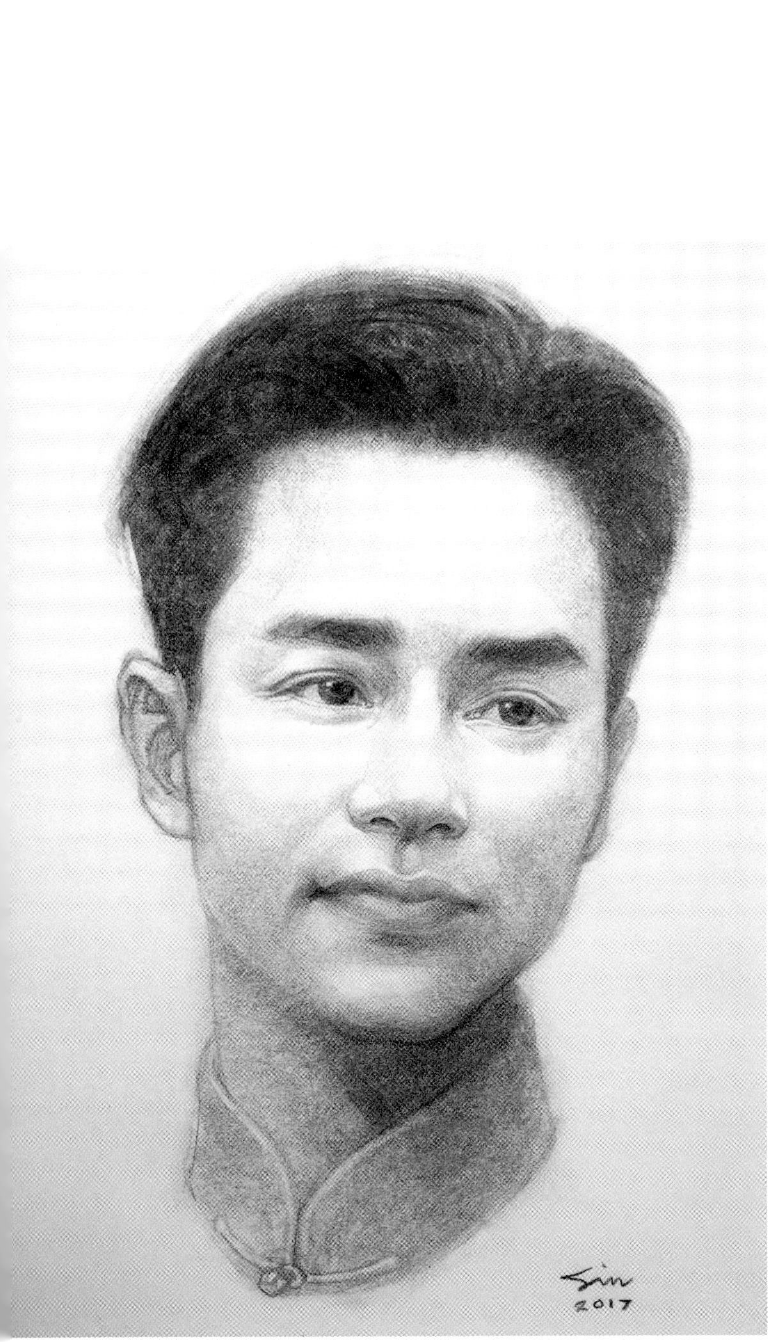
Sin
2017

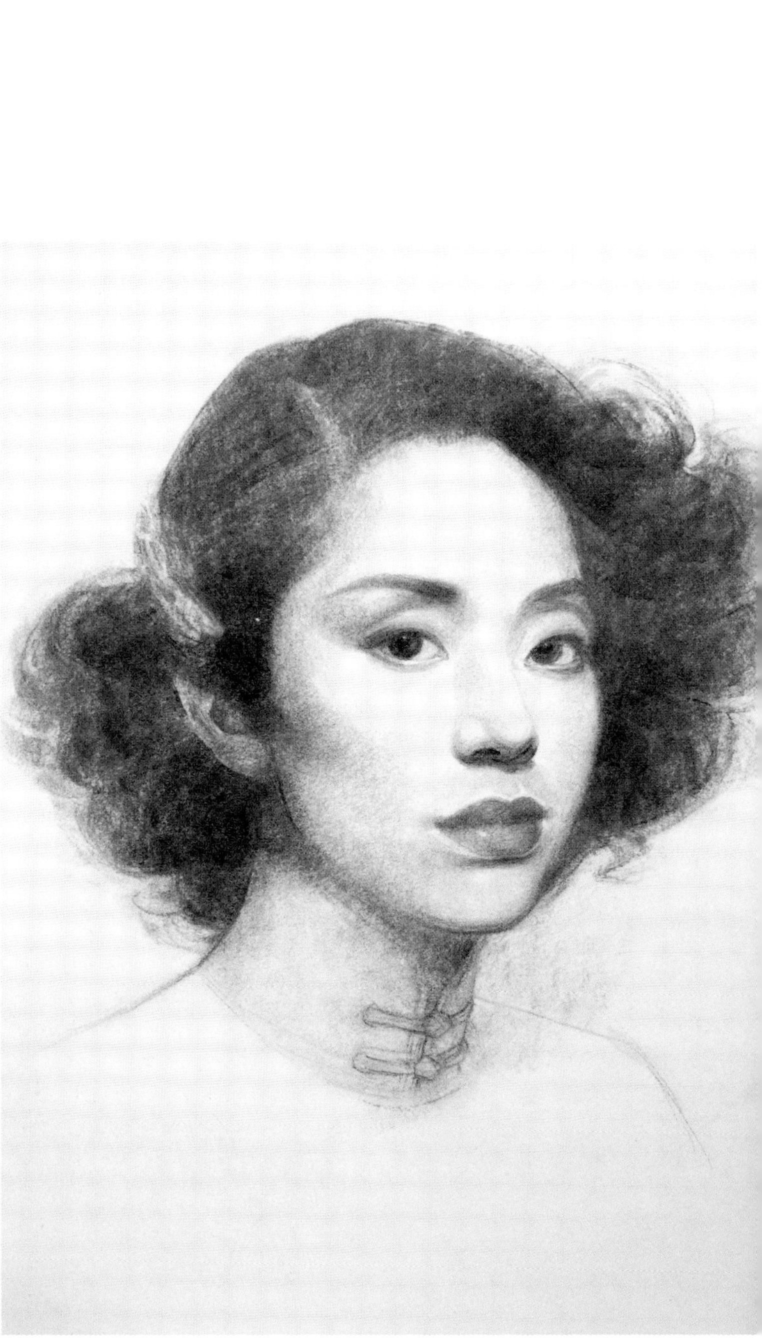

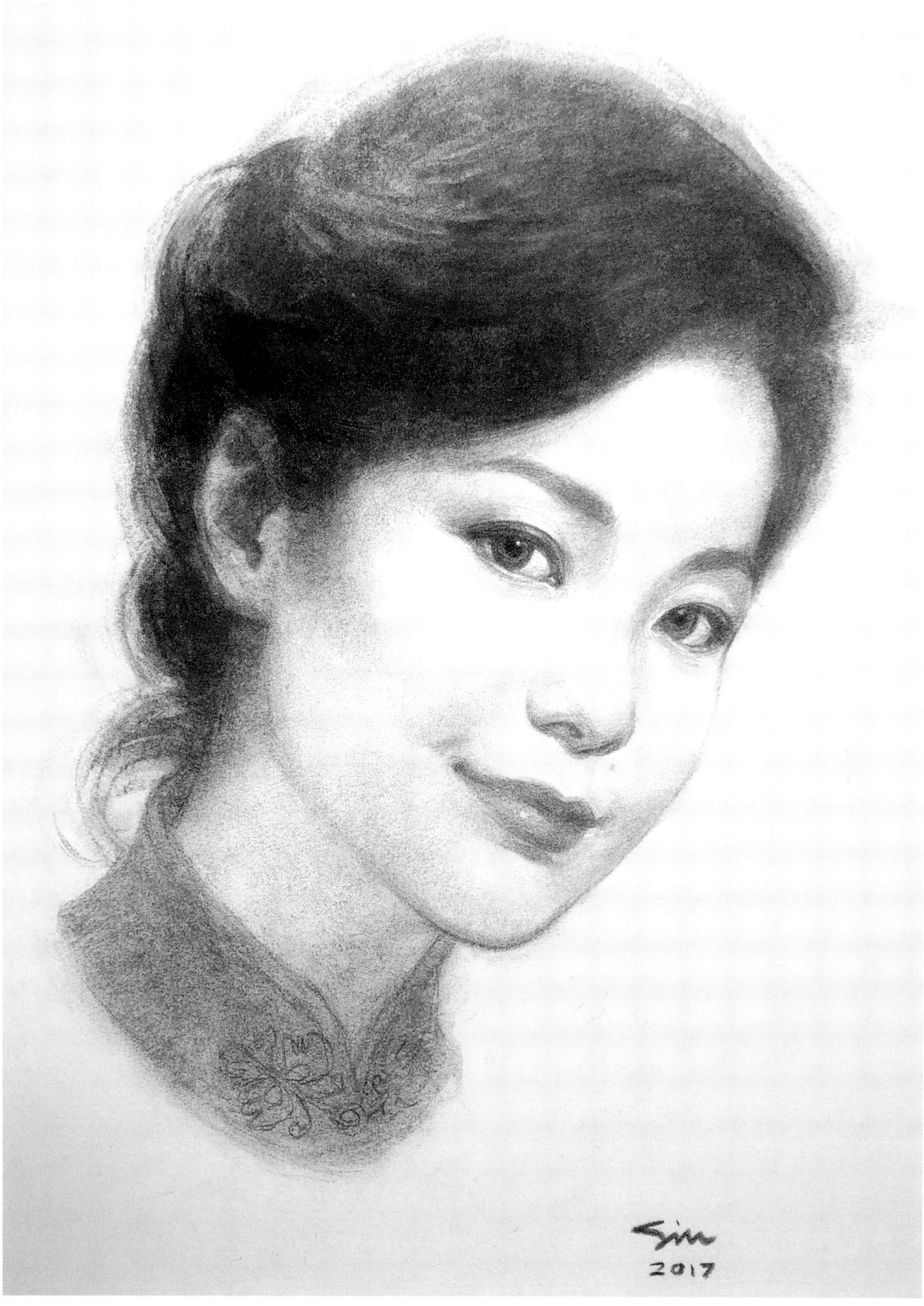
2017

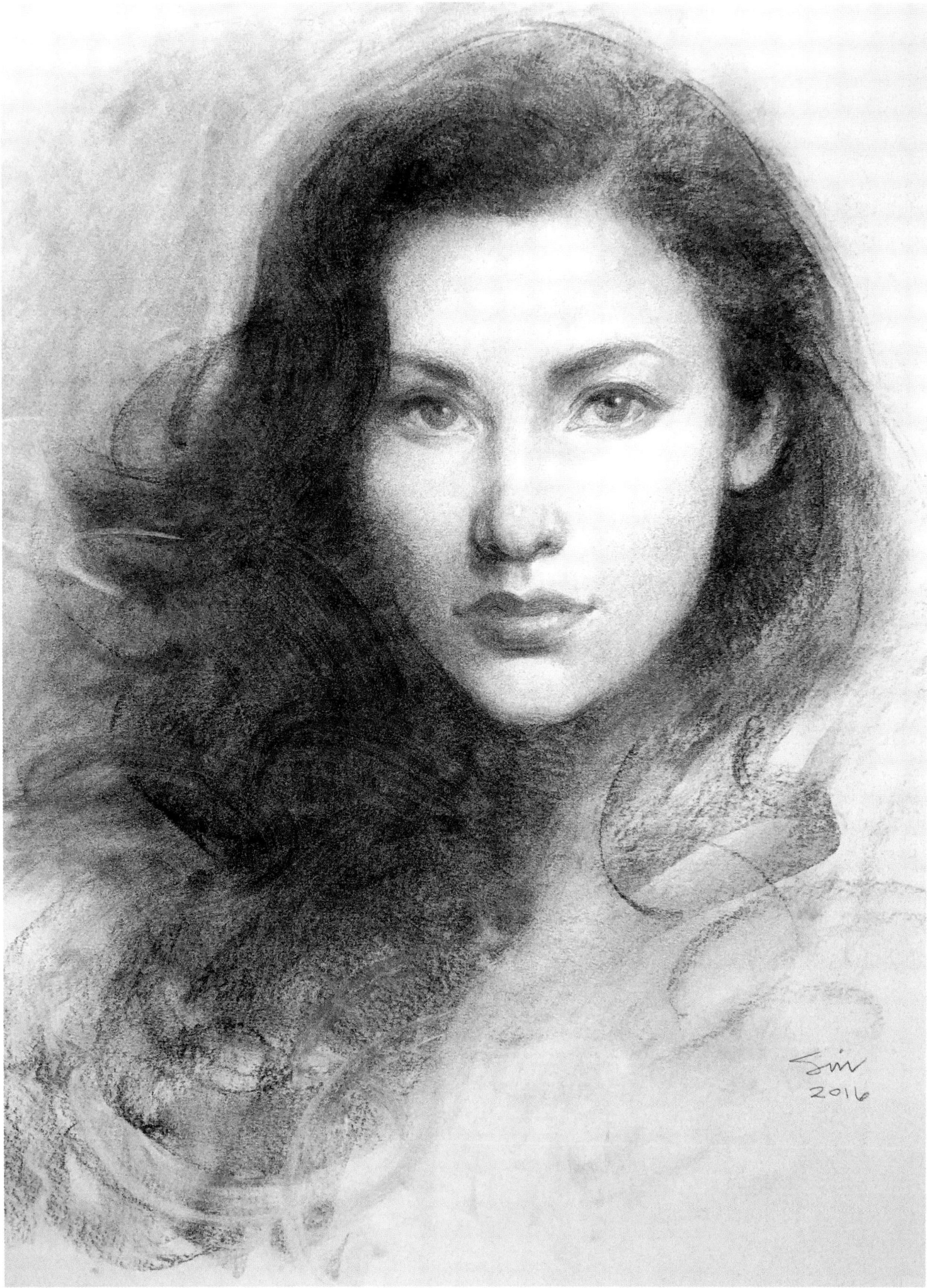

▲ Licht von vorn leuchtet das Gesicht gleichmäßig aus, erzeugt aber auch weniger Schatten, die dem Motiv Form und Volumen geben. Frontale Beleuchtung lässt Gesichter flach wirken.

Licht von unten

Licht von unten wird in Theater und Film oft eingesetzt, um einen unheimlichen Effekt zu erzielen. Die Gesichtszüge erscheinen verzerrt und das Gesicht wirkt furchterregend.

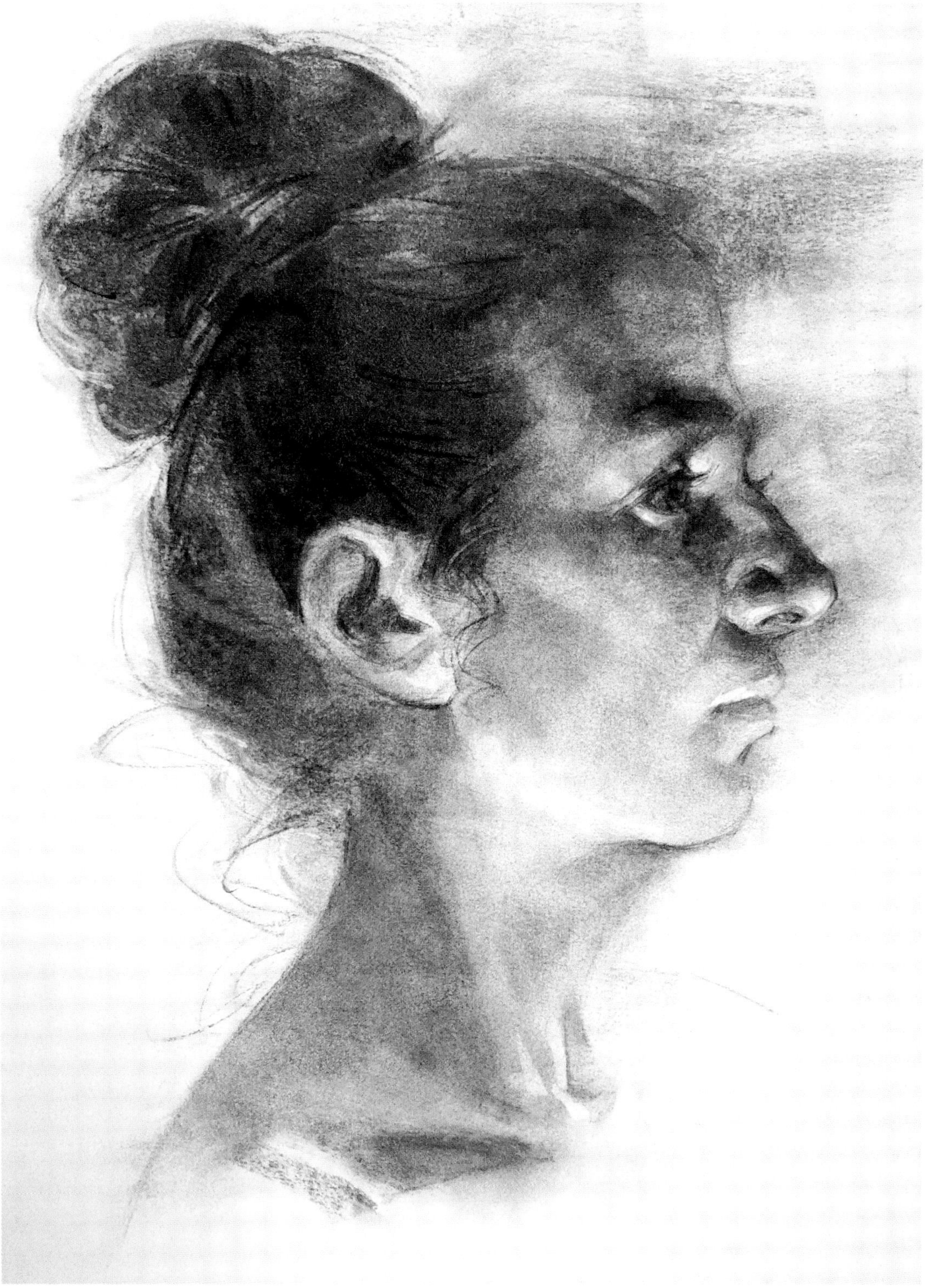

FORMGEBUNG DURCH KONTUREN

Eine wertvolle Fähigkeit für Porträtzeichnende ist der richtige Umgang mit harten und weichen Kanten. In einer Zeichnung grenzen Linien nicht nur Räume und Formen ab und definieren sie, sondern sie spielen auch eine wichtige Rolle in der Komposition. Striche können Elemente visuell in den Vordergrund rücken oder sie zurückweichen lassen. Mit anderen Worten, sie können eine Tiefenwirkung erzeugen.

Wenn ein Künstler gekonnt weiche und harte Linien oder Kanten an den richtigen Stellen mischt, kann er den Blick des Betrachters lenken und die Illusion von Dreidimensionalität auf einer zweidimensionalen (flachen) Oberfläche erzeugen. Weiche Kanten lassen einen Bereich oder ein Element scheinbar in den Hintergrund treten. Und je weicher die Striche sind, desto mehr verschmilzt ein Motiv mit seinem Hintergrund.

Einige Motive, beispielsweise Wolken, Wellen, Haare und Stoffe, verlangen von Natur aus nach weichen Kanten. Eine Zeichnung mit weichen Umrissen wirkt unscharf und verträumt, während eine Zeichnung mit vielen harten Umrissen unnatürlich wirkt und visuelle Spannung erzeugt, weil zu viele Elemente miteinander konkurrieren. Das kann den Betrachter verwirren, weil seine Augen nirgendwo zur Ruhe kommen können.

Damit will ich nicht sagen, dass Sie niemals harte Kanten verwenden sollten. Ich empfehle aber, sie sparsam einzusetzen, um eine wirksame Betonung zu erzielen. Harte Striche sind überall dort angebracht, wo Sie einen Blickfang schaffen und den Betrachter fesseln wollen.

▸ Im meinen Porträtzeichnungen verwende ich im Allgemeinen ein Verhältnis von etwa 85 Prozent weichen und 15 Prozent harten Konturen. Wenn Sie die Macht der Konturenkontrolle in Ihren Zeichnungen verstehen und beherrschen, werden Sie erstaunt sein, wie sehr sich Ihre Porträts verbessern.

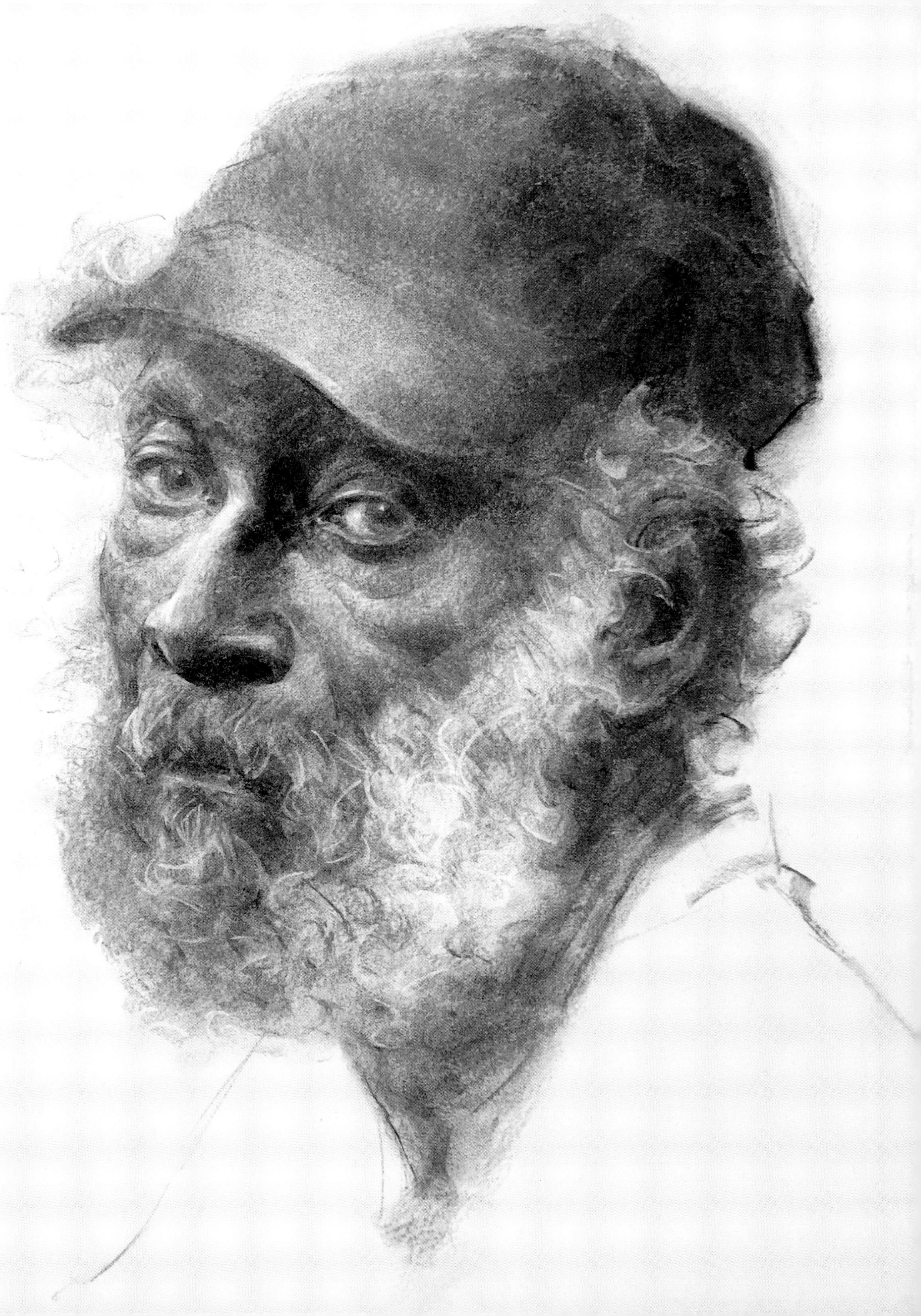

KÜNSTLERISCHE PERSPEKTIVE

Realistische Kunst strebt an, auf einer zweidimensionalen Fläche die Illusion von Dreidimensionalität zu erzeugen. Das gelingt mit Mitteln der künstlerischen Perspektive. Diese basiert auf Beobachtungen über die Wirkung von Nähe oder Ferne auf die Wahrnehmung von Objekten. Aus Sicht der künstlerischen Perspektive gibt es sieben Methoden, mit denen sich die Tiefenwirkung verbessern lässt.

1 | **Lineare Perspektive.** Mit der Ein-, Zwei- oder Dreipunktperspektive kann ein Künstler die Illusion von Tiefe erzeugen. In allen Fällen werden Motive anhand von Fluchtlinien konstruiert, die in einem Fluchtpunkt zusammenlaufen. So wird erkennbar, wie die Elemente einer Komposition im Verhältnis zu einer Horizontlinie im Raum erscheinen.

2 | **Überlappung.** Wird ein Objekt vor einem anderen positioniert, entsteht ein Eindruck von Tiefe. Das gilt vor allem, wenn das vordere Objekt das hintere teilweise verdeckt.

3 | **Größenverhältnisse.** Bildelemente, die dem Betrachter näher sind, erscheinen größer als solche, die weiter entfernt sind.

4 | **Tonwerte und Kontraste.** Weiter vorn liegende Objekte erscheinen dunkler im Tonwert, während weiter entfernte Objekte heller erscheinen. Noch wichtiger als diese atmosphärische Perspektive ist der Tonwertkontrast. Bereiche mit viel Kontrast treten optisch nach vorne, Bereiche mit wenig Kontrast treten zurück.

5 | **Detailschärfe.** An nahen Objekten sind Details wesentlich besser zu erkennen als an entfernten. In meinen Porträts wähle ich für Elemente, die zurücktreten sollen, gern einen Tonwert, der dem Hintergrund ähnlich ist.

6 | **Platzierung auf der Bildfläche.** Im Allgemeinen erscheinen Objekte, die unten auf der Bildebene liegen, näher als Objekte, die höher liegen.

7 | **Strichstärke und Tonwert.** Striche im Vordergrund sind am dunkelsten, in der Mitteldistanz sind sie etwas heller und im Hintergrund am hellsten. Ebenso kann man Striche im Vordergrund dick zeichnen, in der Mitteldistanz etwas dünner und in der Ferne dünn und zart.

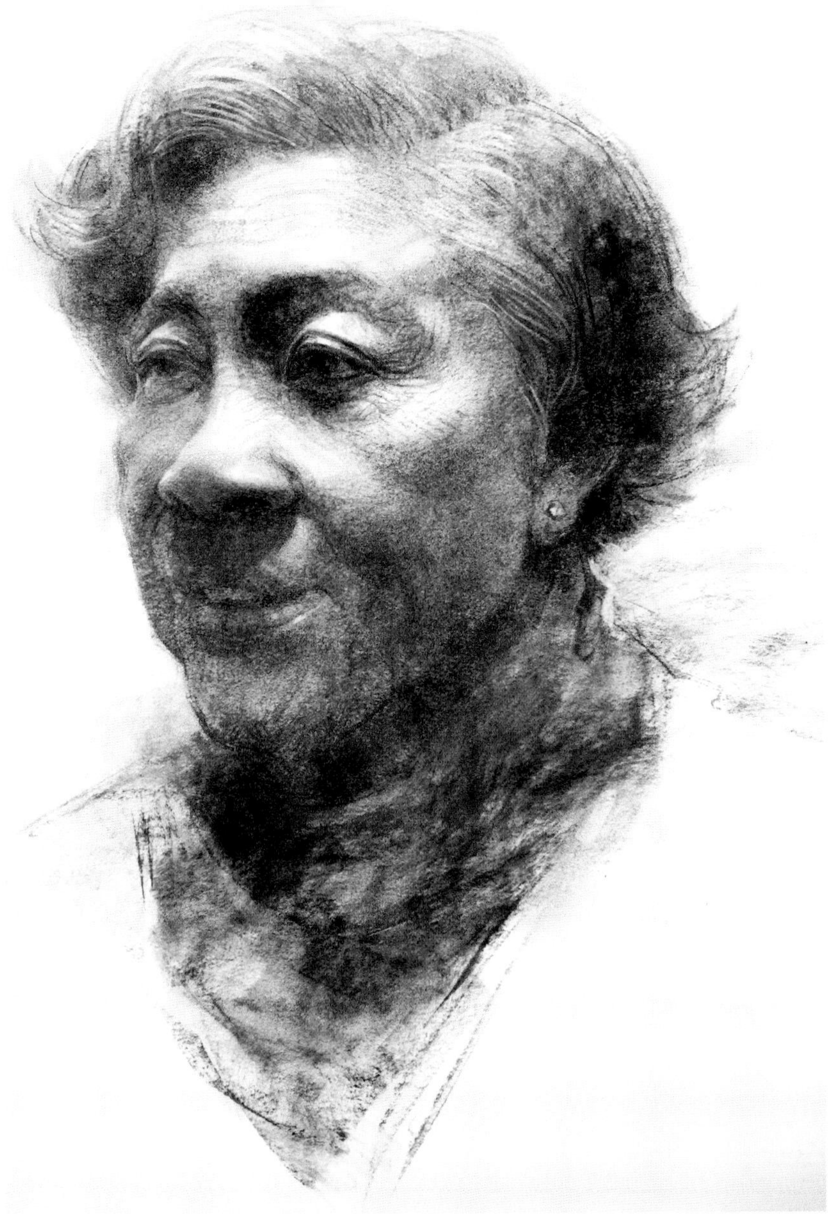

◂ Tonwertkontraste sind das wichtigste Mittel, um die Illusion von Tiefe zu erzeugen. Bereiche mit viel Kontrast treten nach vorne, Bereiche mit wenig Kontrast treten zurück. Das Halstuch habe ich hier im hinteren Bereich visuell zurückgedrängt, indem ich den Kontrast verringert, sehr ähnliche Tonwerte und nur dünne Striche verwendet habe, um einen Rand anzudeuten. So wird deutlich, dass es dem Betrachter im vorderen Bereich näher ist. Den gleichen Ansatz habe ich am Scheitel verfolgt: Der Tonwert wird allmählich heller, er zieht sich quasi in den Hintergrund zurück.

Die Verringerung des Tonwertkontrasts an den Rändern des Gesichts lenkt das Auge auf die Mitte, die durch den hohen Kontrast zwischen der linken Augenhöhle und der Stirn ins Auge fällt. Das schafft Tiefe und Atmosphäre, verbindet das Porträt mit dem Rest der Komposition und vermittelt das Gefühl, dass die Person in ihre Umgebung eingebunden ist, statt eine isolierte Form zu bilden.

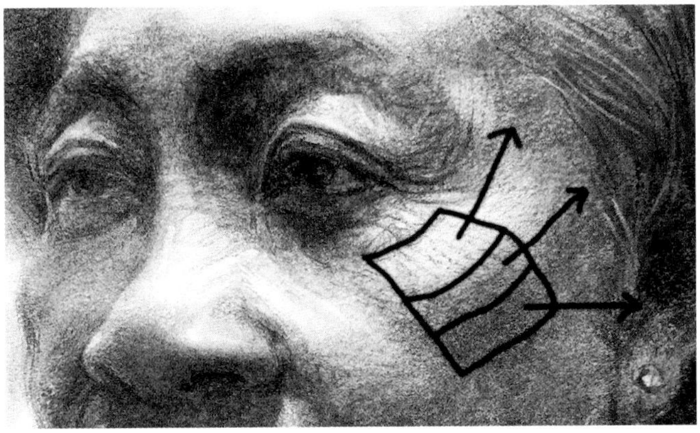

▴ Eine Veränderung der Ebene eines dreidimensionalen Objekts ist ein Zeichen dafür, dass sich die Form ändert. Die porträtierte Person sitzt mit dem Gesicht nach links, zur Lichtquelle hin, sodass der Halbton rechts vom Glanzlicht dem Betrachter zugewandt ist und die Schattenseite der Wange nach rechts zeigt. Diese drei Übergänge, die einzeln wie flache Werte aussehen, ergeben zusammen eine subtile Abstufung und verdeutlichen die dreidimensionale Form der linken Wange.

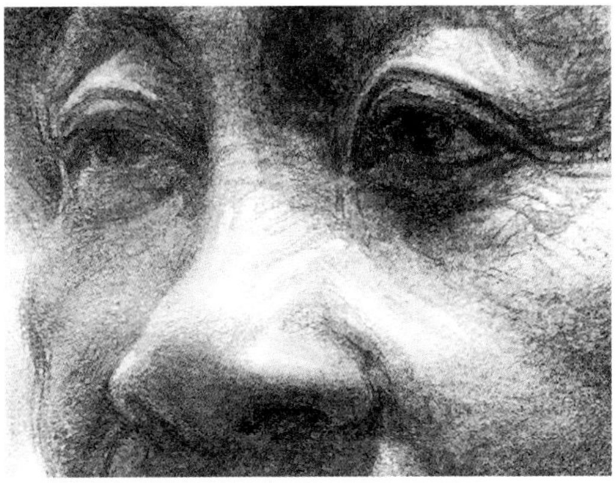

▴ Das Konzept der atmosphärischen Perspektive habe ich angewandt, indem ich den Kontrast im rechten Auge des Motivs verringert und im linken Auge erhöht habe. So erscheint das linke Auge dem Betrachter näher und wird zum Blickfang. Ebenso bin ich mit den Nasenlöchern verfahren. Sie liegen im Inneren der Nase, also im Schatten, dürfen aber nicht zu dunkel gestaltet werden.

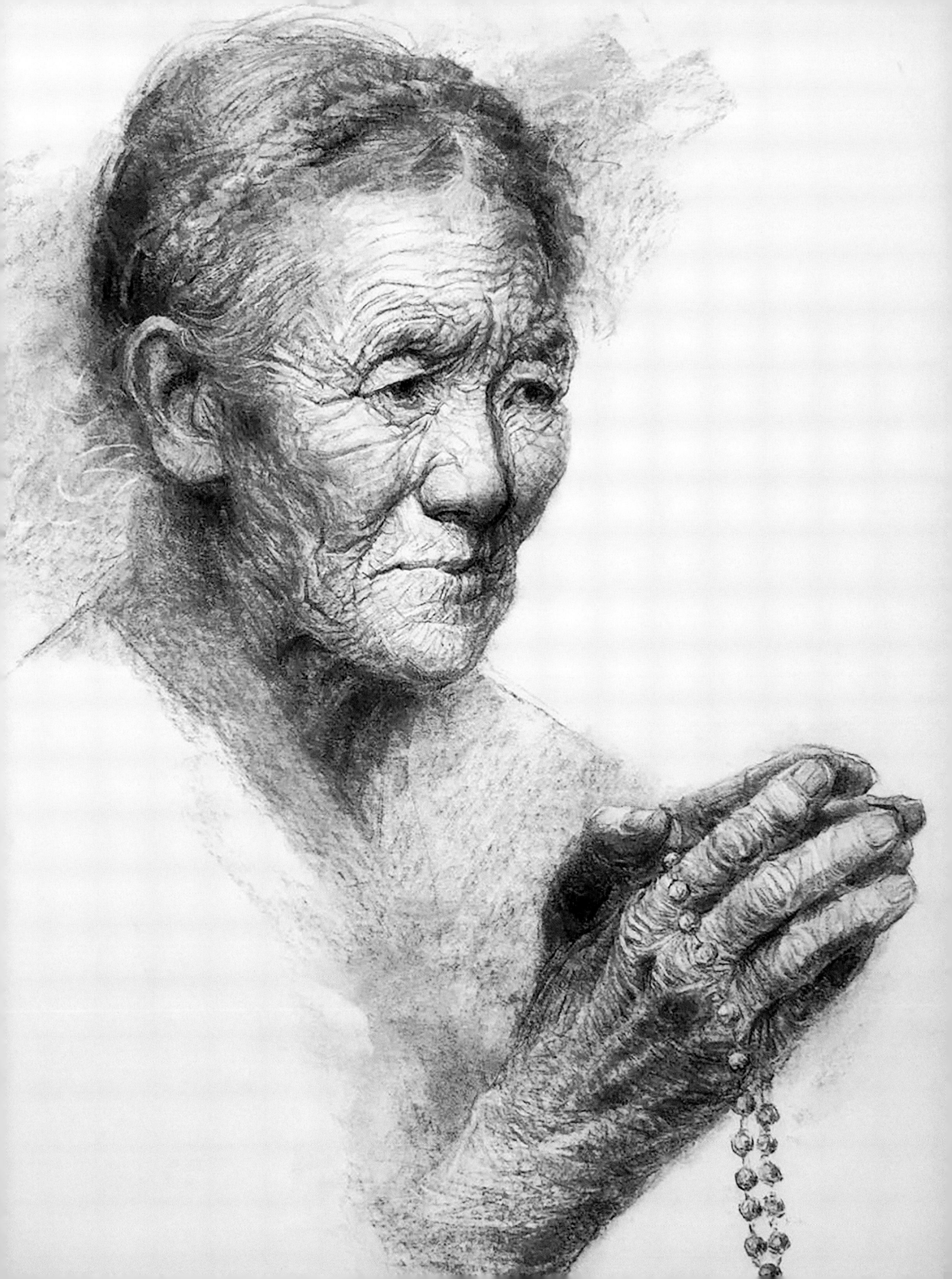

5

LEBENDIGE PORTRÄTS

HALTUNG VON KOPF UND HALS

Die Position von Kopf und Hals bestimmt die Haltung des Porträts und gibt Hinweise auf die Emotionen der porträtierten Person. Achten Sie nicht nur auf den Winkel des Kopfs, sondern auch auf die Dehnung und Stauchung des Halses, denn beide können die Wirkung verstärken. Wenn eine Figur Oberkörper oder Hals dreht, werden immer bestimmte Bereiche gedehnt und andere gestaucht. Trainieren Sie Ihren Blick, um diese Bereiche zu erkennen.

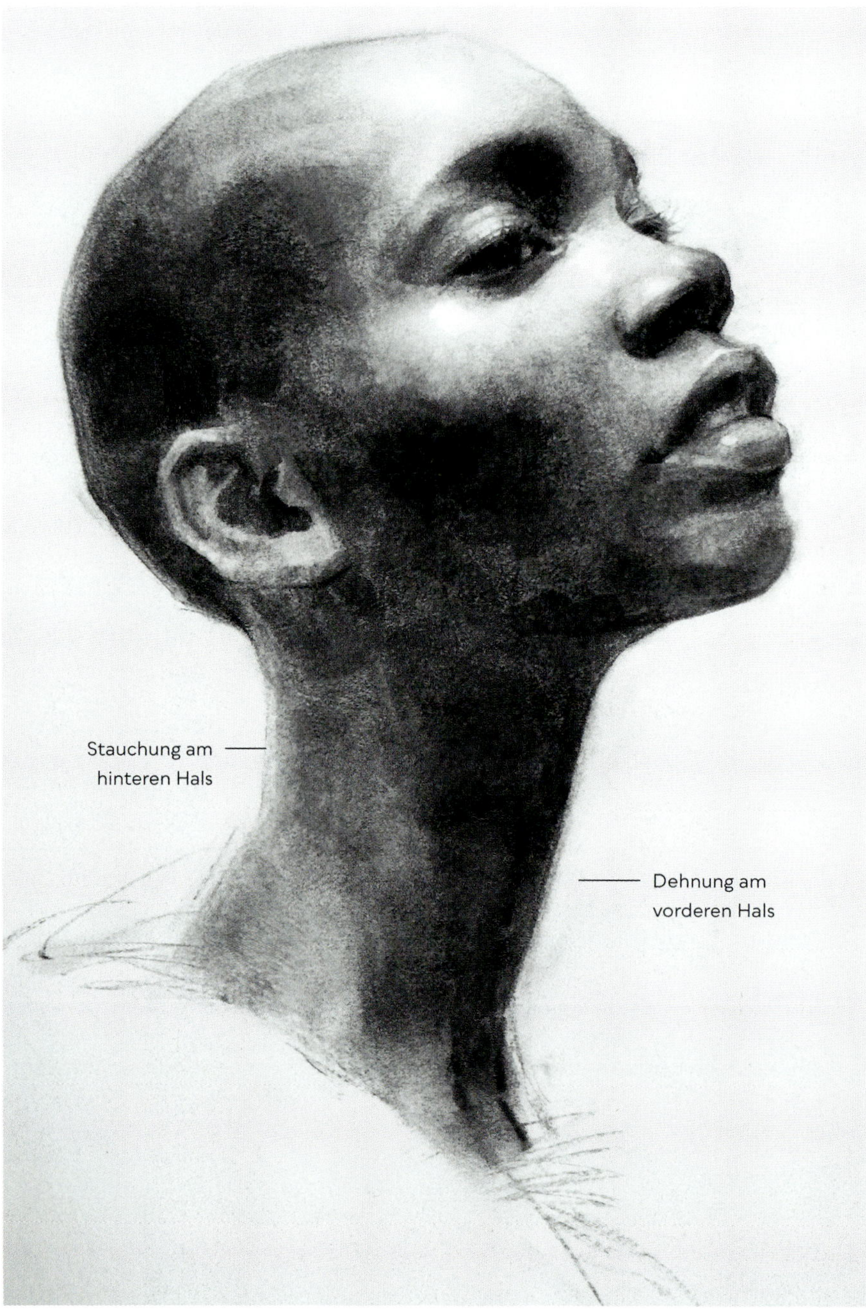

Bei erhobenem Kopf und vorgestrecktem Kinn ist der vordere Hals gestreckt. Diese Kopfhaltung drückt eine hochmütige Anmut aus.

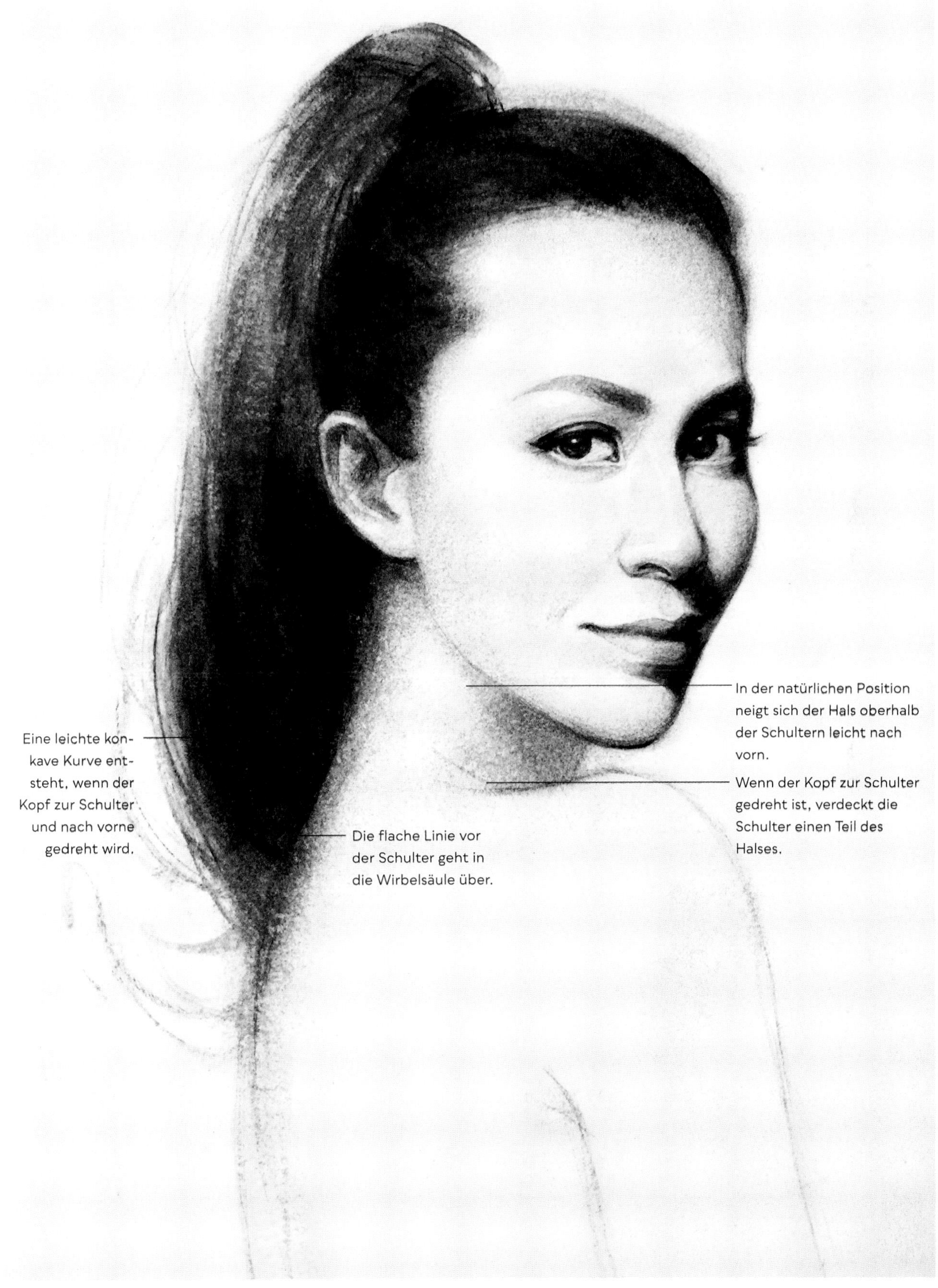

▲ Dies ist eine Pose, die mir besonders gut gefällt: Das Modell schaut den Betrachter mit verträumtem Blick über die Schulter an.

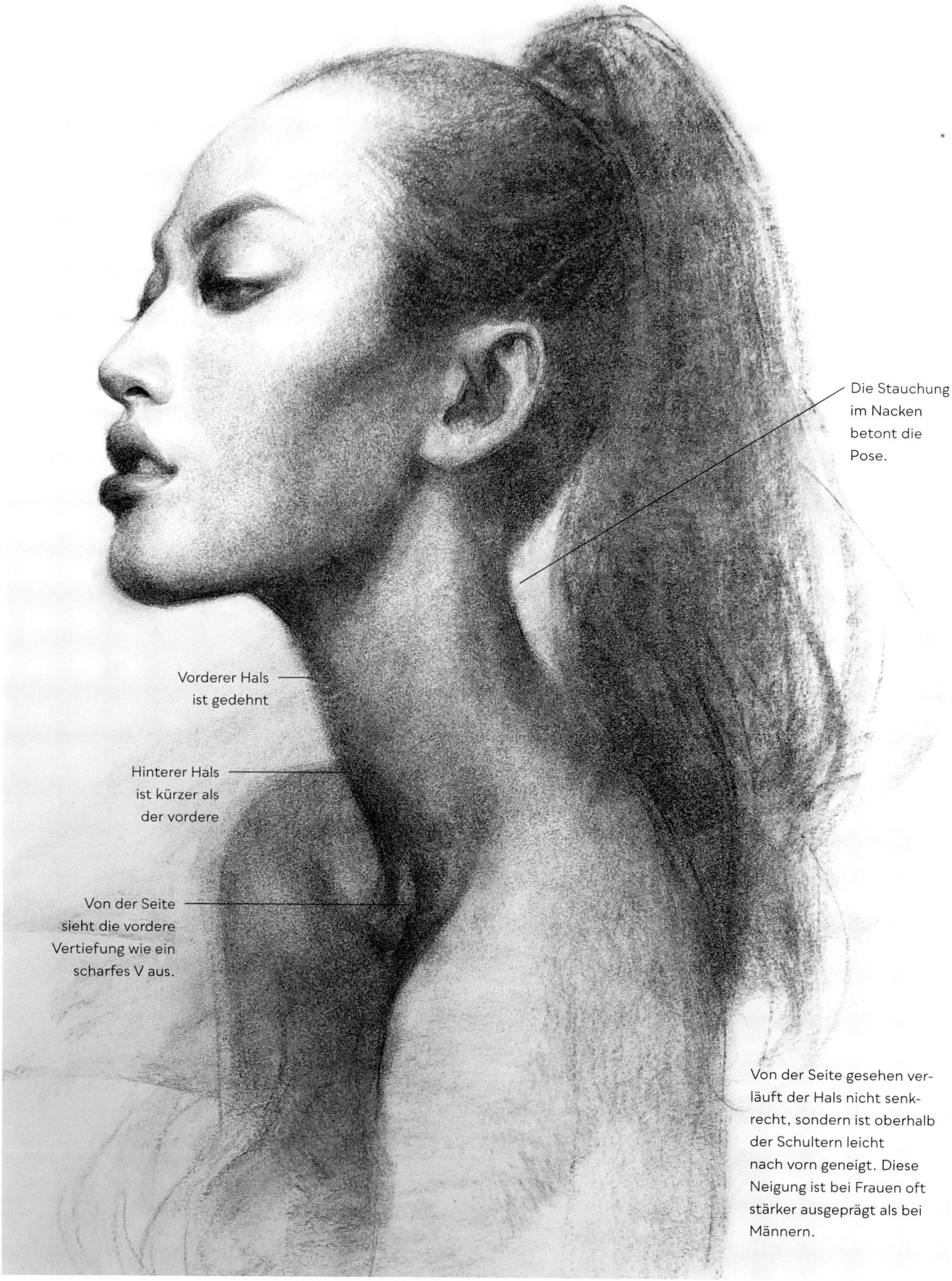

▲ Wenn dieses Modell den Kopf leicht nach vorne schiebt und das Kinn anhebt, wird der Nacken gestaucht. Der gesenkte Blick vermittelt Arroganz. Ein langer Hals wirkt von vorne noch länger, wenn das Kinn leicht angehoben wird. Bei gehobenem Kopf und nach vorn geschobenen Schultern verläuft die Linie des Halses bis zur Mulde zwischen den Schlüsselbeinen.

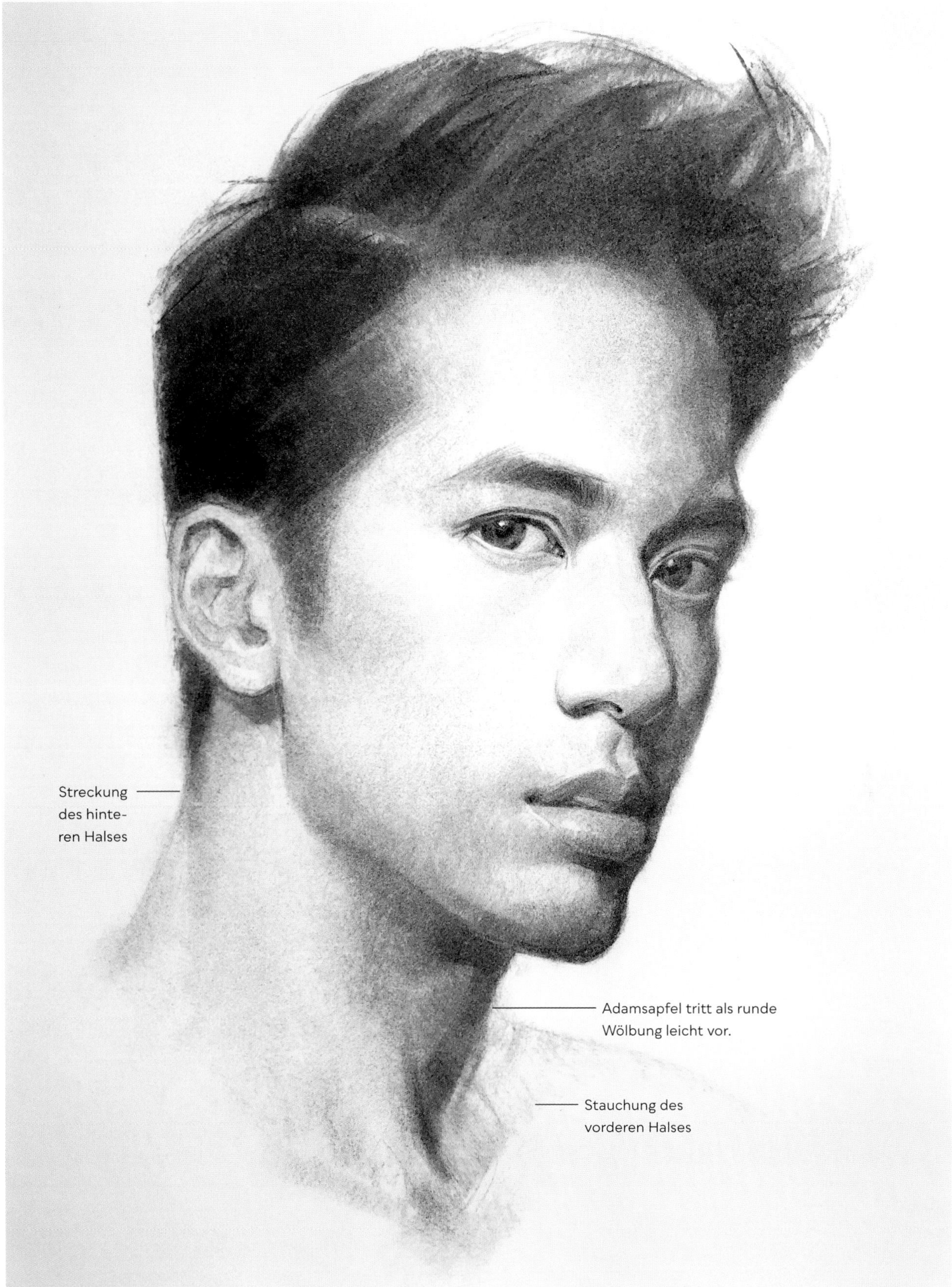

▲ In frontalen oder beinahe frontalen Posen scheinen die Linien am oberen Ende des Halses nach unten zu verlaufen und sich mit den Linien in der Mitte und am unteren Ende des Halses zu überschneiden. Der schräge Winkel des Sternomastoideus, des größten Muskels im Nacken, vermittelt Kraft.

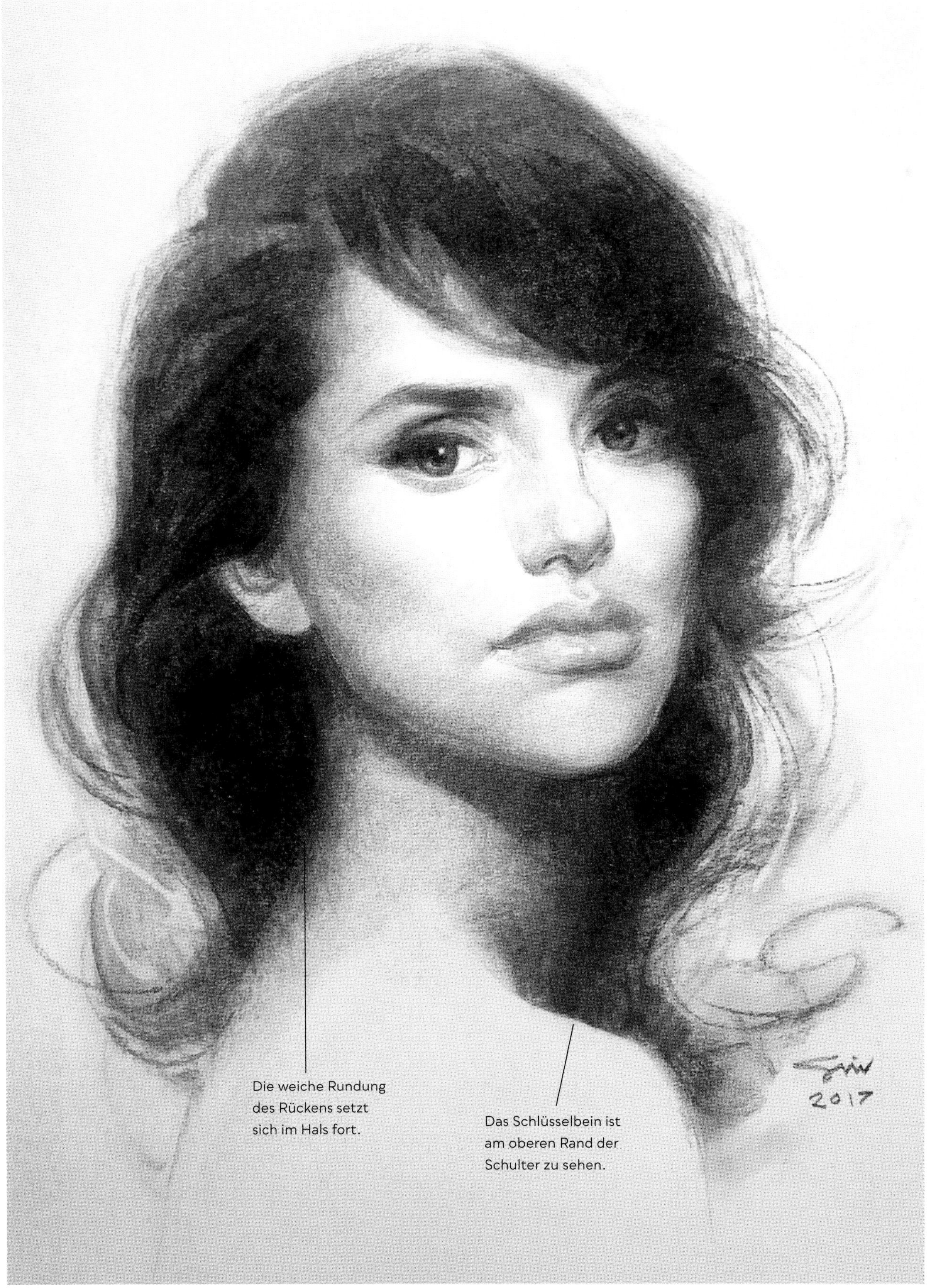

▲ Die Haltung dieses Modells vermittelt eine gewisse Gleichgültigkeit. Der leicht nach hinten geneigte Kopf und die Streckung des Halses geben ihr eine stolze Ausstrahlung, während der direkte Blick eher verführerisch wirkt.

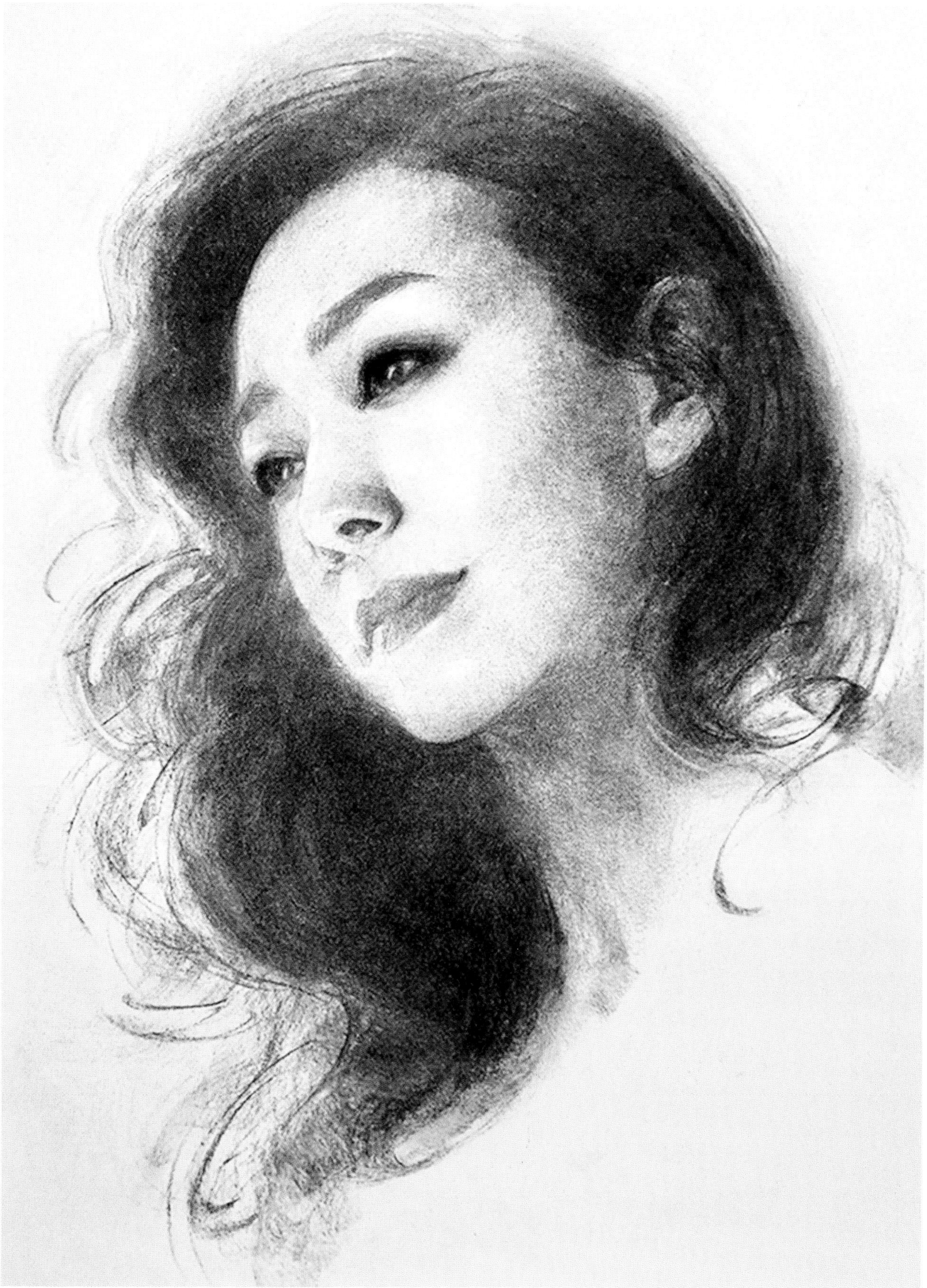

MÜTZEN, KOPFTÜCHER & KRAGEN

Mützen und Hüte

Beim Zeichnen von Kopfbedeckungen ist es wichtig, sich der darunterliegenden Form bewusst zu sein, selbst wenn der Hut aus steifem Material besteht. Stellen Sie sich die Hutkrone wie ein schmales Band vor, das sich an den Kopf schmiegt. Zeichnen Sie zuerst dieses Band und von dort ausgehend den oberen Teil des Huts. Erst danach folgt die Krempe, die das hauptsächliche Design ausmacht. Ein Hut kann verschiedene Haltungen oder Emotionen vermitteln, je nach Stil und Art, wie das Modell ihn trägt.

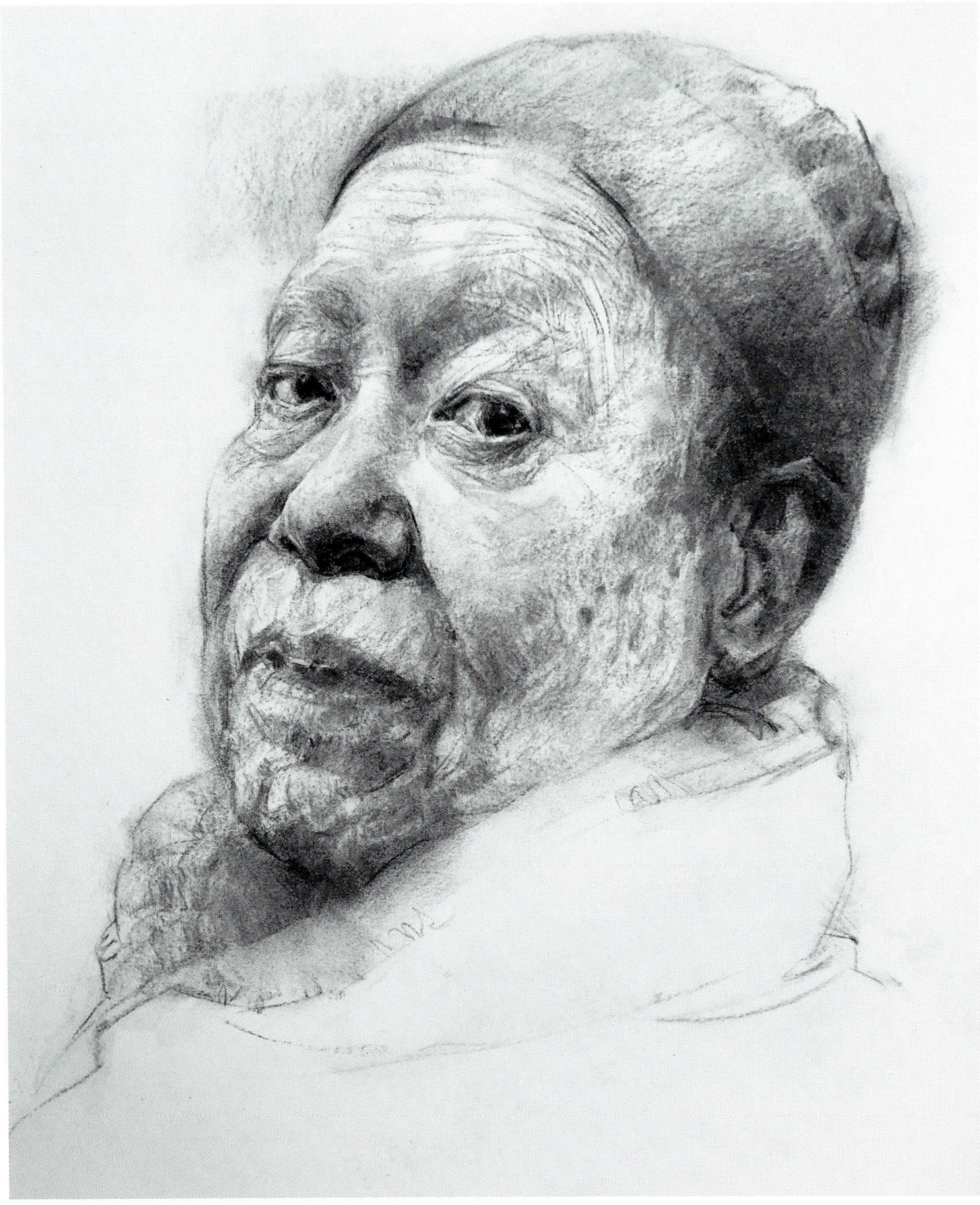

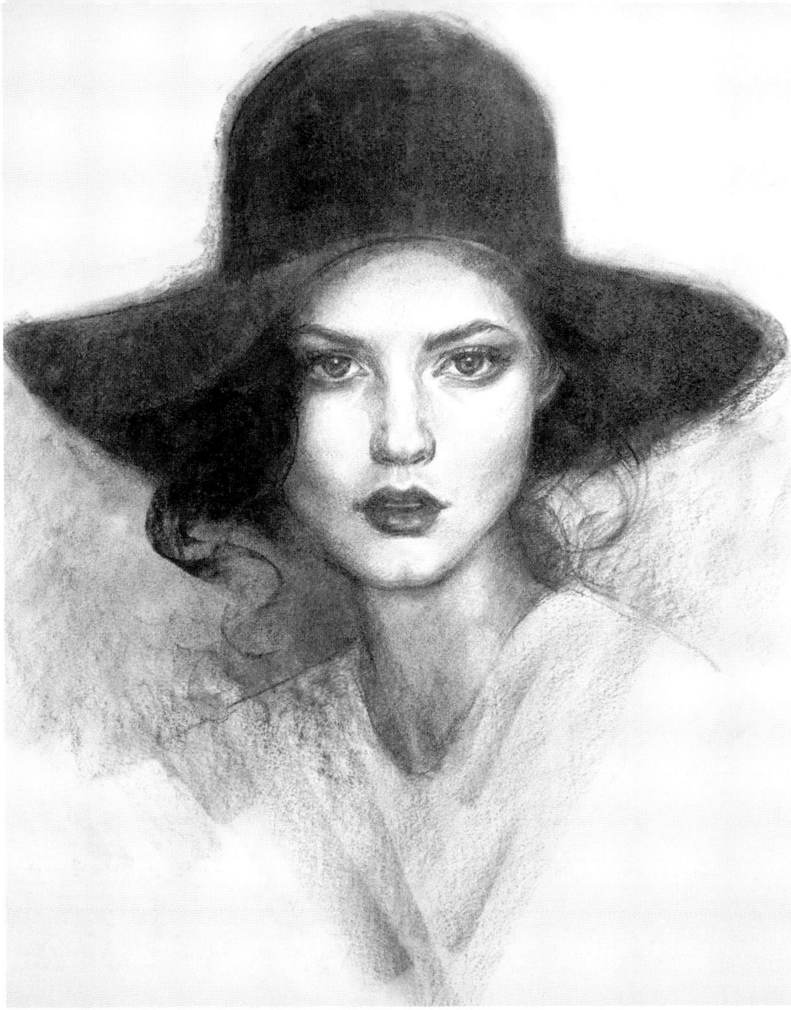

Strickmützen (gegenüber) schmiegen sich eng an den Kopf an und zeichnen seine Form nach. Hüte mit breiter Krempe sehen interessant aus, erzeugen Kontrast und werfen Schatten auf Gesicht und Schultern.

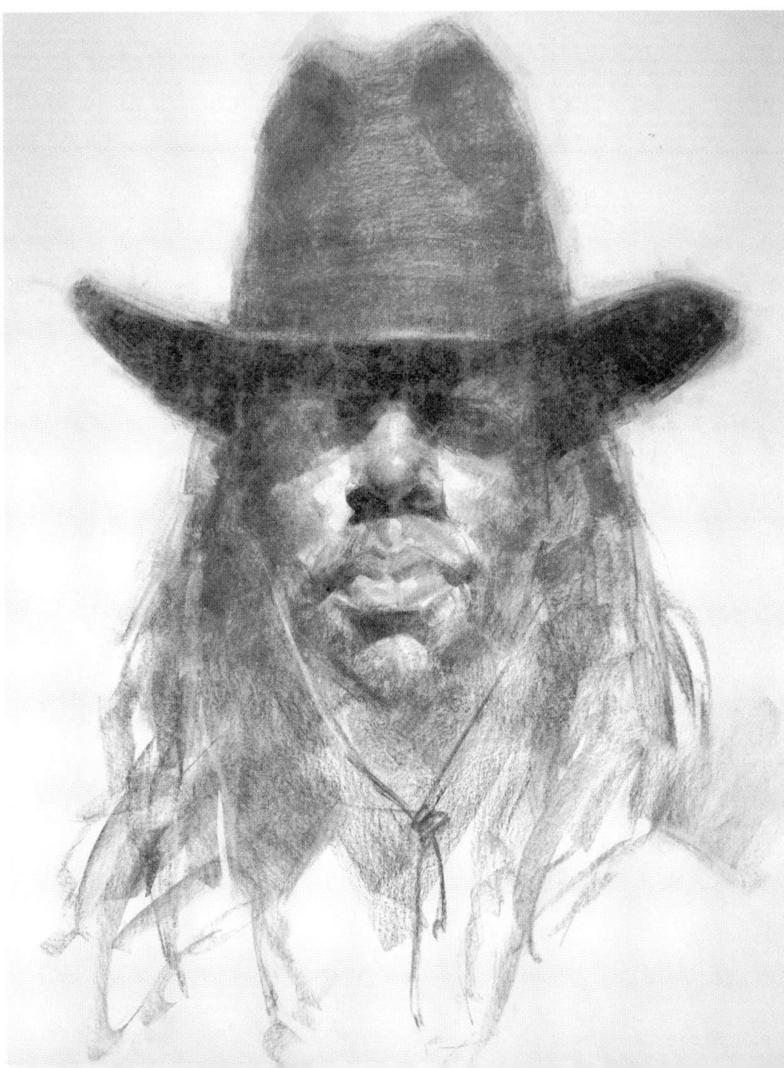

Kopftücher

Beim Zeichnen eines Kopftuchs ist es besonders wichtig, sich die darunterliegende Kopfform bewusst zu machen, denn sie beeinflusst die Form des Kopftuchs.

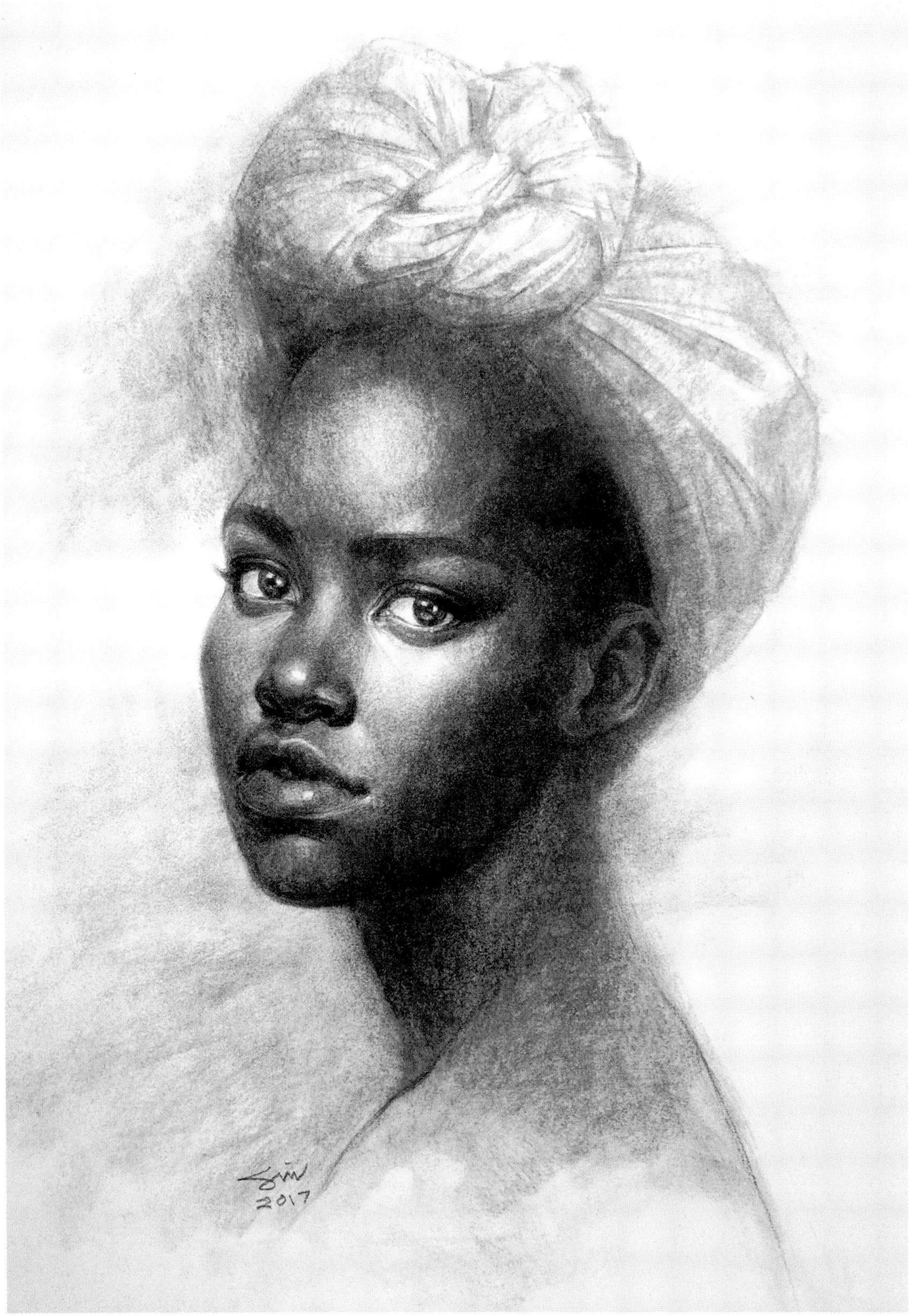

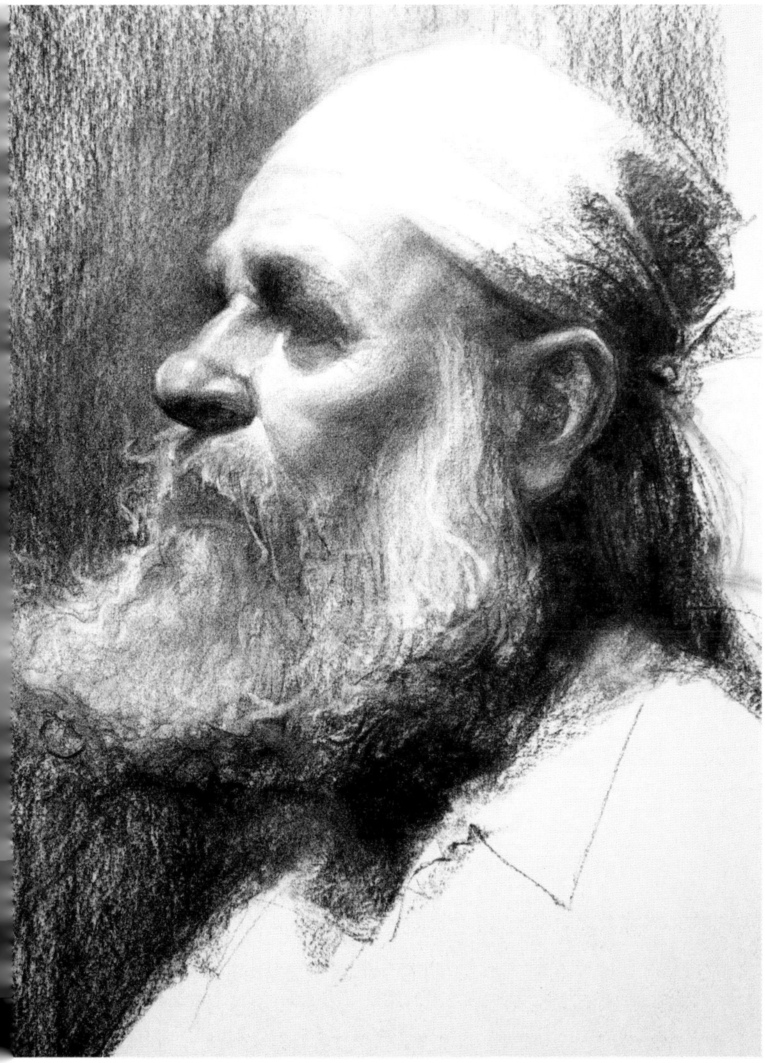

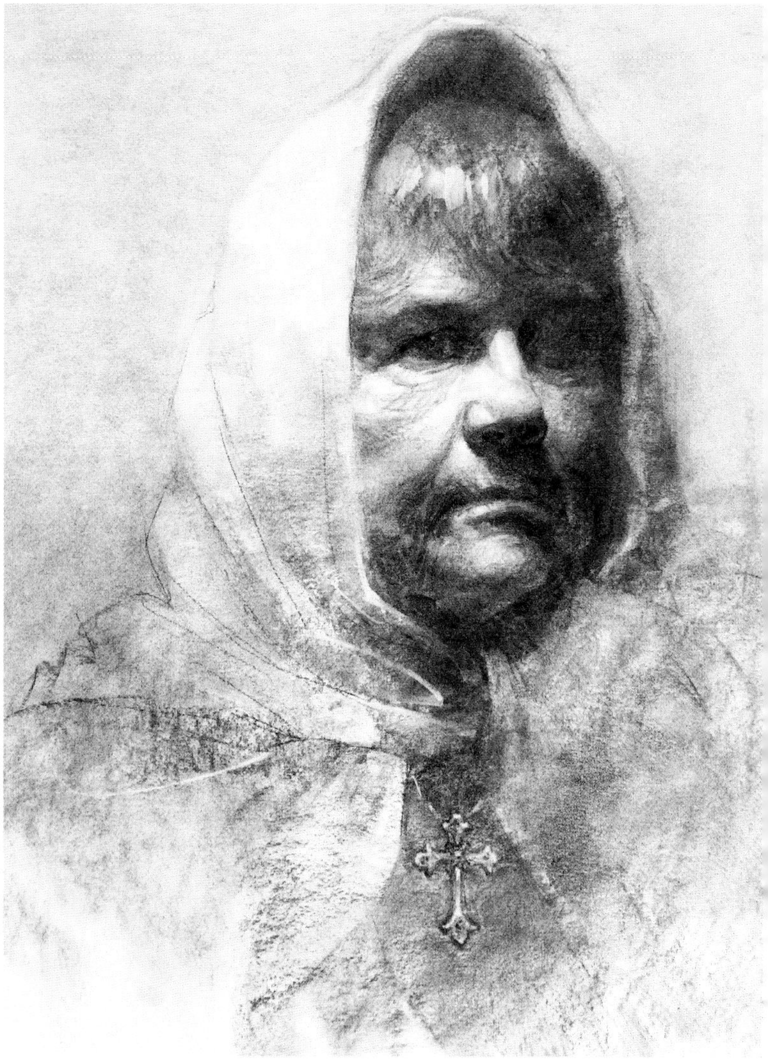

Kragen

Hemd- und Blusenkragen folgen der Rundung des Halses. Achten Sie darauf, dass zwischen Hals und Kragen ein gewisser Abstand entsteht, damit sie nicht wie aus einem Guss wirken.

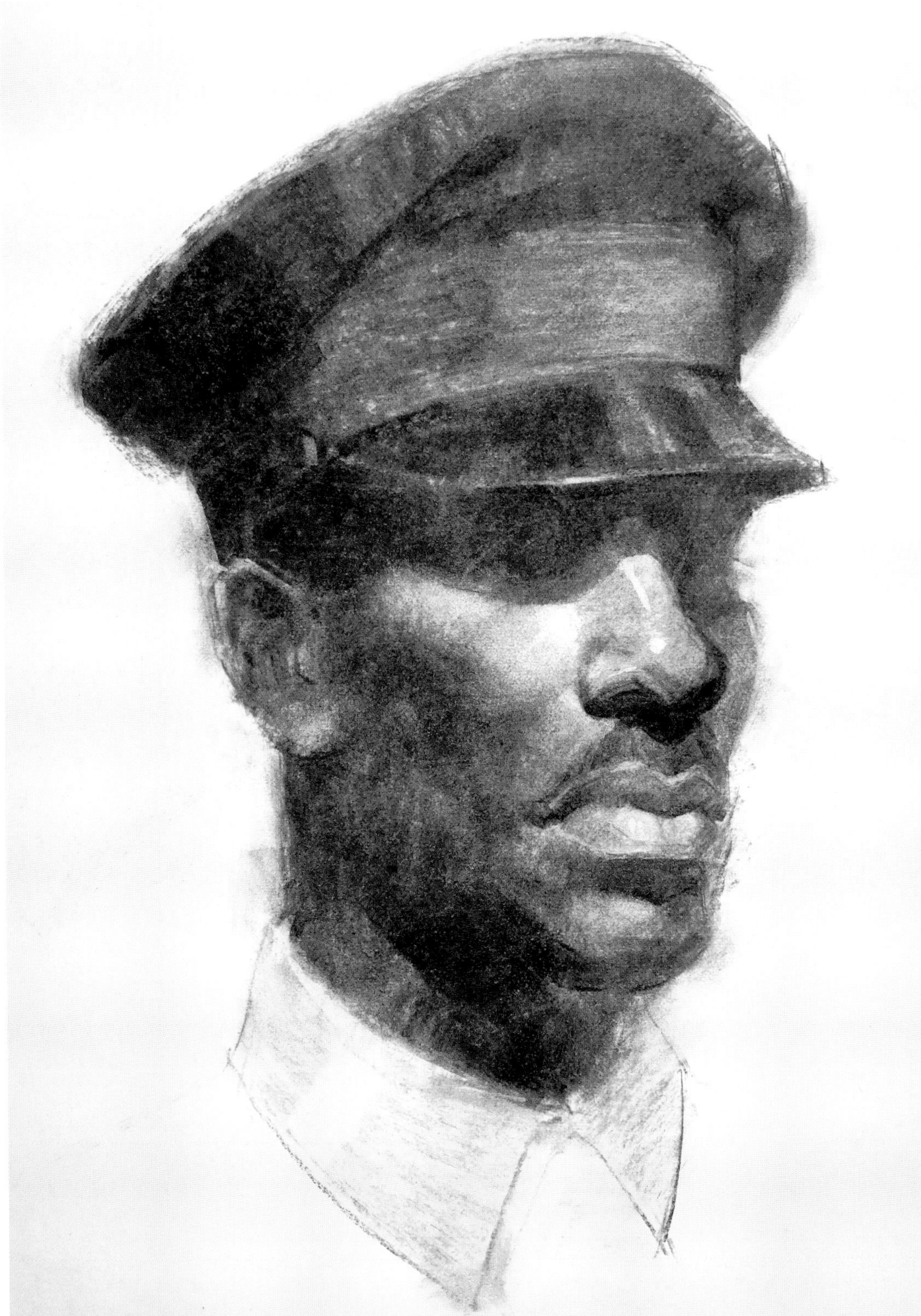

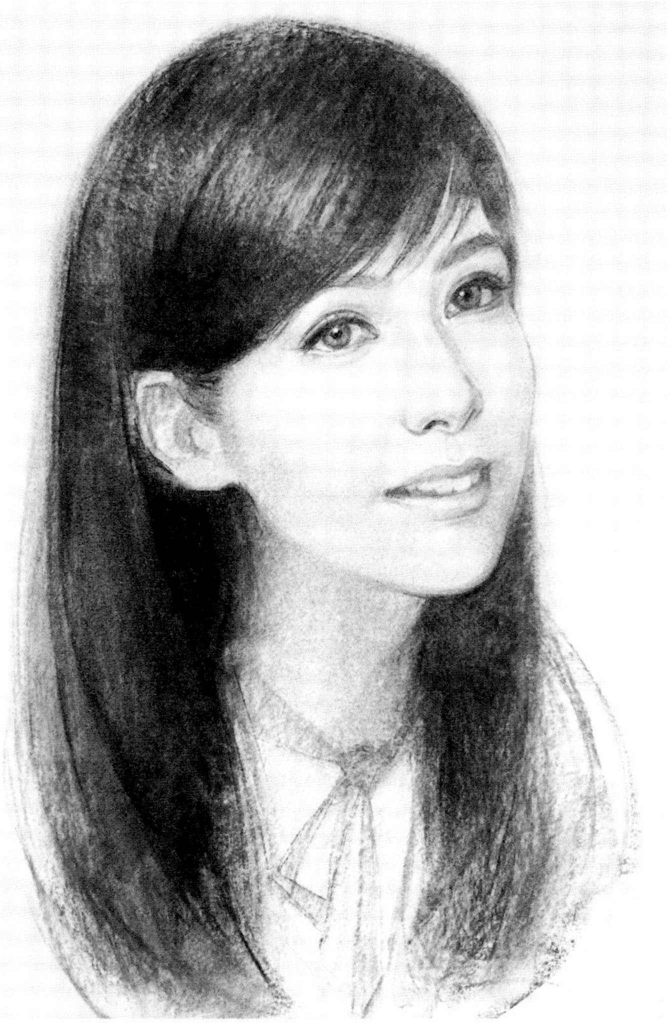

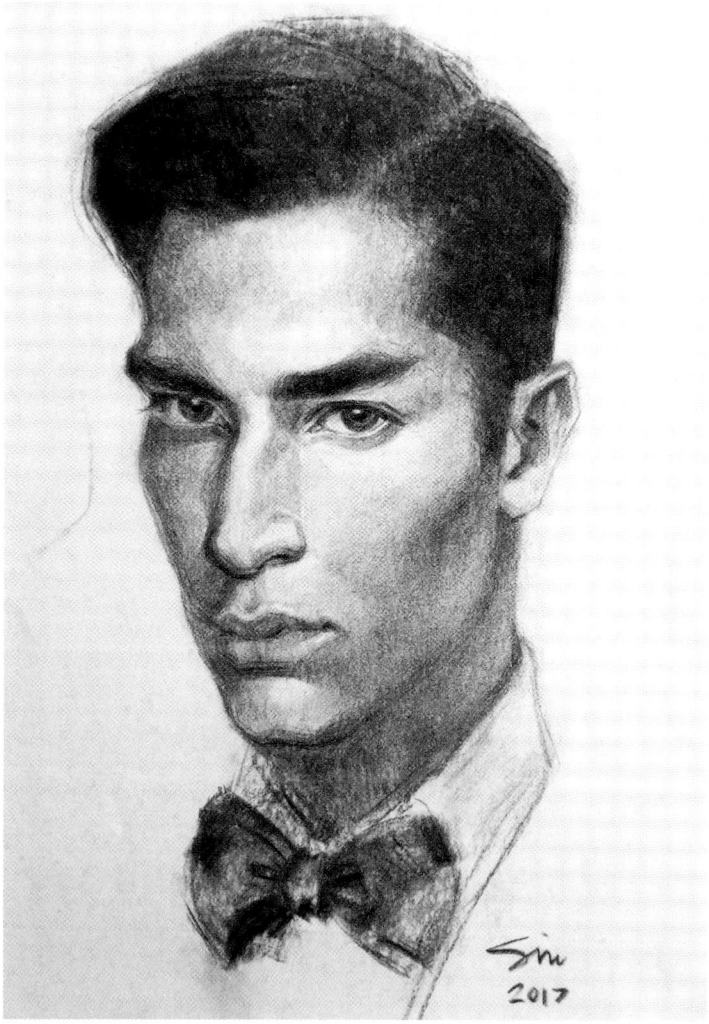
Siu
2017

AUSDRUCKSVOLLE HÄNDE

Hände können in einer Zeichnung Emotionen vermitteln. Durch Einbeziehung der Hände kann ein normales Porträt in eine Charakterstudie verwandelt werden, die etwas von der Persönlichkeit der porträtierten Person offenbart.

Hände sind schwierig zu zeichnen, aber sie können die Wirkung eines Werks verstärken. In besonders ausdrucksstarken Porträts sind oft Hände abgebildet, manchmal auch Requisiten. Hände stehen symbolisch für die Art und Weise, wie wir Gegenstände oder sogar andere Menschen berühren und fühlen, wie wir mit der Außenwelt in Verbindung treten. Schon darum haben sie in Porträtzeichnungen ihre Berechtigung.

In diesen Porträts ziehen die ausdrucksvollen Augen die Aufmerksamkeit des Betrachters auf sich, während die Handhaltung eine eigene Geschichte erzählt und eine ernste Stimmung erzeugt.

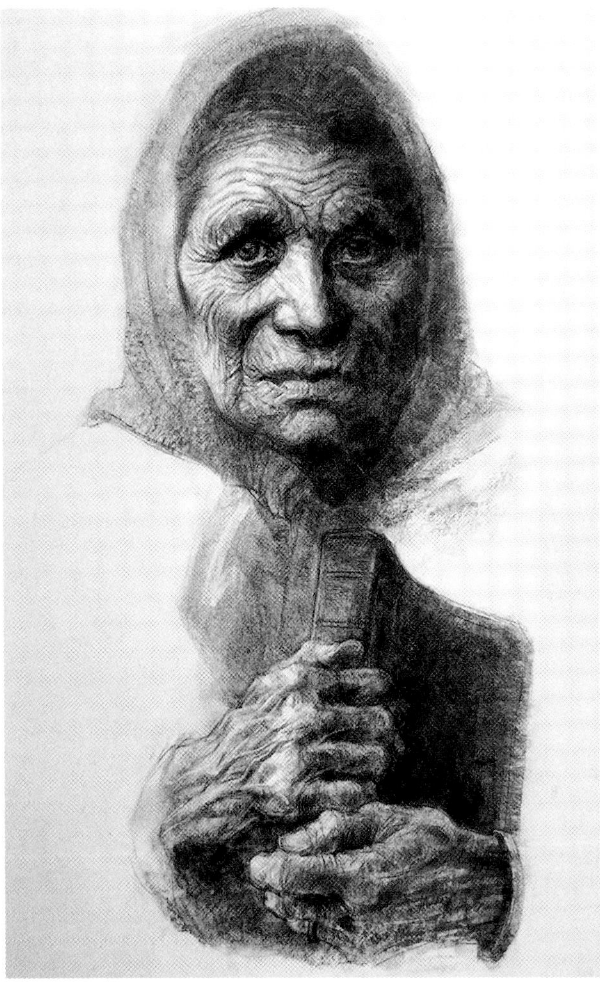

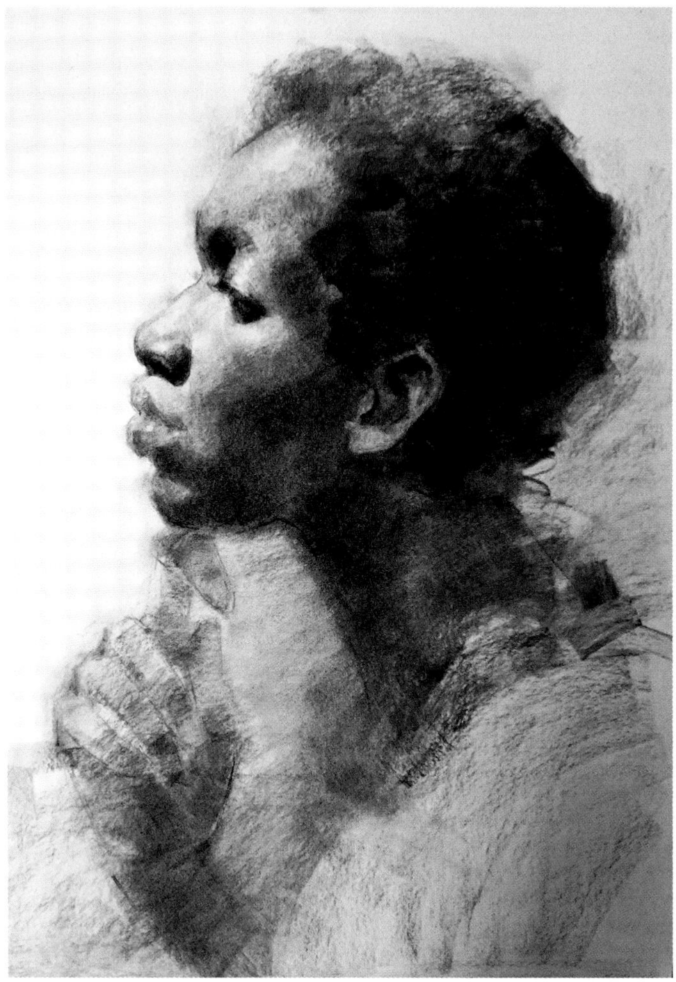

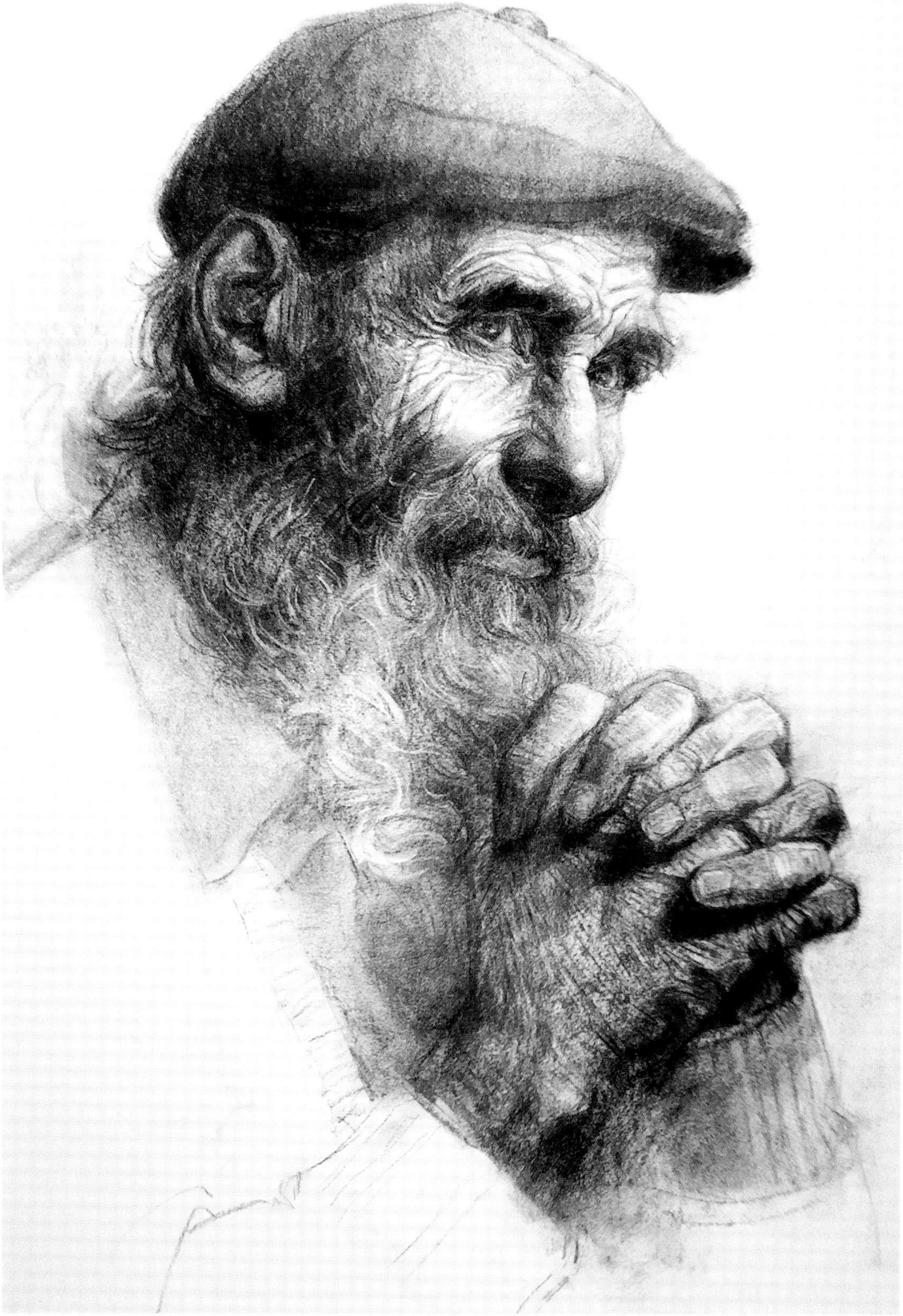

▲ Durch das Zeichnen der Hände verlängert sich die Zeit, die notwendig ist, um ein Porträt fertigzustellen. Andererseits kann eine unfertige Studie der Hand attraktiver sein als eine vollständig ausgeführte Zeichnung. Die Hände sind ein wichtiges, aber untergeordnetes Element der Zeichnung und sollten nicht vom Porträt ablenken. Das Gesicht bleibt im Mittelpunkt, während die Hände mit weicheren Tönen und weniger definierten Formen wiedergegeben werden.

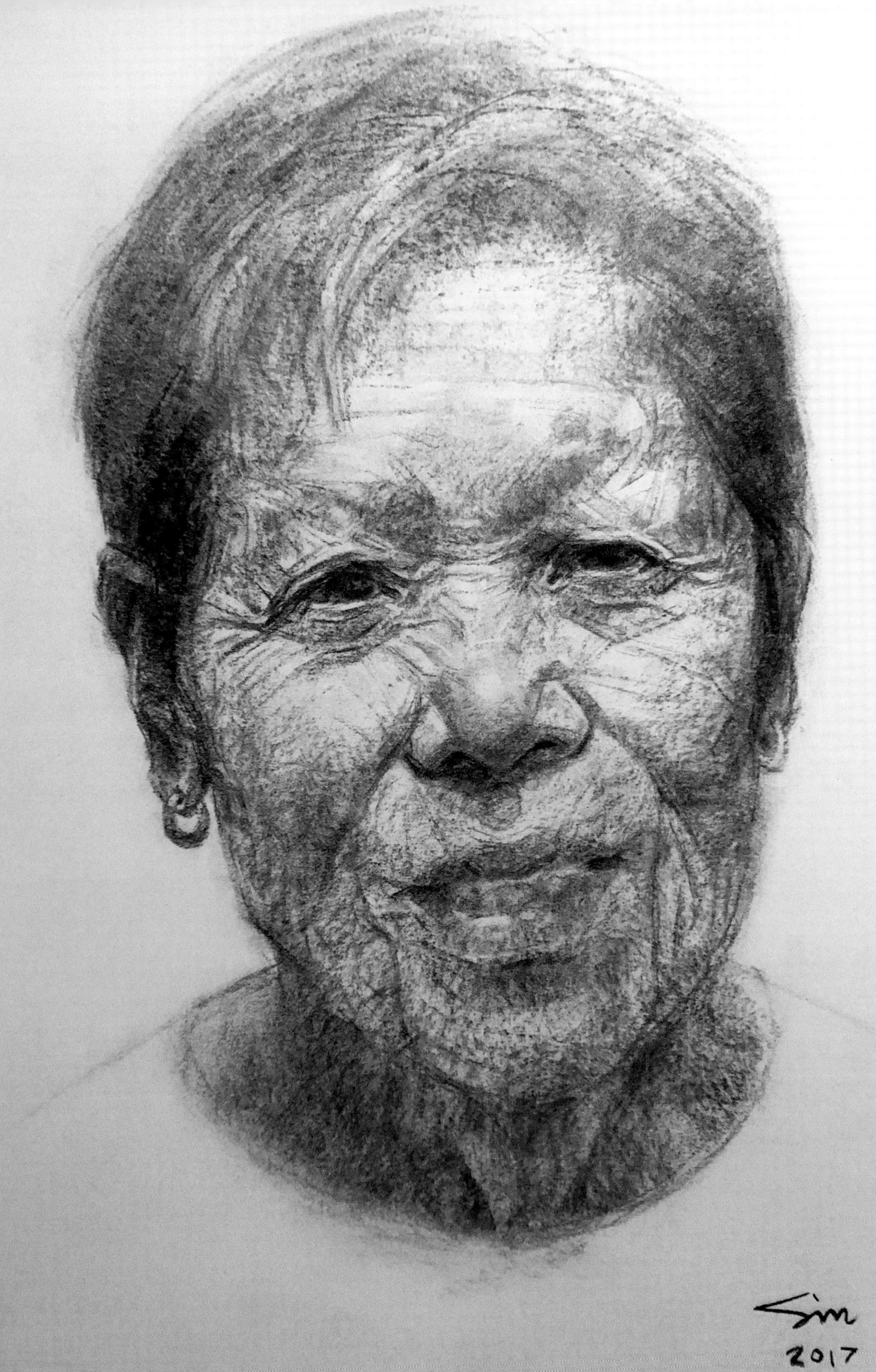
Sim
2017

6

KINDER & ÄLTERE MENSCHEN

KINDER ZEICHNEN

Kinder empfinden dieselben Emotionen wie Erwachsene, zeigen sie aber viel freier und offener. Mit zunehmendem Alter lernen wir, unsere Gefühle zu verbergen, manchmal viel zu gut. Kinder sind oft authentischer als Erwachsene.

Obwohl die Grundregeln des Porträtzeichnens auch für Kinder gelten, sind die Proportionen anders als bei Erwachsenen.

Der Kopf eines Kindes ist eher wie ein rundes Ei geformt, ein Erwachsenenkopf ist länglicher. Das Gesicht ist im Verhältnis zum Rest des Kopfs kleiner.

Die Ohren sind proportional größer als der Rest der Gesichtszüge.

Der Abstand zwischen den Augen ist größer.

Der Nasenrücken ist flach und manchmal konkav, der Bereich zwischen Auge und Nasenrücken darf darum nur minimal schattiert werden. Die Nasenlöcher sind weit voneinander entfernt.

Die Mundwinkel sind stärker vertieft.

Das Kinn ist weniger ausgeprägt. Die Wangen sind höher und voller.

Die Augenbrauen sind meist heller und das Haar ist flaumiger.

Achten Sie auf Babyspeck im Gesicht, am Körper, an den Händen, Armen, am Bauch, an den Füßen und an den Beinen.

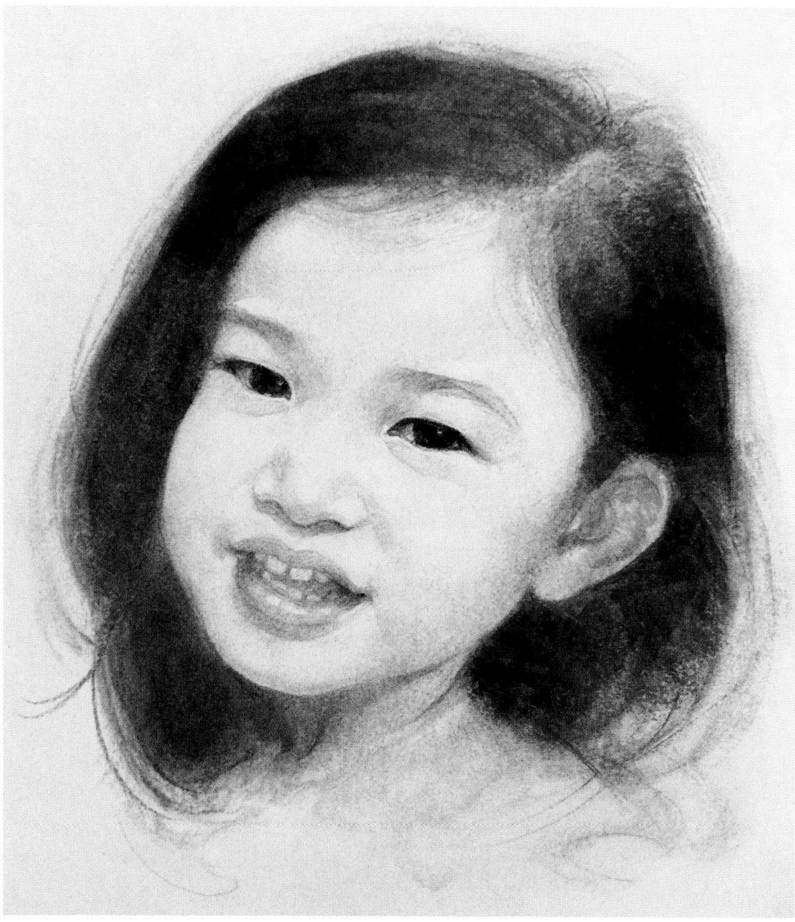

Neben den unterschiedlichen Proportionen und der Platzierung der Gesichtszüge sind Kindergesichter meist runder als die Gesichter von Erwachsenen. Selbst die Formen von Stirn und Wangen sind geschwungen und nicht kantig. Da Kinder schlankere, kürzere Hälse haben, achten Sie beim Zeichnen darauf, dass der Hals schlank ist, um die runde Form des Schädels zu betonen.

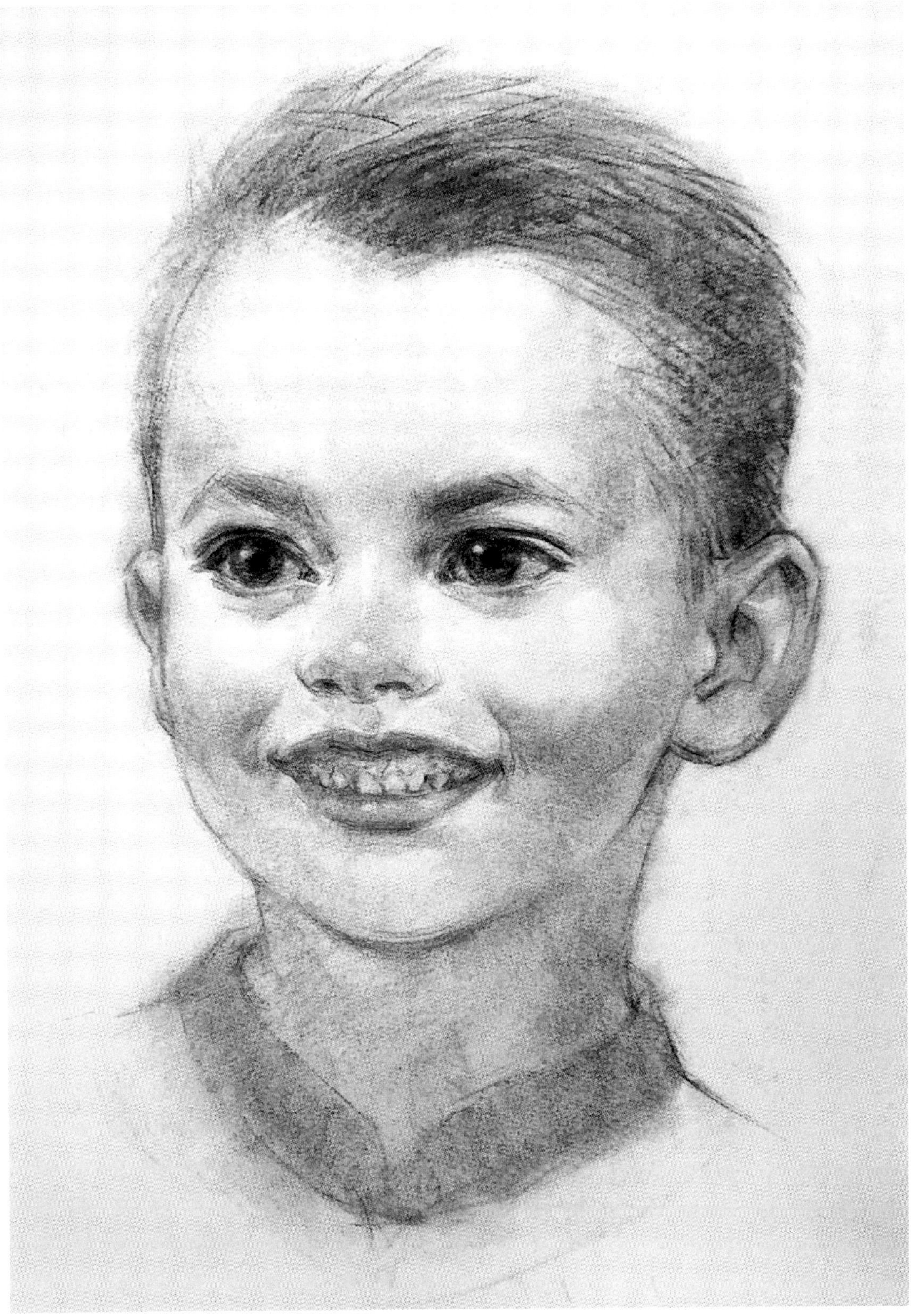

Kinder zügig skizzieren

Gestische Skizzen werden nach lebenden Modellen gezeichnet und nehmen meist nur fünf bis zehn Minuten in Anspruch. Diese schnellen Zeichnungen fangen die wesentlichen Posen und Aktionen mit lockeren, skizzenhaften Strichen ein. Diese Methode eignet sich besonders gut, um Kinder zu skizzieren, die selten lange still sitzen.

Zeichenneulinge schaffen es normalerweise nicht, innerhalb kurzer Zeit mehrere gestische Skizzen anzufertigen. Das ist in Ordnung. Wichtig ist, dass Sie genau beobachten und lernen.

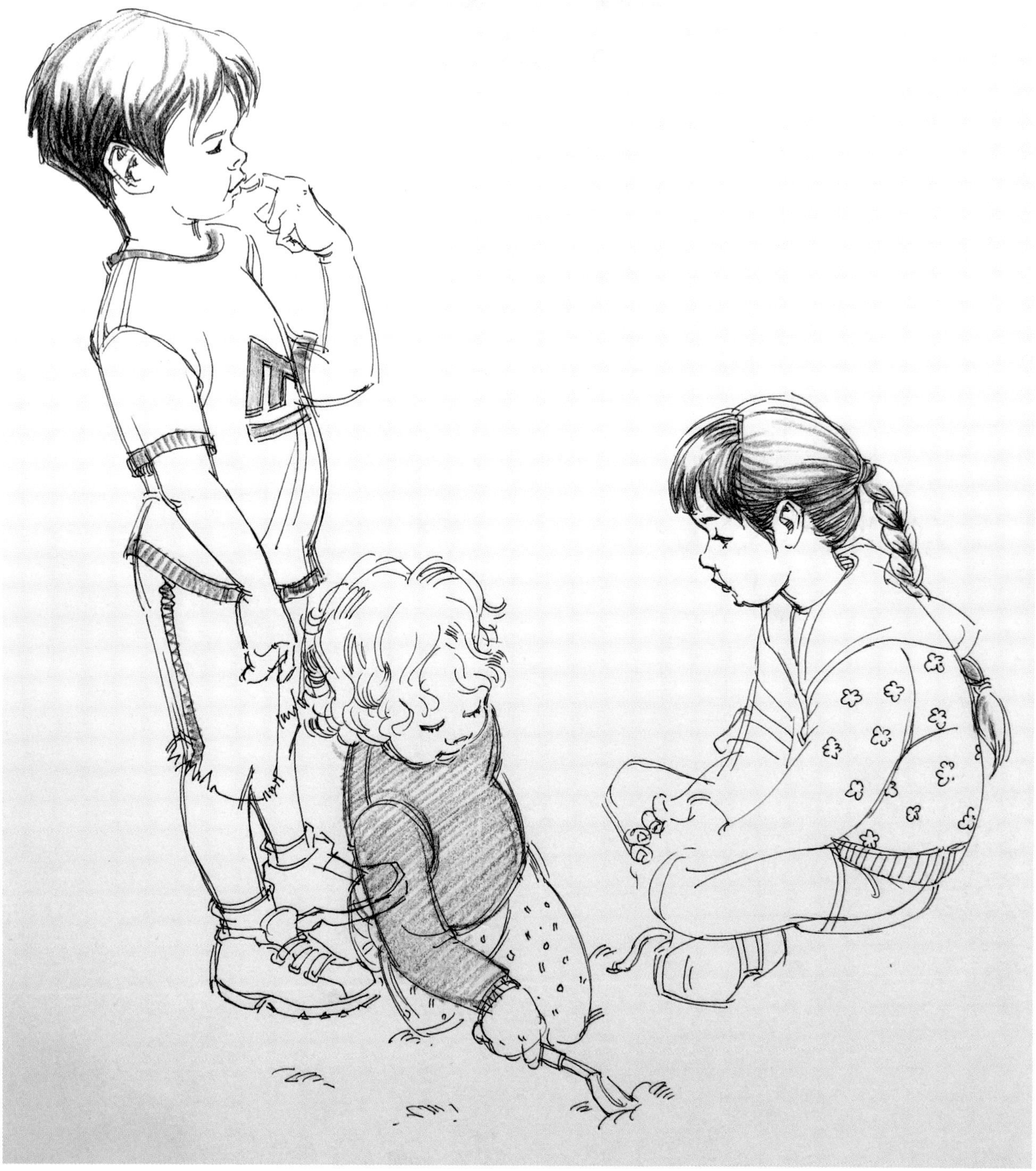

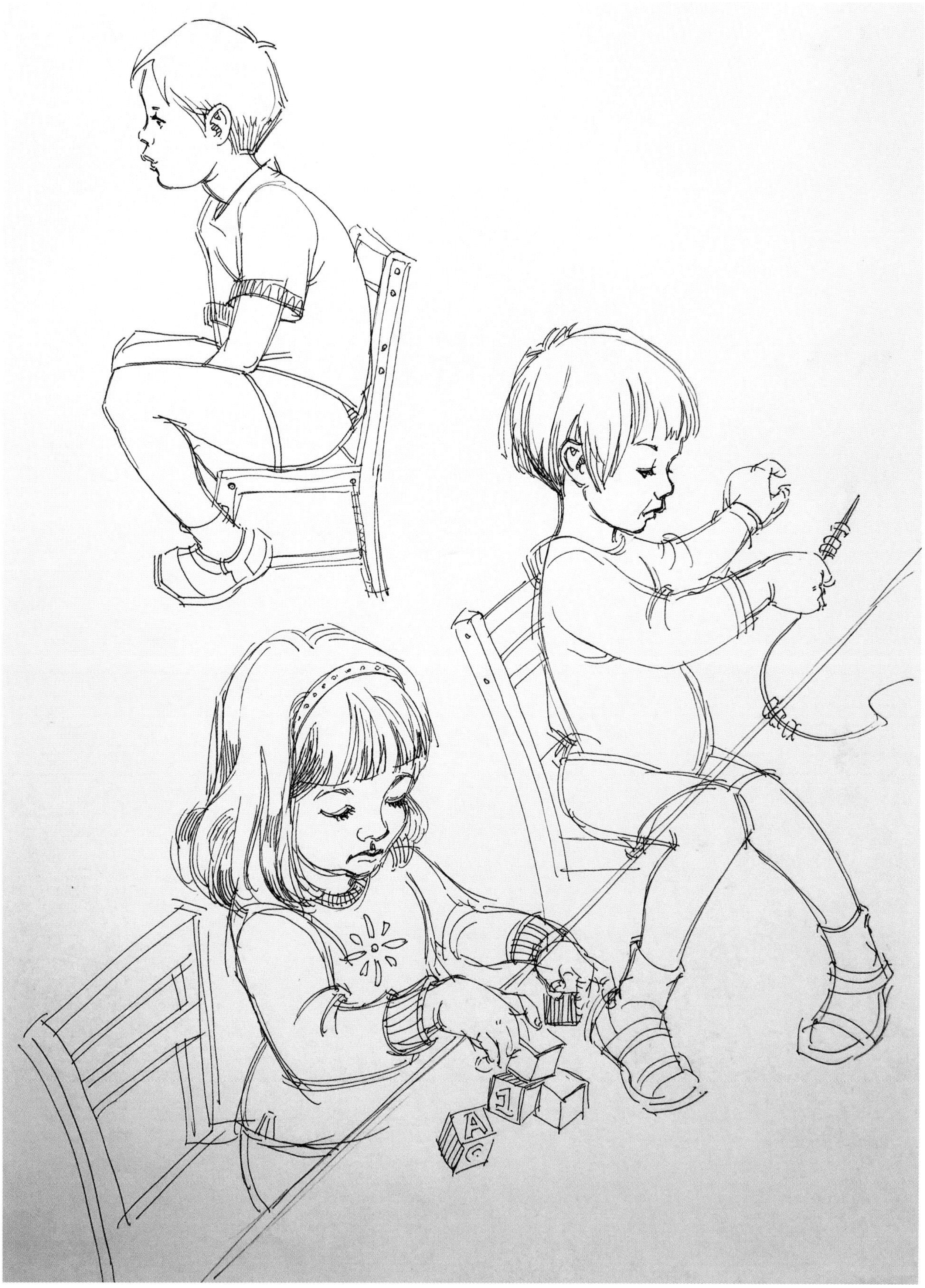
A
1
C

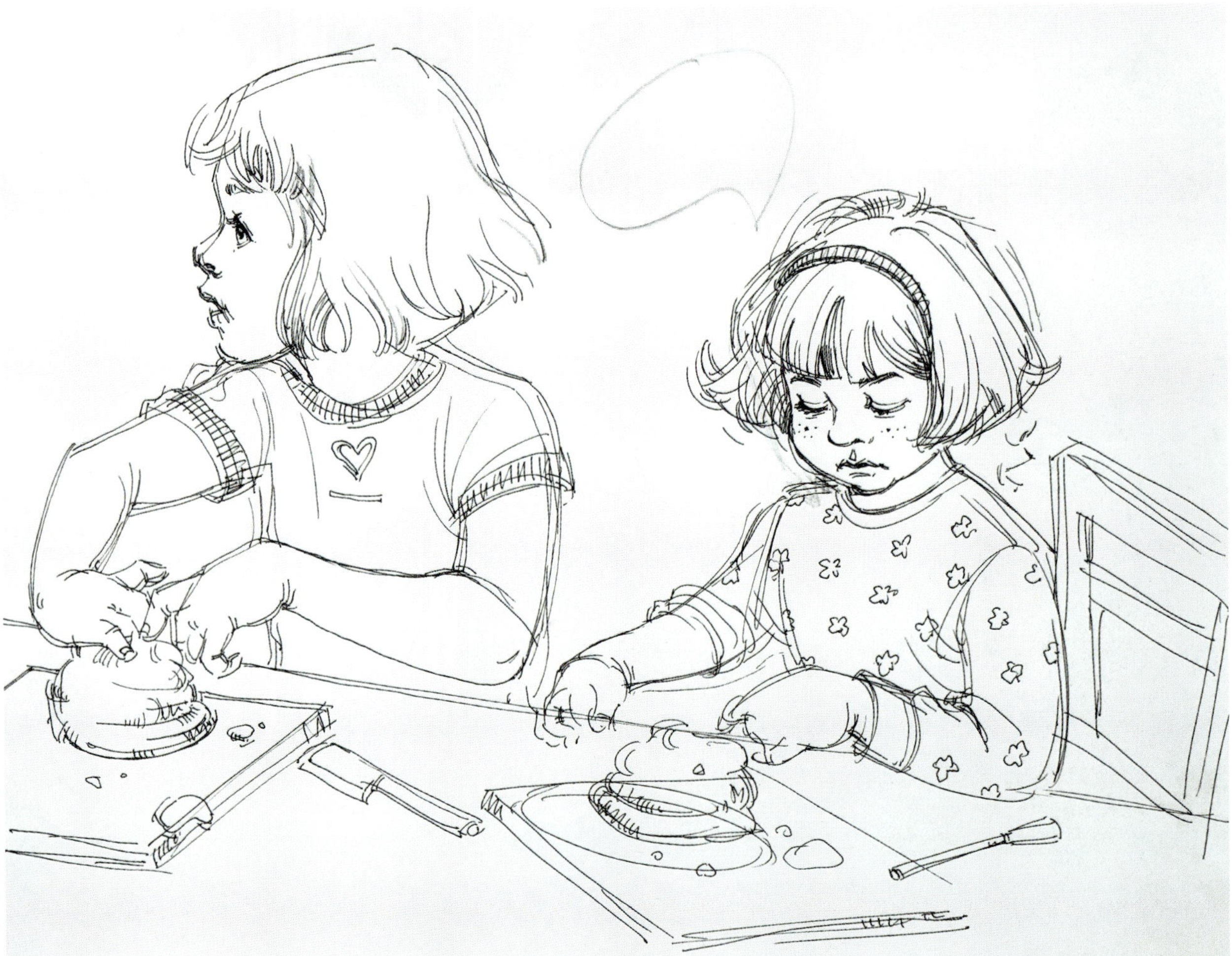

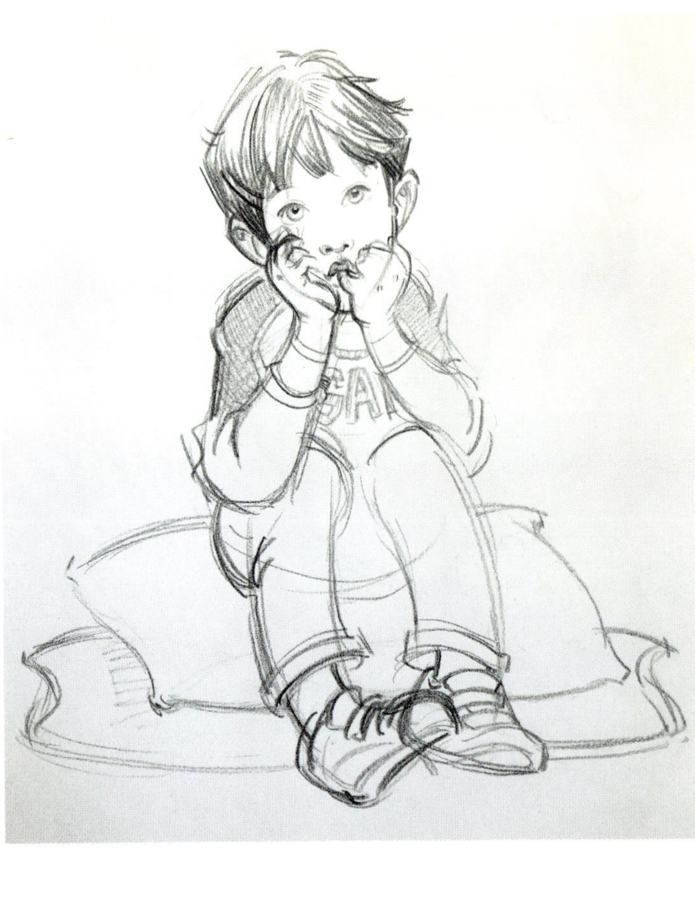

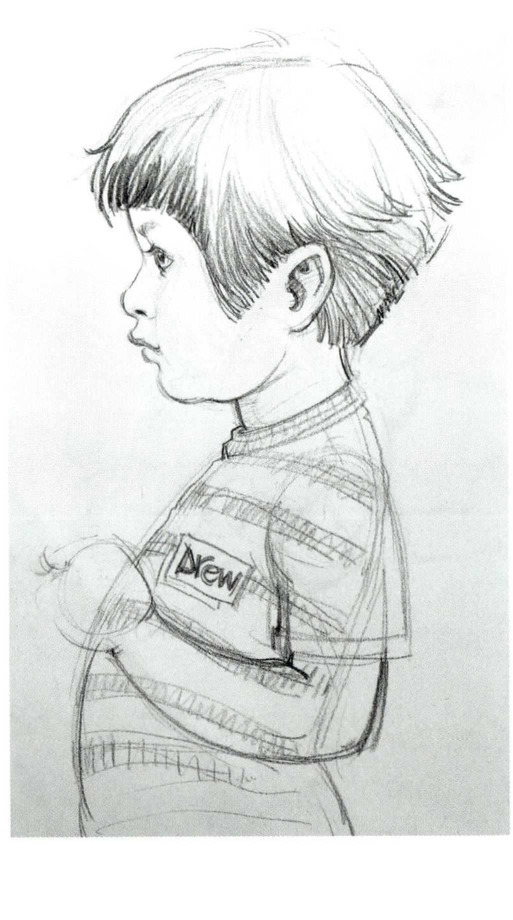
Drew

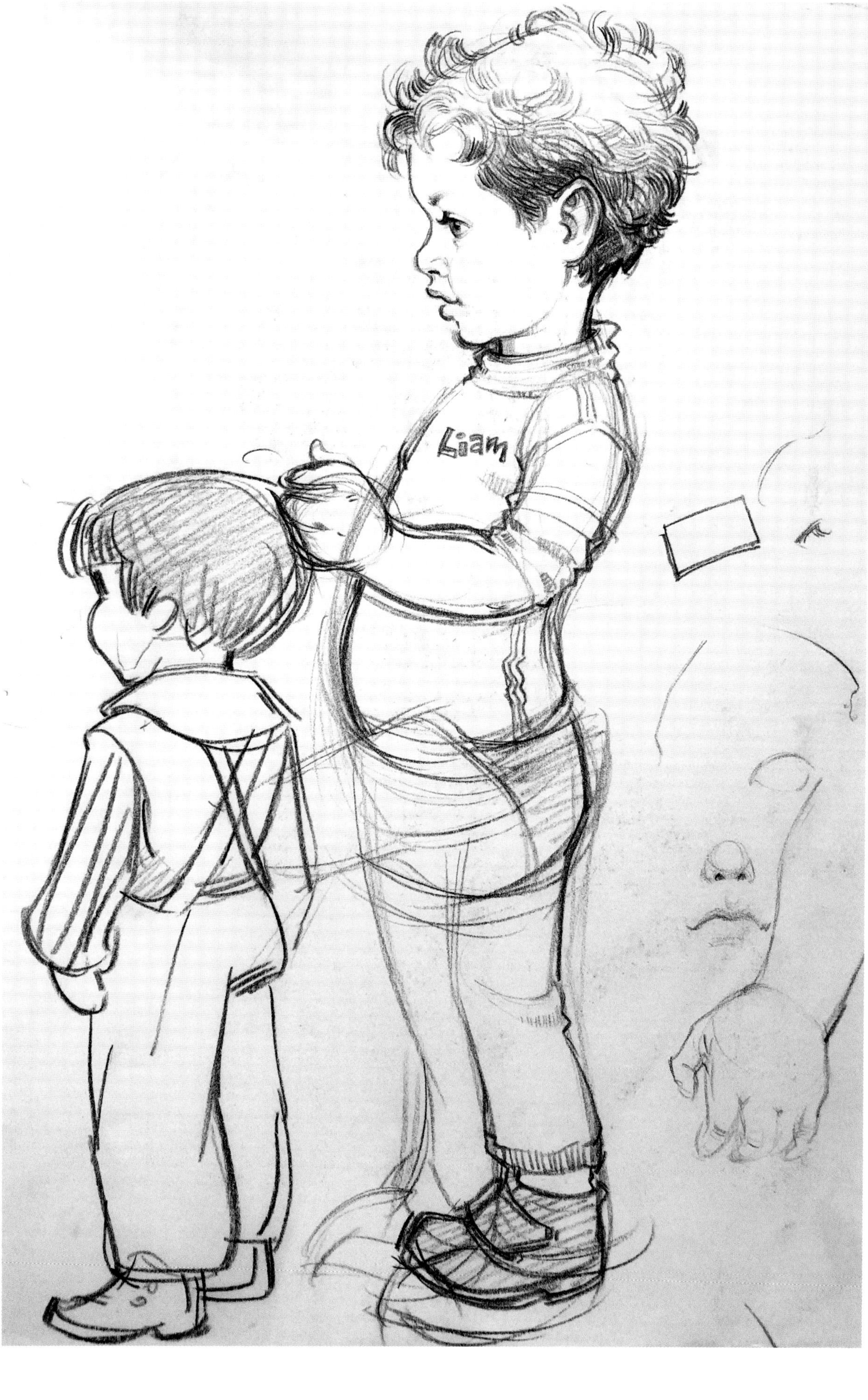
Liam

ÄLTERE MENSCHEN ZEICHNEN

Die Gesichter älterer Menschen bieten viele Möglichkeiten, Formen und Linien zu studieren. Um einen Eindruck von Alter zu vermitteln, muss man gar nicht viele Falten zeichnen. Es genügt, die Hauptlinien und Formen der abnehmenden Muskeln und die Falten zwischen ihnen darzustellen. Die Wangenknochen, die Kieferwinkel und der Kinnknochen treten durch den Alterungsprozess deutlicher hervor. Weitere Aspekte für das Zeichnen älterer Menschen:

- Das Haar lichtet sich oder wird merklich weiß, und die Augenbrauen können spärlich oder struppig werden.
- Auf der Stirn zeigen sich ausgeprägte Falten, die Schläfen vertiefen sich.
- Die Augenlider sinken herab. Die Augen sinken in die Höhlen ein und die umgebenden Knochen treten deutlicher hervor.
- Um das Unterlid bilden sich Falten.
- Die Knochen von Wangen und Kinn treten stärker hervor.
- Die Ohren verlängern sich und die Ohrläppchen hängen herab.
- Die Nasenspitze kann anschwellen.
- Die Haut am Hals wird schlaff.
- Die Falten um die Ohren herum verschmelzen mit denen der Kieferpartie und des Halses.

Am auffälligsten sind die Veränderungen an den Wangen sowie um die Augen und um den Mund. Das Muskelfleisch hängt an den Seiten des Kinns und entlang des Kiefers herunter. Unter den Augen bilden sich Tränensäcke, und an den Augenwinkeln entstehen tiefere Falten. Der Mund sinkt nach hinten und von den Lippen gehen Falten aus. Die Naso-Labialfalten verlängern sich.

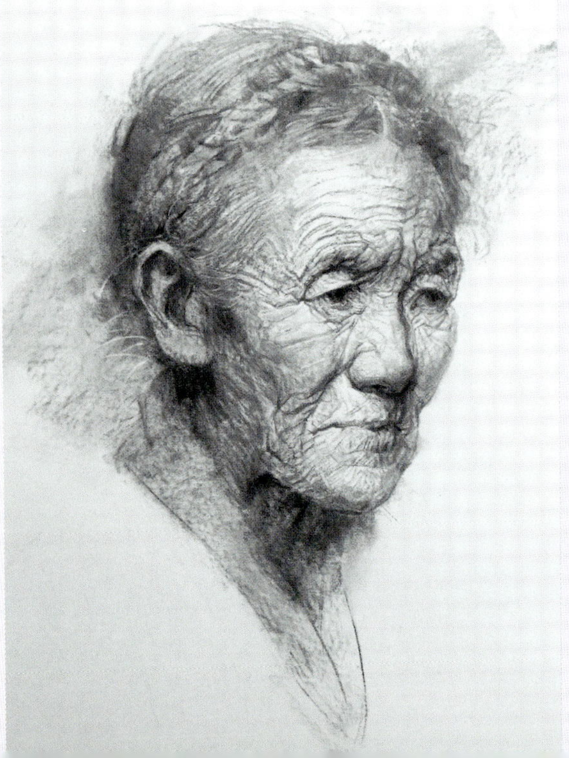

FALTEN VERSTEHEN

Falten sind eines der offensichtlichsten Zeichen des Alterns. In vielen Fällen kann man jedoch die meisten Falten getrost weglassen und sich stattdessen auf die Linien, Knochen und weichen Formen des Muskelfleischs unter der Oberfläche konzentrieren. Diese subtileren Merkmale vermitteln den Eindruck des Alters glaubwürdig, ohne dass Sie jede einzelne Falte mühsam zeichnen müssen. Denken Sie daran, dass Falten keine wirklichen Linien im Gesicht sind, sondern sehr feine Schattentäler, die nur aus relativ geringer Entfernung zu erkennen sind.

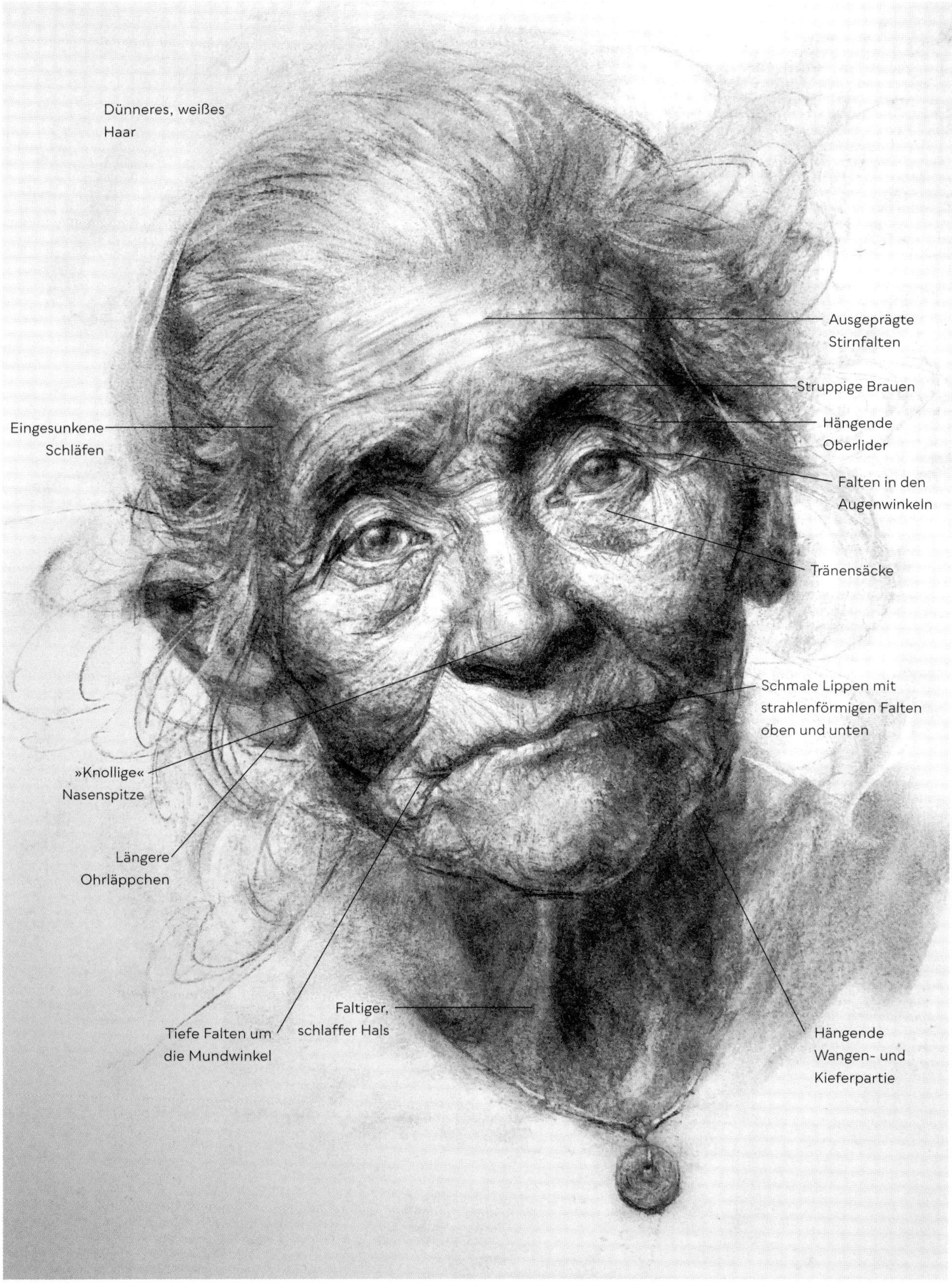
Dünneres, weißes
Haar
Ausgeprägte
Stirnfalten
Struppige Brauen
Eingesunkene
Schläfen
Hängende
Oberlider
Falten in den
Augenwinkeln
Tränensäcke
Schmale Lippen mit
strahlenförmigen Falten
oben und unten
»Knollige«
Nasenspitze
Längere
Ohrläppchen
Faltiger,
schlaffer Hals
Tiefe Falten um
die Mundwinkel
Hängende
Wangen- und
Kieferpartie

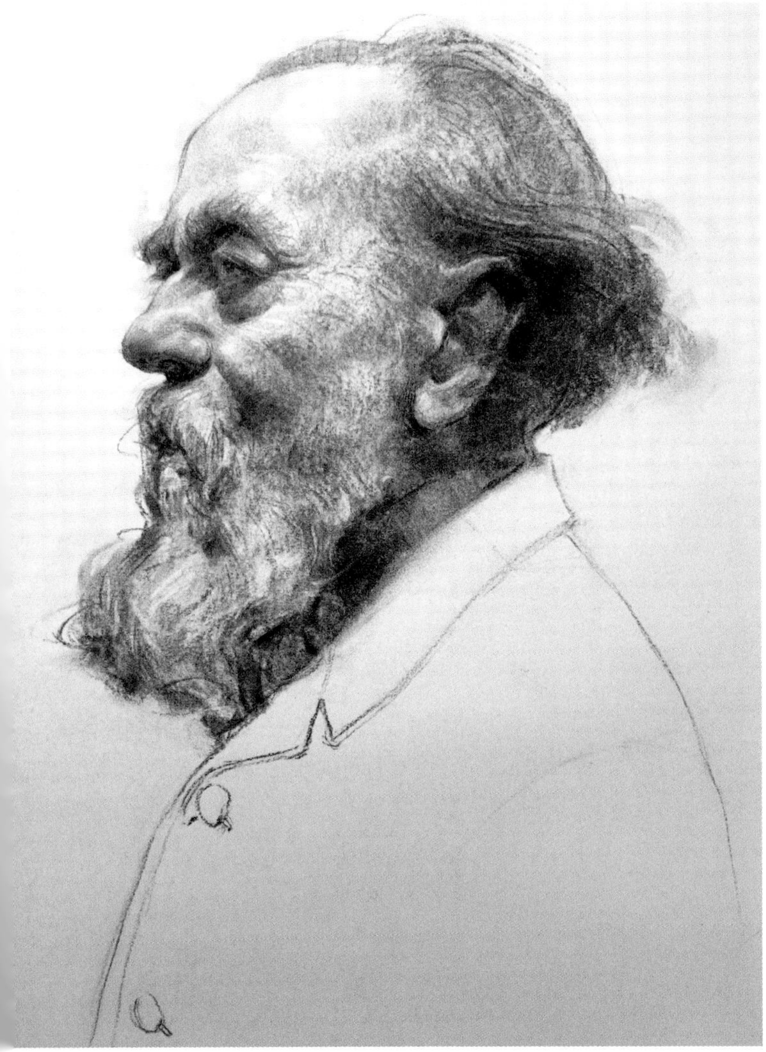

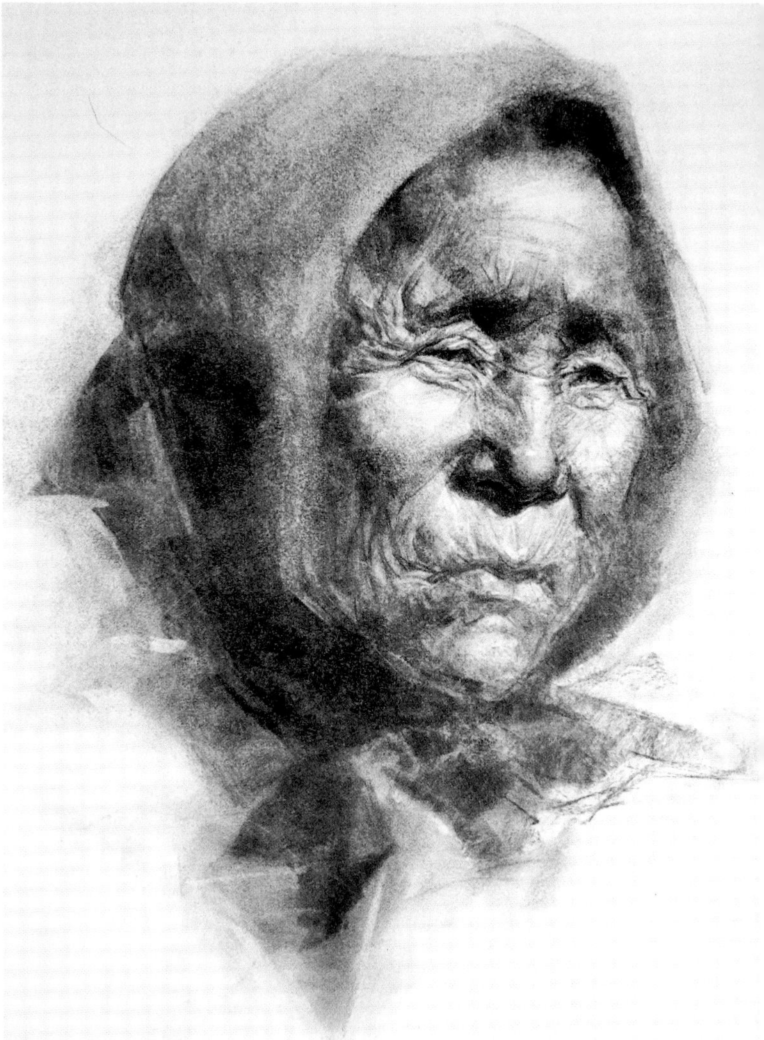

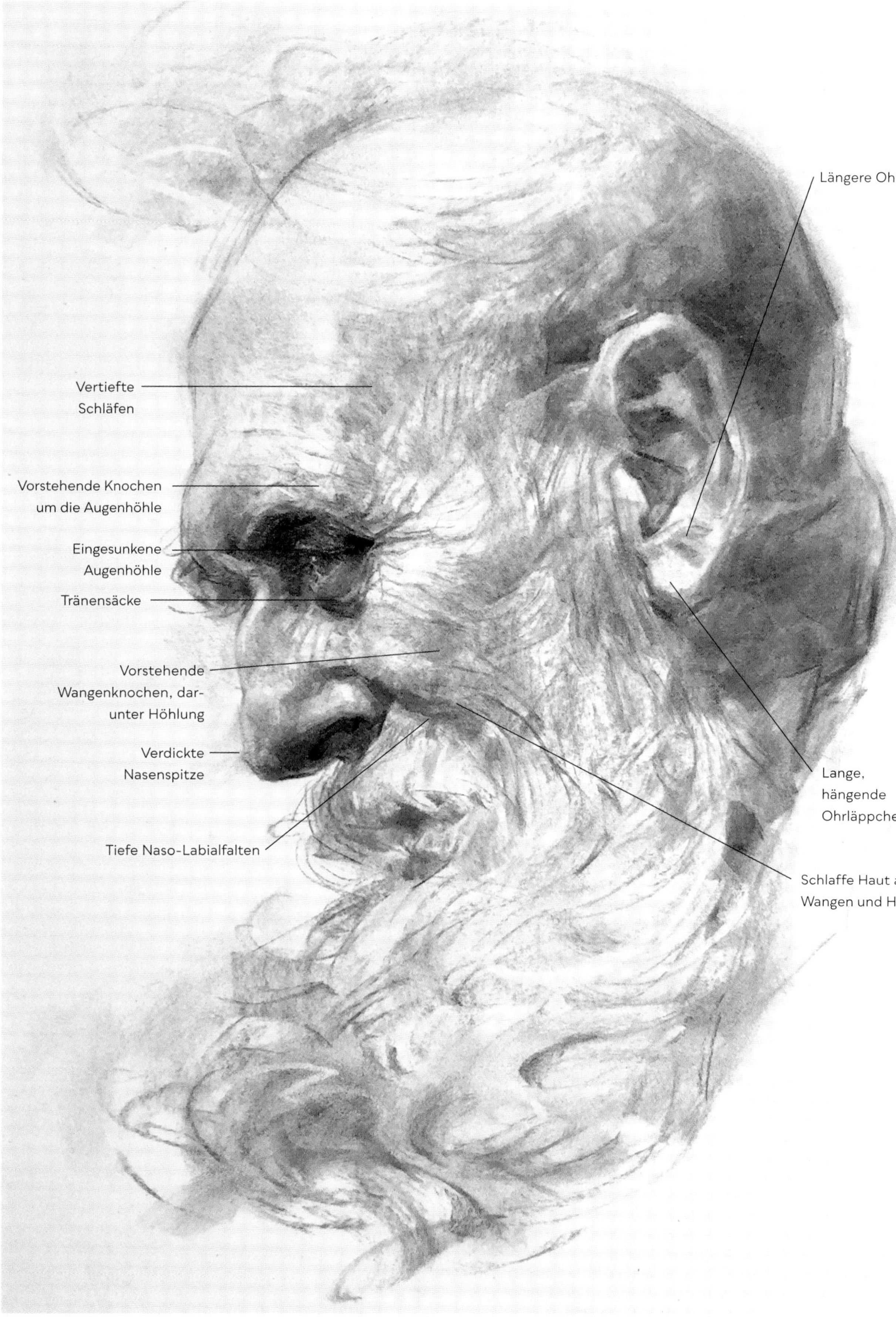
Längere Ohren
Vertiefte Schläfen
Vorstehende Knochen um die Augenhöhle
Eingesunkene Augenhöhle
Tränensäcke
Vorstehende Wangenknochen, darunter Höhlung
Verdickte Nasenspitze
Tiefe Naso-Labialfalten
Lange, hängende Ohrläppchen
Schlaffe Haut an Wangen und Hals

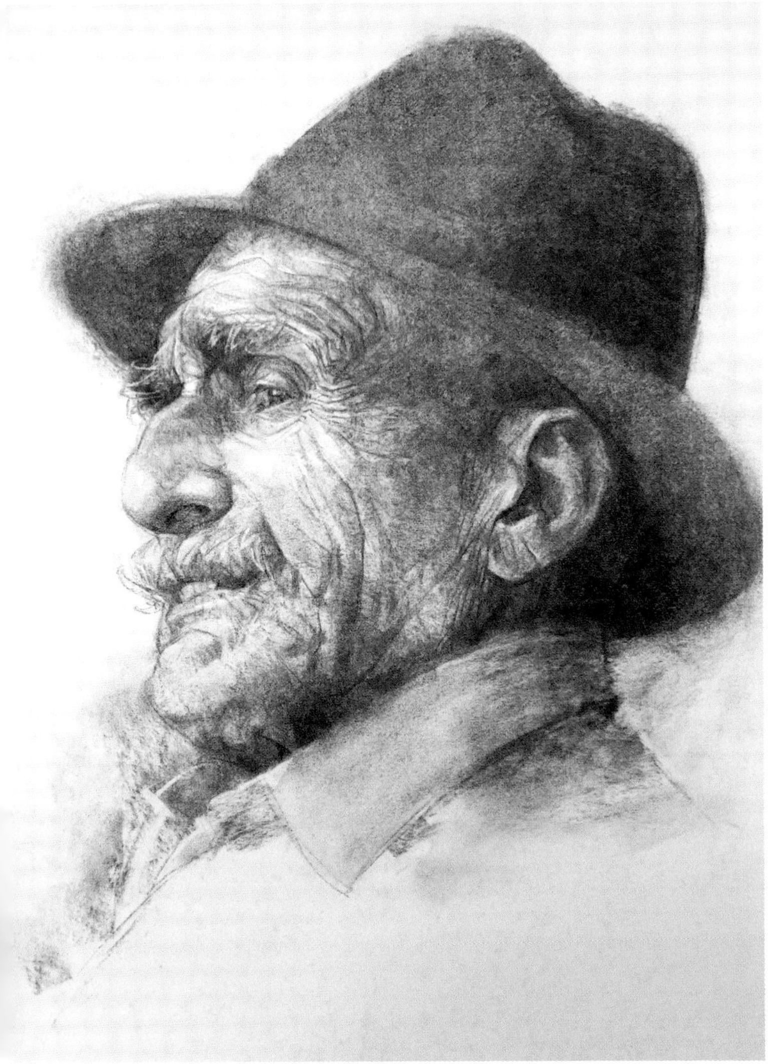

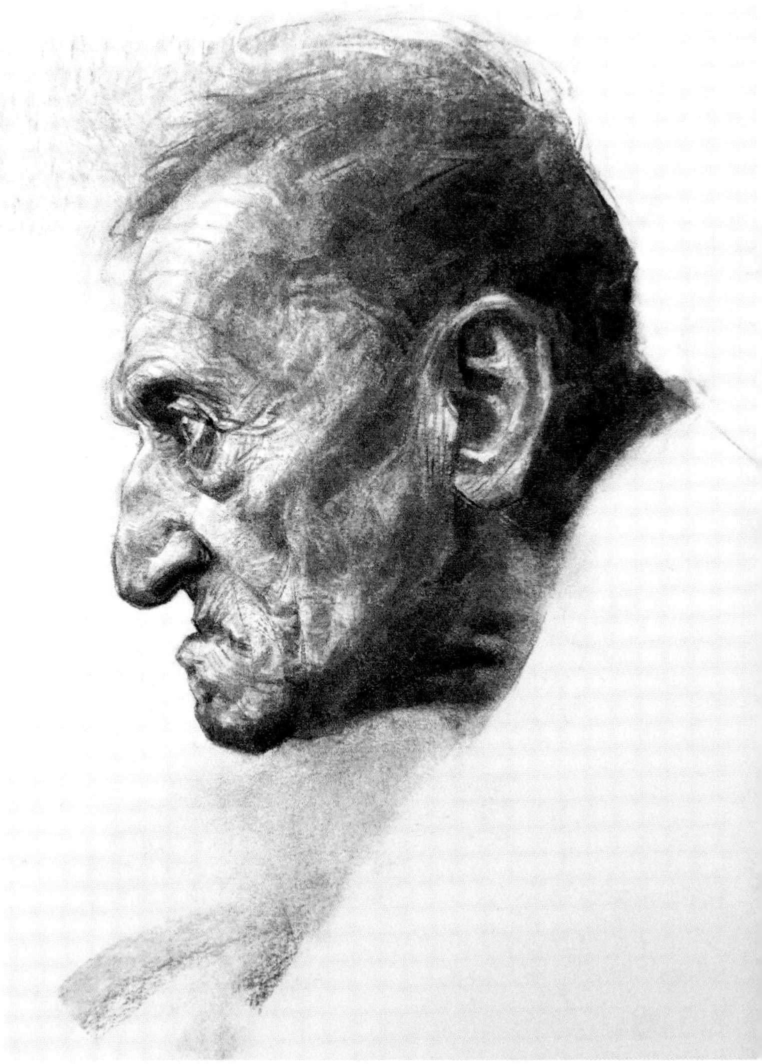

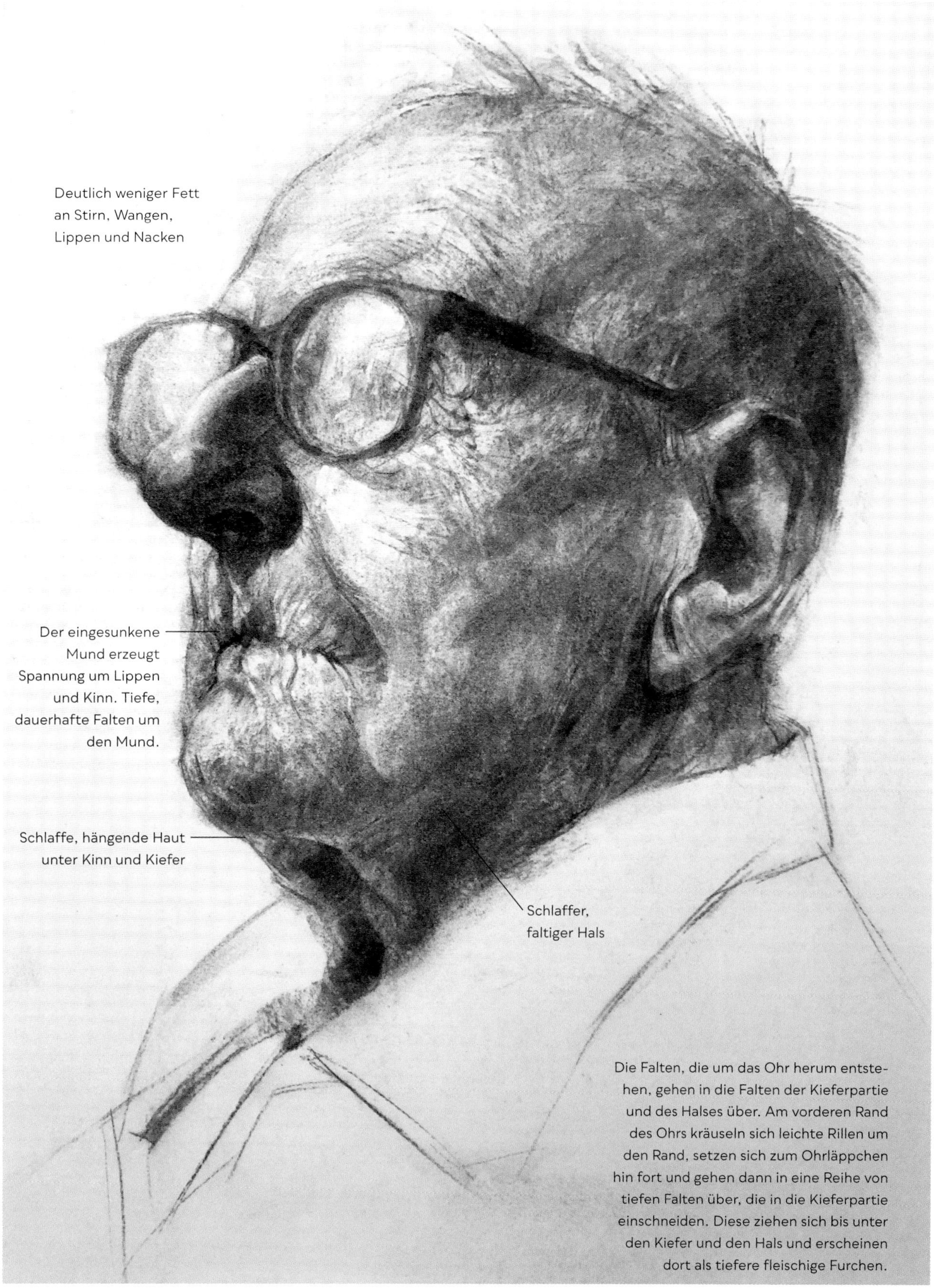

Die Falten, die um das Ohr herum entstehen, gehen in die Falten der Kieferpartie und des Halses über. Am vorderen Rand des Ohrs kräuseln sich leichte Rillen um den Rand, setzen sich zum Ohrläppchen hin fort und gehen dann in eine Reihe von tiefen Falten über, die in die Kieferpartie einschneiden. Diese ziehen sich bis unter den Kiefer und den Hals und erscheinen dort als tiefere fleischige Furchen.

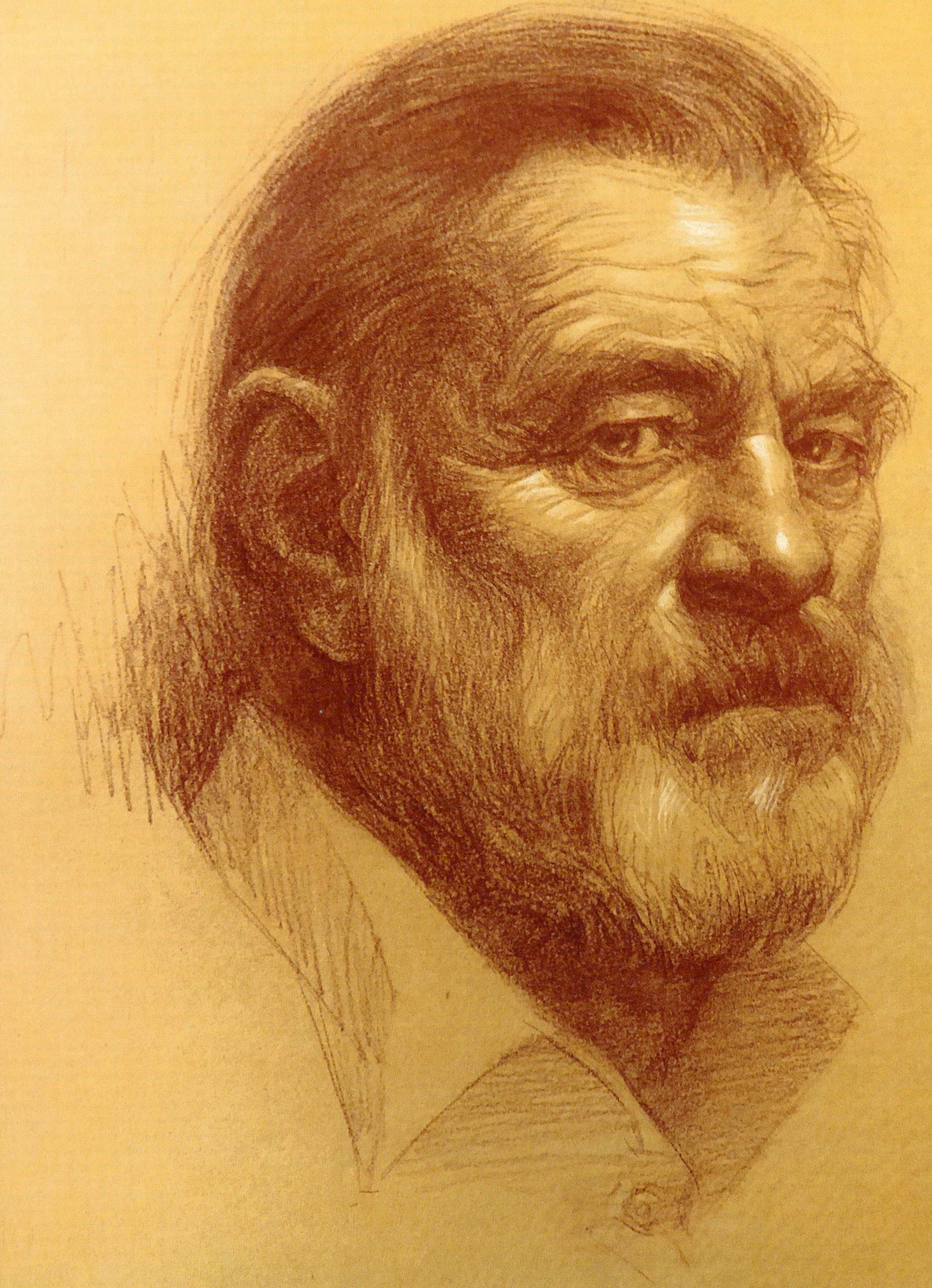

7

ANDERE ARBEITSWEISEN

KREATIVER HINTERGRUND

Bei diesem Ansatz wird Kohle auf weißes Papier aufgetragen, um einen getönten Hintergrund zu schaffen. Auf diesem wird danach das Porträt ausgearbeitet.

Der Hintergrund kann eine wichtige Rolle für die visuelle Aussage einer Zeichnung spielen. Er kann einem Kunstwerk ein weiches, ruhiges Aussehen verleihen oder ihm einen lebhaften, energischen Charakter geben. Er darf jedoch auf keinen Fall vom Motiv ablenken. Konzentrieren Sie sich bei der Auswahl des Hintergrunds auf die hellen und dunklen Bereiche des Motivs. Wenn das Motiv auf einer Seite sehr hell ist, wird ein dort dunkler Hintergrund die Konturen deutlicher hervorheben. Setzen Sie den Hintergrund dazu ein, den Kontrast zu verstärken und Ihr Porträt zu unterstützen, statt mit ihm zu konkurrieren.

Die Textur des Papiers und abstrakte Hintergründe können dazu beitragen, Stimmungen zu vermitteln, indem sie dem Künstler als indirekter Ausdruck von Emotionen dienen. Es gibt kein Patentrezept für kreative Hintergründe. Probieren Sie verschiedene Papiere und Techniken aus, um herauszufinden, was Sie inspiriert und Ihre Absichten am besten zum Ausdruck bringt.

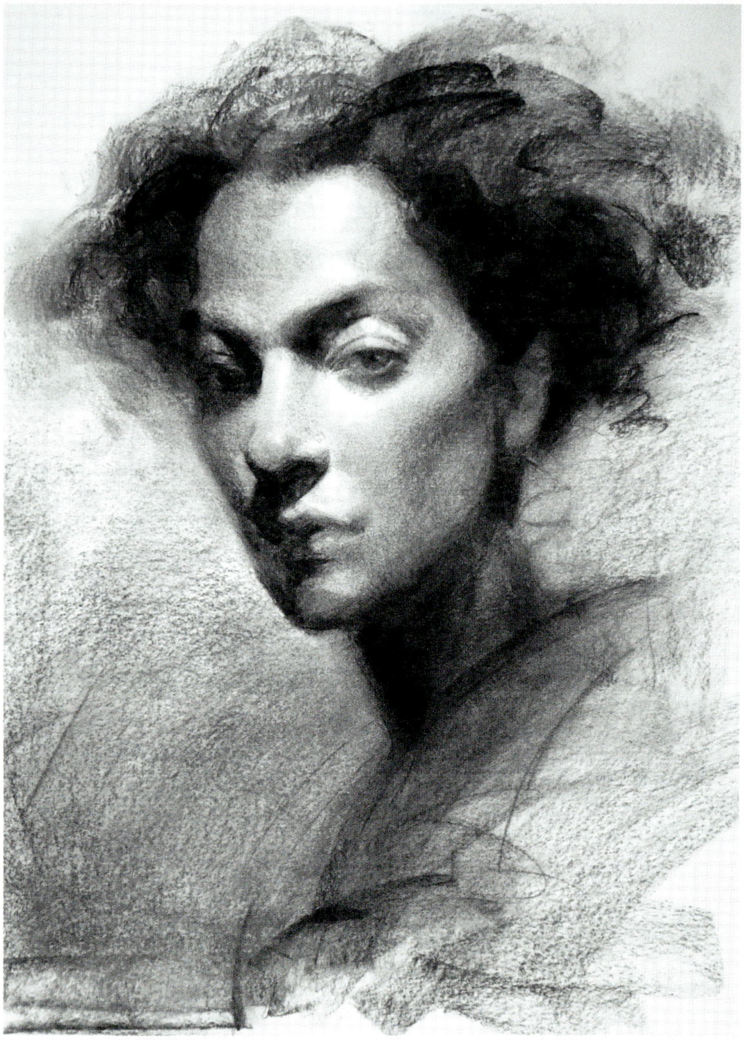

Ein kreativer Hintergrund kann einer Zeichnung den Charakter eines Gemäldes verleihen und ihre Ausdruckskraft verstärken.

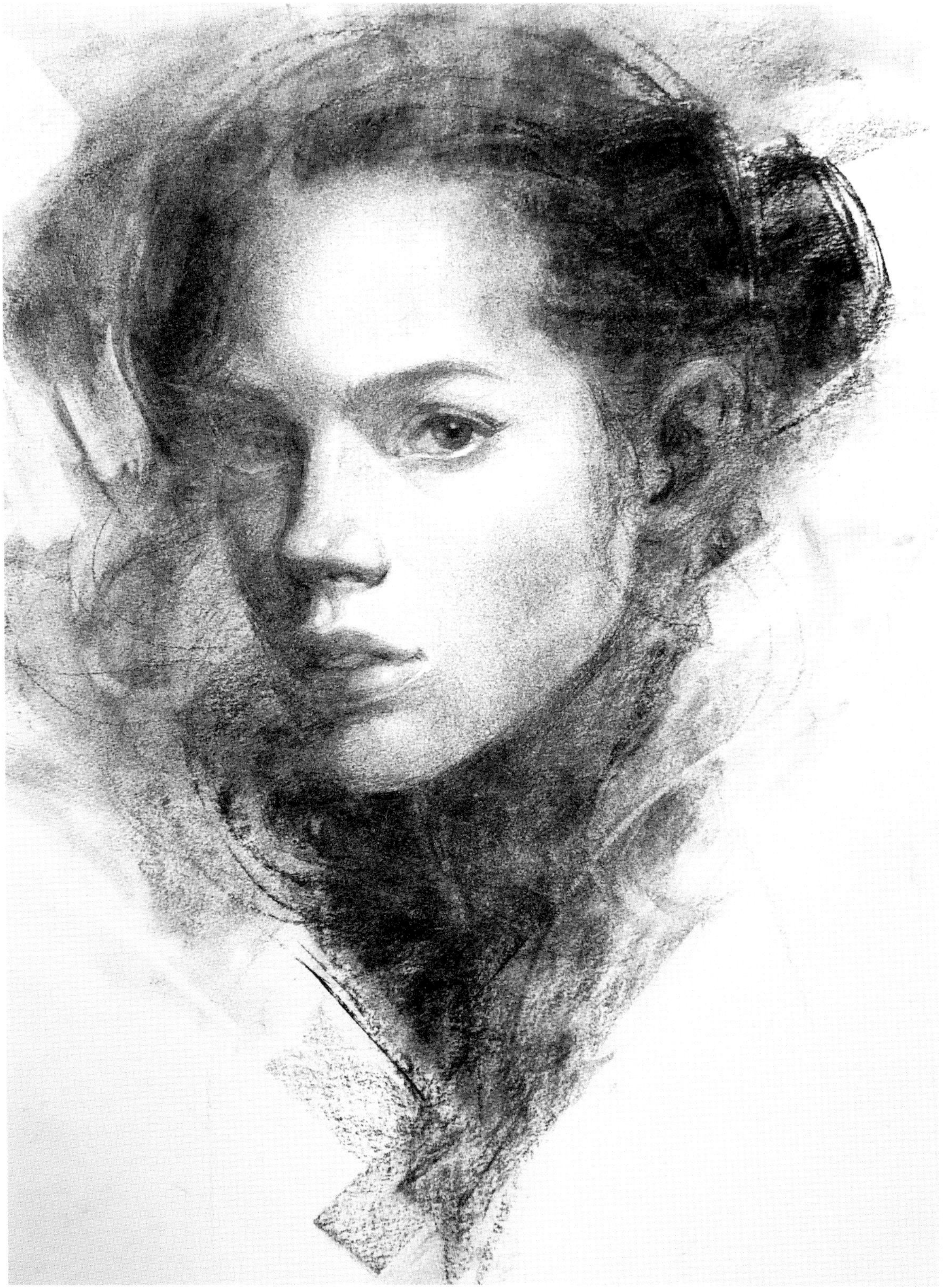

▲ Sie können eine Vielzahl von interessanten Materialien verwenden, um kreative Hintergründe zu gestalten. Normalerweise verwische ich die Schattierungen mit den Fingern und verwende dann entweder einen Knetradierer oder saubere Finger, um die Tonwerte in den Bereichen mit feinen Schattierungen aufzuhellen. Ich füge gern schwere, grobe Striche hinzu und zeichne breite Schwünge mit der Breitseite der Kohle, um Porträts Leben einzuhauchen. Manchmal reibe ich mit den Fingern über die Zickzack-Schattierung, um sie zu verwischen.

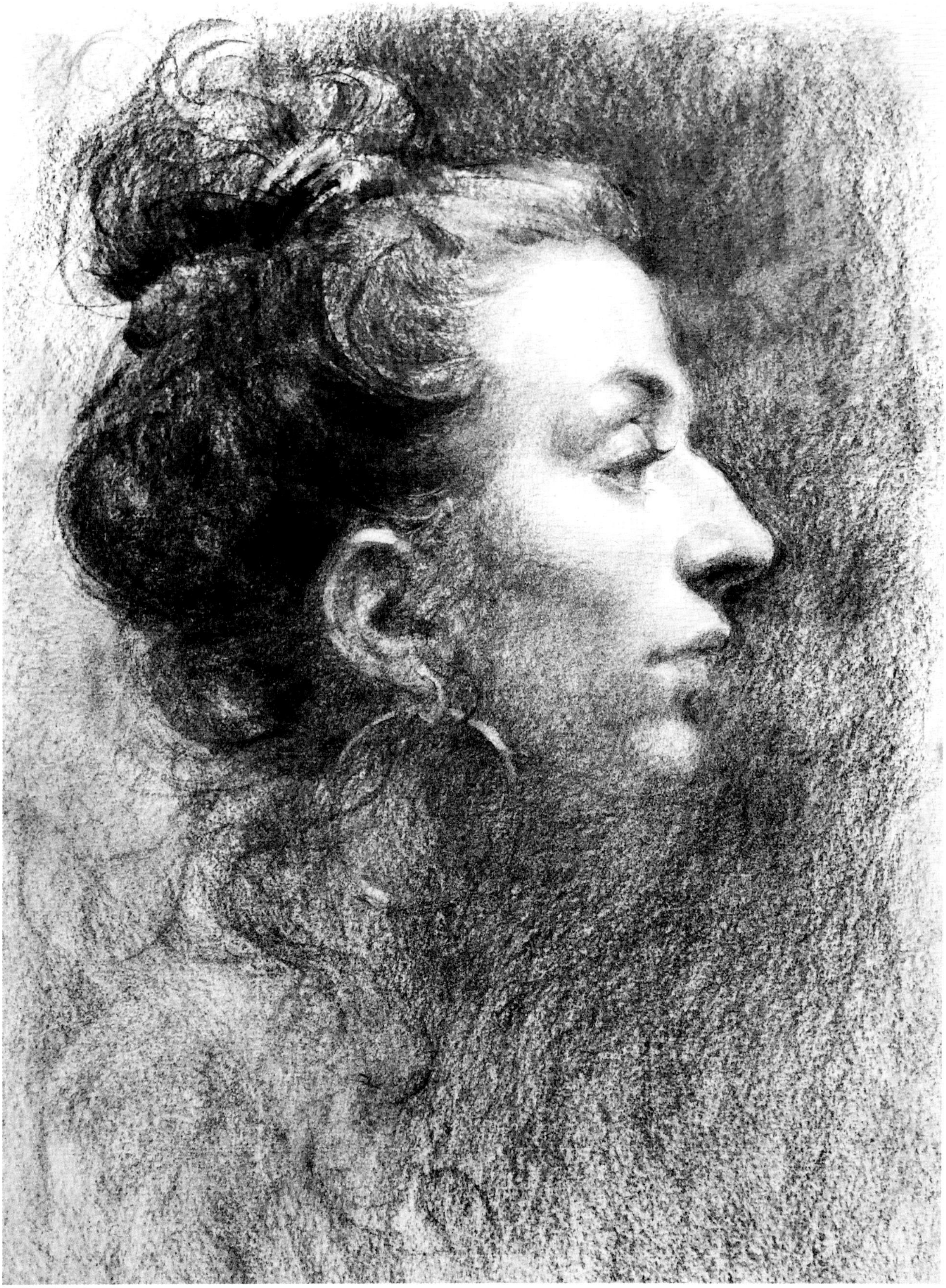

▲ Die Vorderseite des Gesichts ist dem Licht zugewandt. Der dunkle Hintergrund in diesem Bereich hebt die Konturen des Gesichts besser hervor. Ähnlich verhält es sich mit dem Hinterkopf, der im Schatten liegt. Ein heller Hintergrundton vor dem dunklen Haar hilft, die Form zu definieren und den Kontrast zu erhöhen.

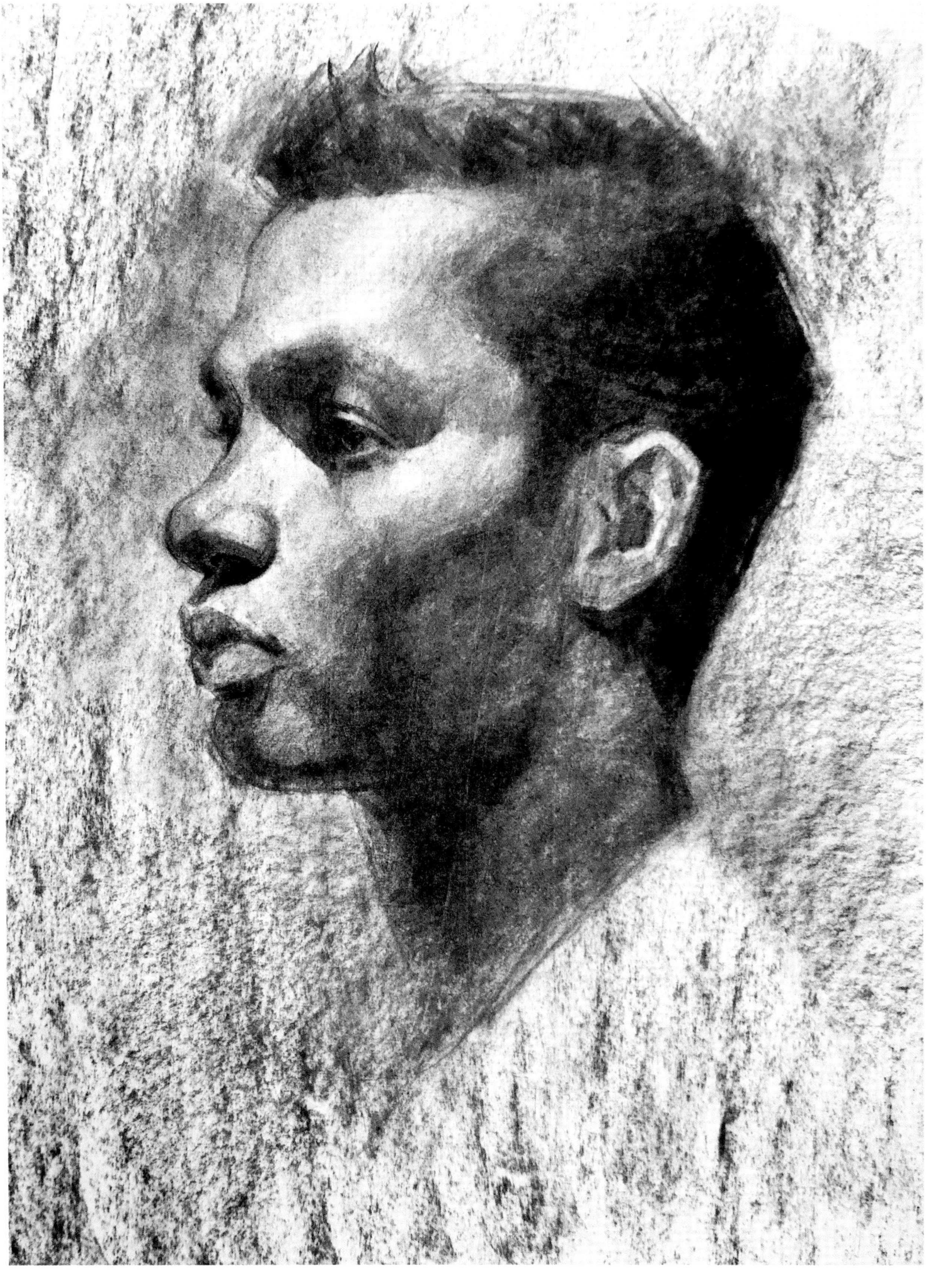

▲ Kräftige Striche, mit der Breitseite eines Stücks Zeichenkohle erzeugt, unterstreichen die maskuline Ausstrahlung dieses Porträts.

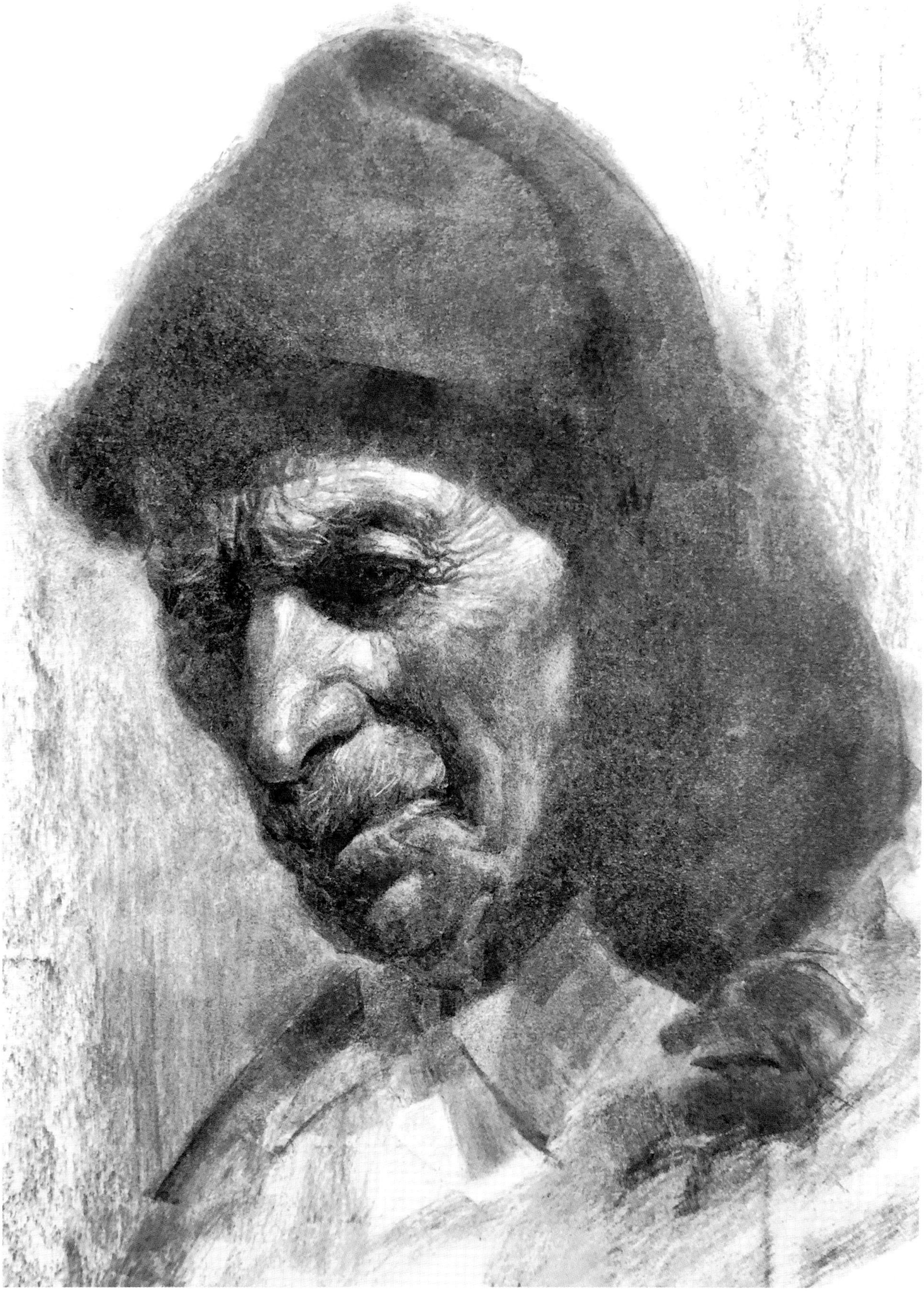

▲ Für einen Hintergrund mit mehr Maserung ist kalt gepresster Zeichenkarton eine interessante Oberfläche.

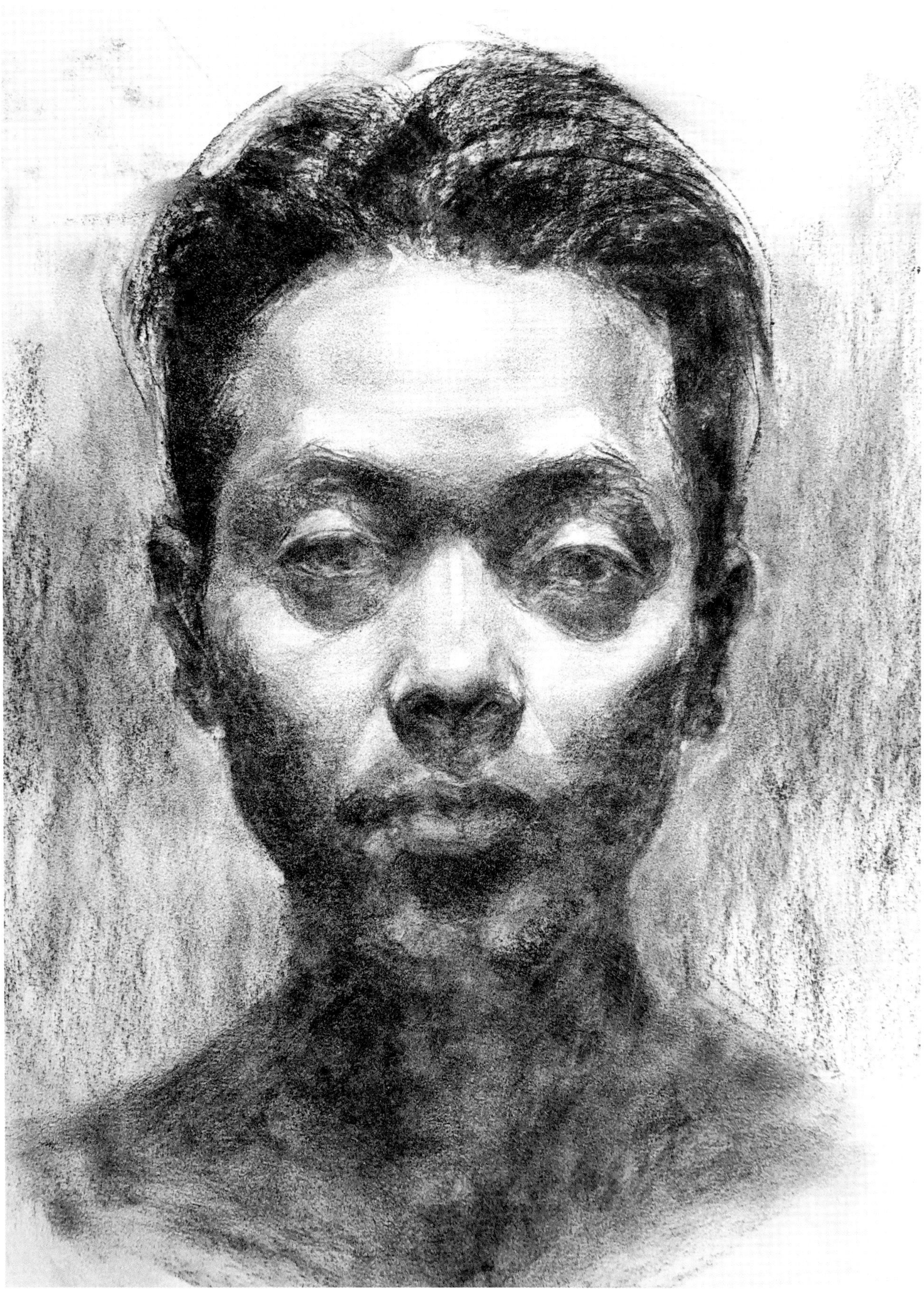

▲ Mit gepressten Kohlestiften kann man gut auf hochwertigem Druckerpapier zeichnen, und die Striche lassen sich leicht verwischen.

FARBIGES PAPIER

Für farbige Porträts verwende ich gerne Pastellstifte auf getöntem Papier und einen weißen Pastellstift für die Lichter.

Die Arbeit auf getöntem Papier spart Zeit, weil das Papier selbst den Mittelton darstellt. Zeichnende müssen also nur die dunklen Bereiche schattieren und die Lichter einfügen. Auf weißem Papier arbeiten Zeichner meist von hell nach dunkel, weil das Papier ein Extrem der Tonwertskala vorgibt. Beim Malen hingegen beginnt der Künstler mit einer Reihe von Tonwerten und Farben auf der Palette und setzt gleichzeitig helle und dunkle Striche. Beides sind bewährte Möglichkeiten, Licht und Form darzustellen. Das Zeichnen auf getöntem Papier schlägt zwischen ihnen eine Brücke. Experimentieren Sie mit Papier in verschiedenen Farben – es macht Spaß!

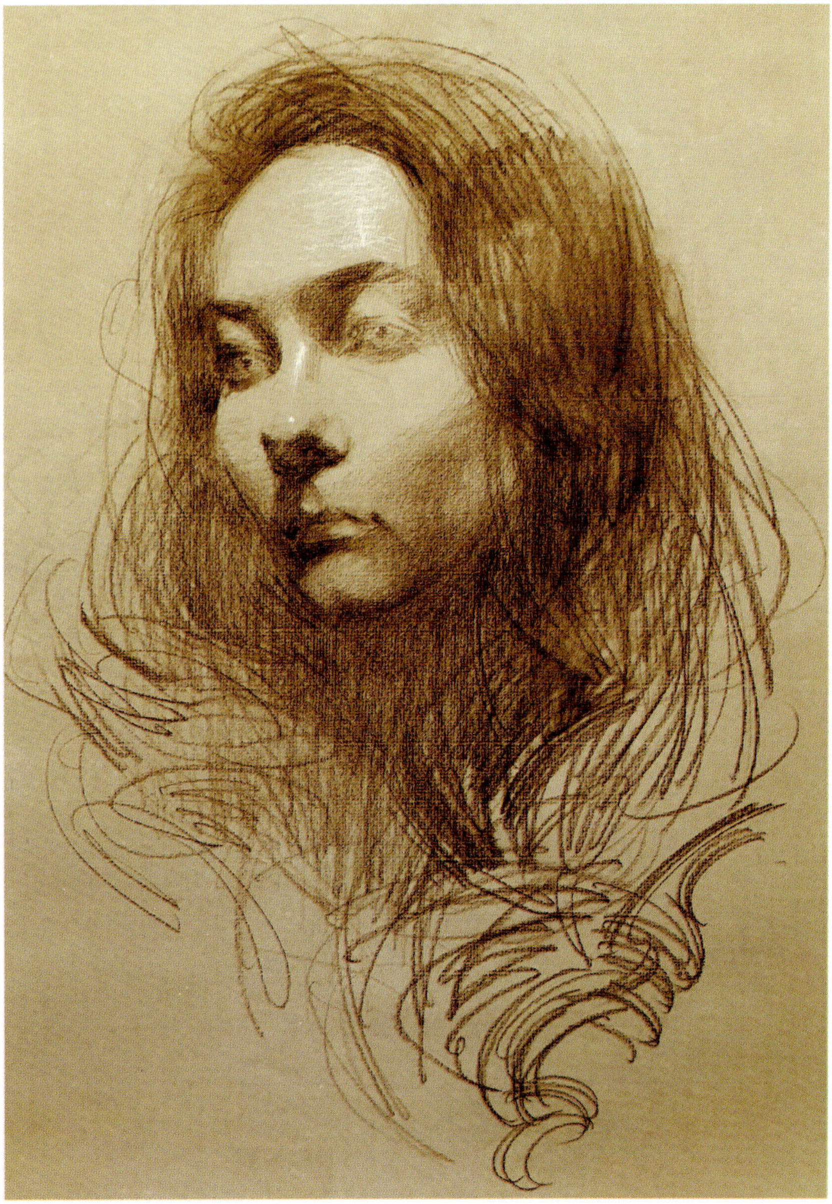

◂ ***Medien:*** CarbOthello Pastellstifte in Caput Mortuum Red (#645) und Titanium White (#100) für die Lichter

Zeichengrund: Strathmore Serie 500 Charcoal in Peachblow

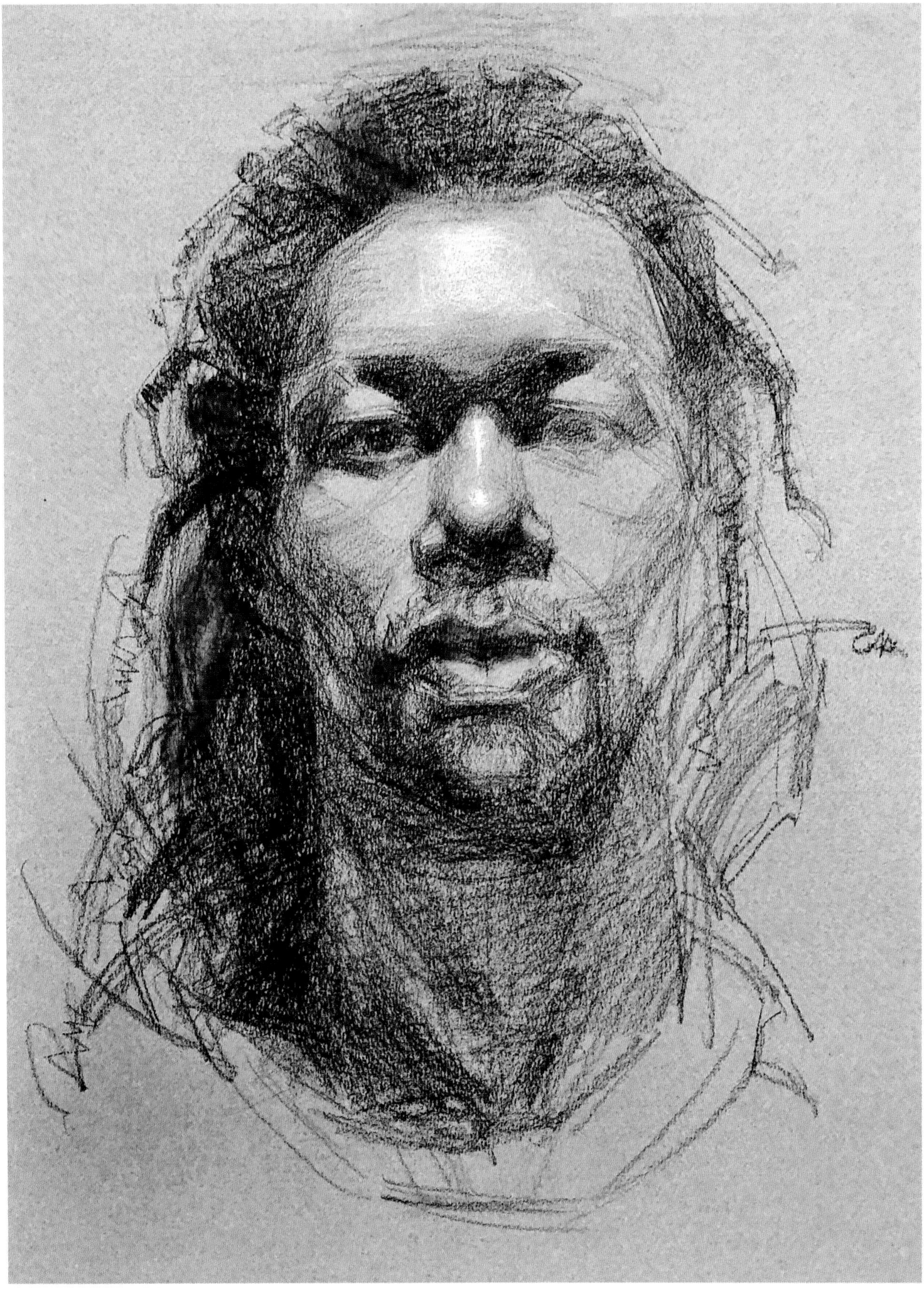

▲ ***Medien:*** General's Kohlestifte in 2B, 4B, und 6B, und General's Kohlestift in Weiß für die Lichter
Zeichengrund: Canson Mi-Teintes Zeichenpapier in Felt Gray

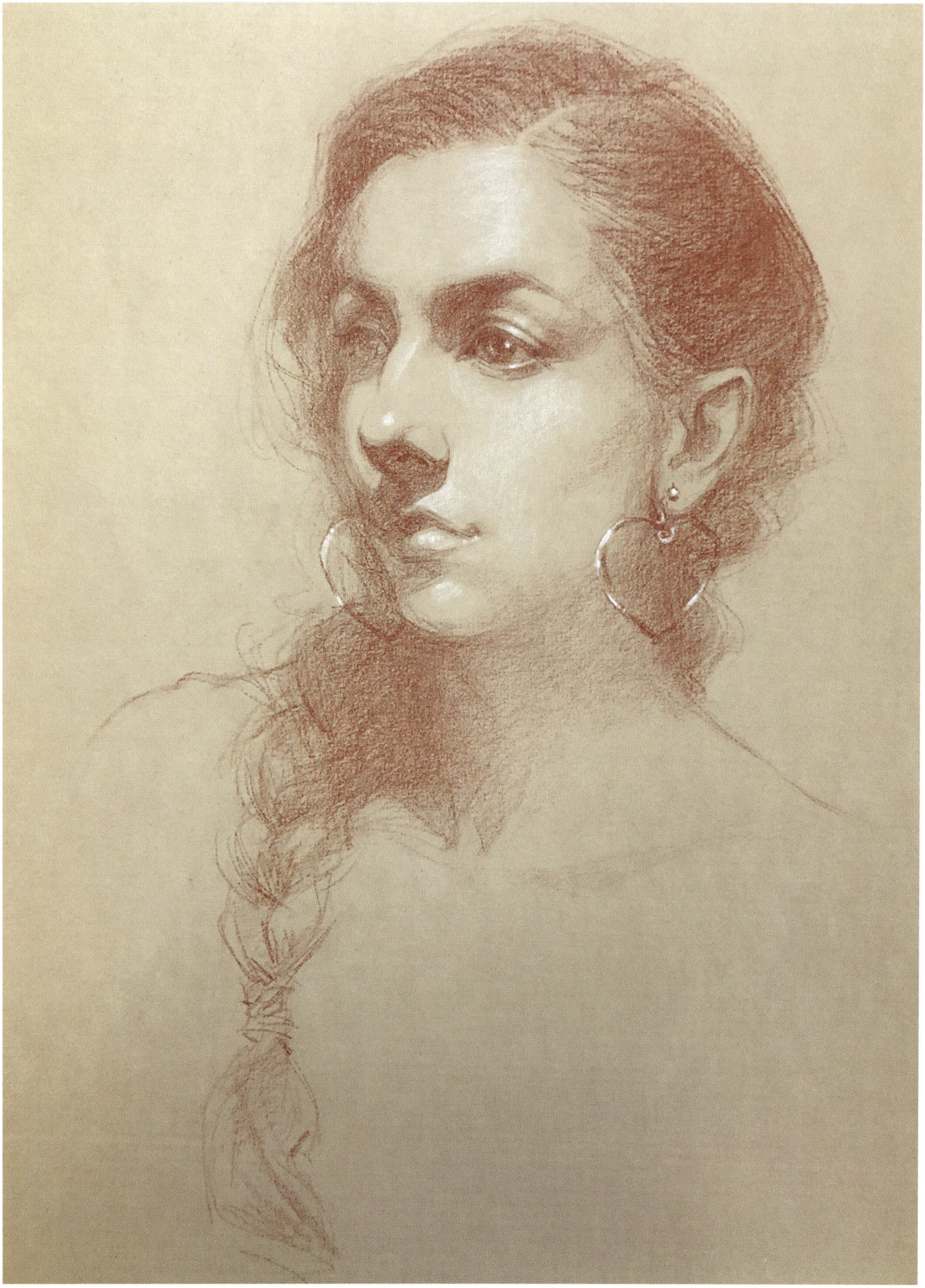

▲ ***Medien:*** : CarbOthello Pastellstifte in English Red Deep (#655) und Titanium White (#100) für die Lichter
Zeichengrund: Strathmore Serie 500 Charcoal in Golden Brown

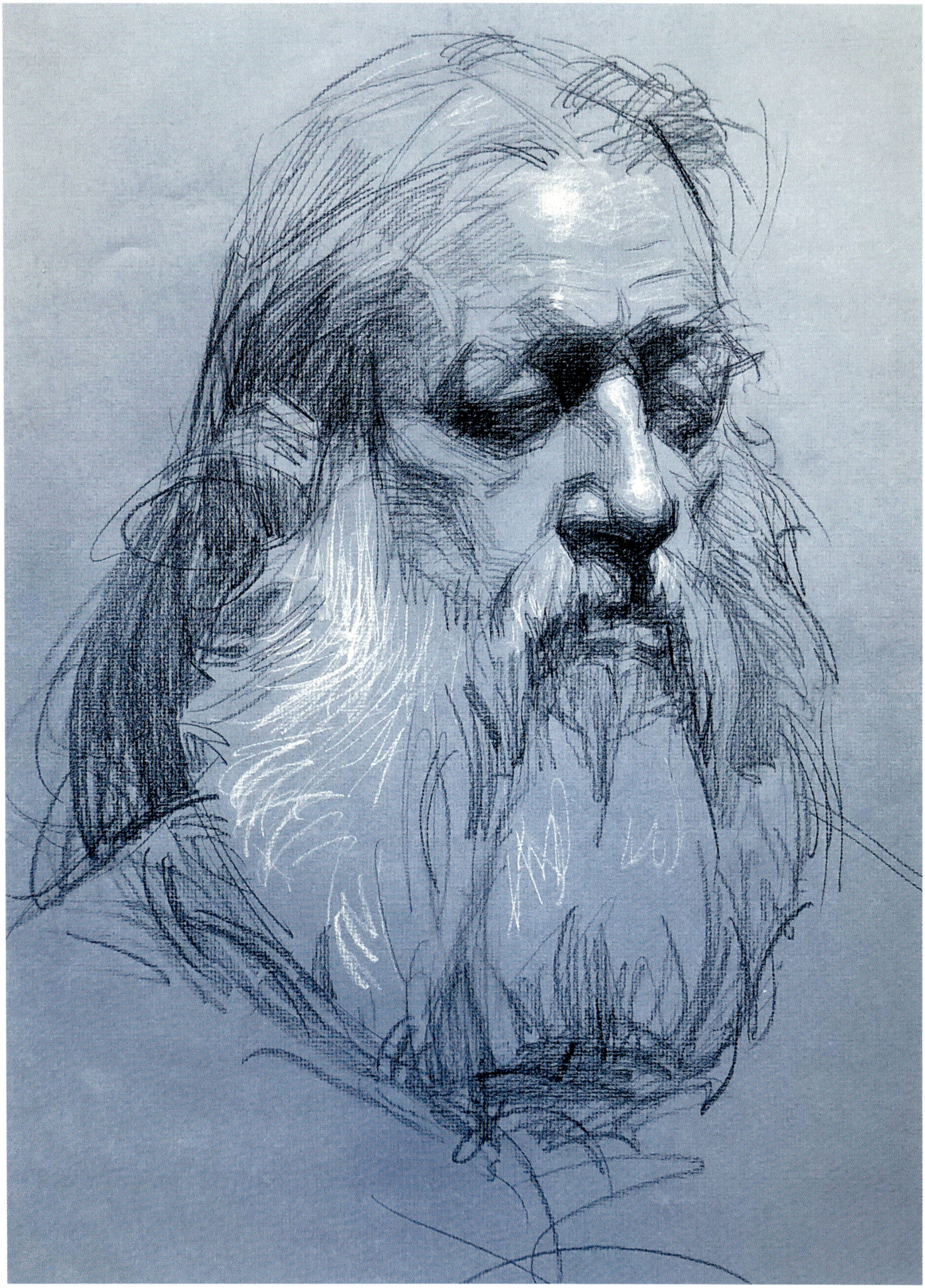

▲ ***Medien:*** Kohlestift 6B und CarbOthello Pastellstift in Titanium White (#100) für die Lichter
Zeichengrund: Strathmore Serie 500 Charcoal in Cadet Blue

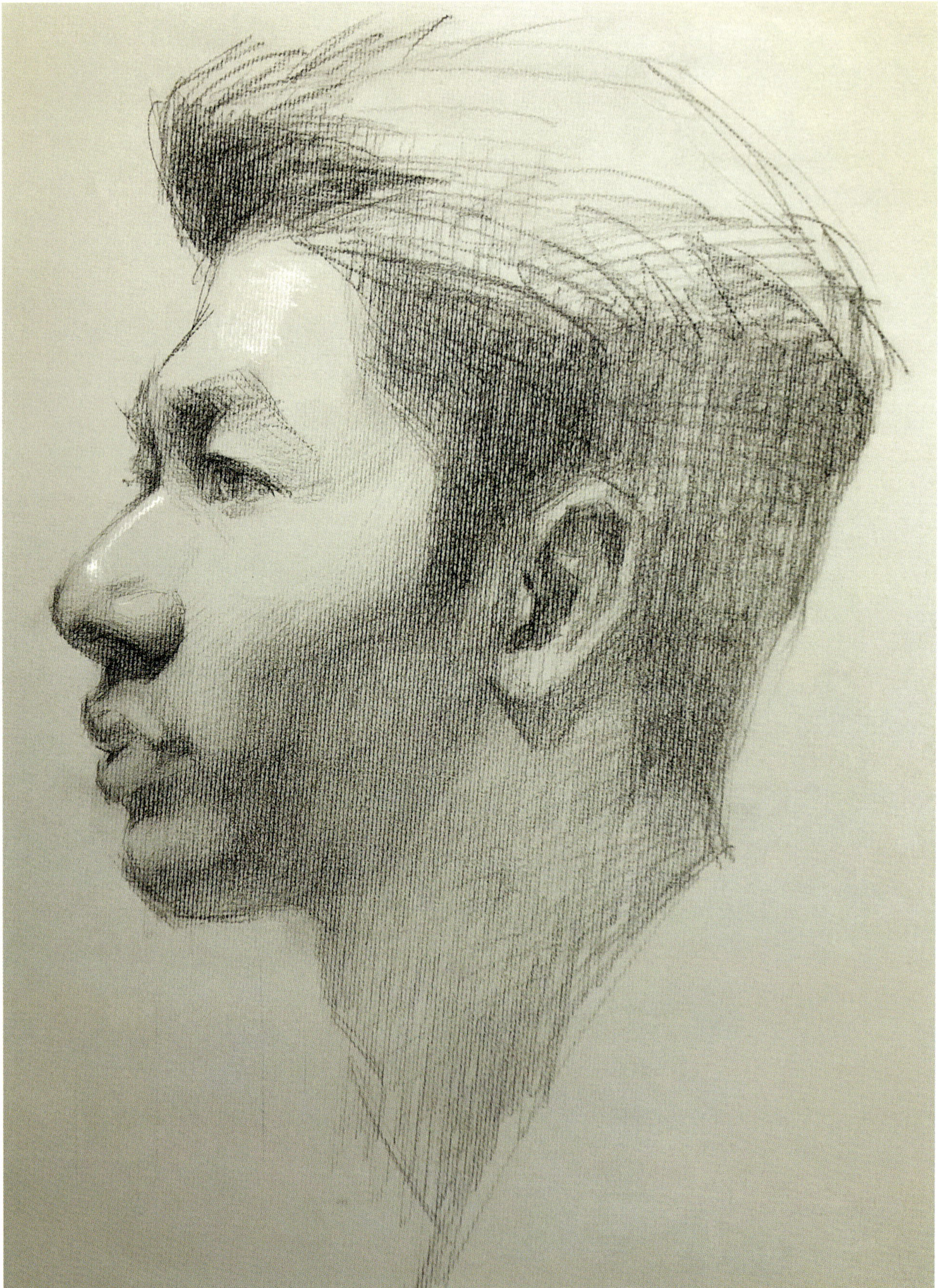

▲ ***Medien:*** Kohlestift 6B und CarbOthello Pastellstift in Titanium White (#100) für die Lichter
Zeichengrund: Strathmore Serie 500 Charcoal in Storm Gray

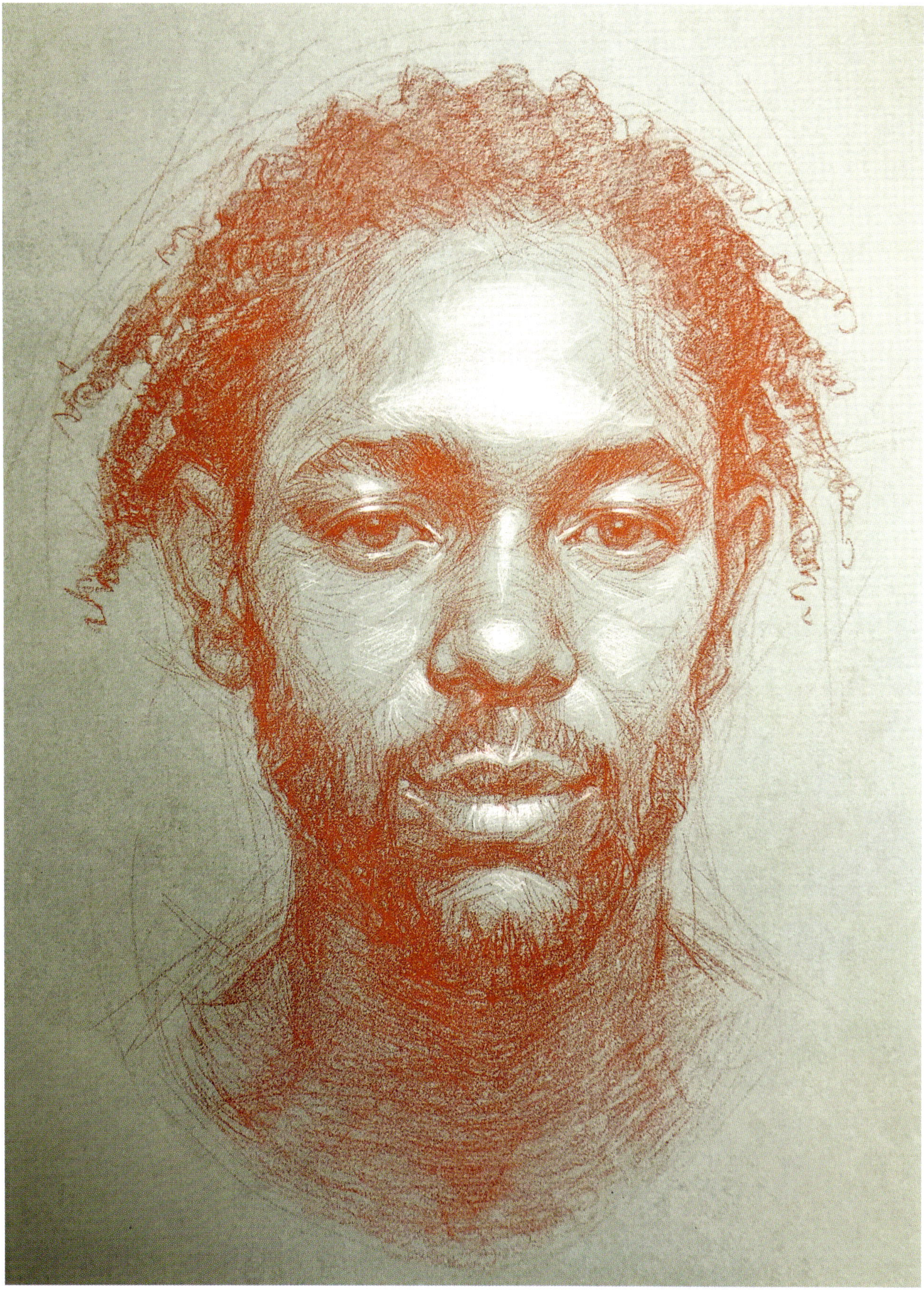

▲ ***Medien:*** CarbOthello Pastellstifte in Caput Mortuum Red (#645) und Titanium White (#100)
Zeichengrund: Strathmore Serie 500 Charcoal in Pottery Green

Porträt auf getöntem Papier

Alle Objekte haben helle, mittlere und dunkle Tonwerte. Beim Zeichnen auf getöntem Papier fungiert das Papier als Mittelton. Für dieses Porträt auf grau getöntem Papier habe ich einen Pastellstift in Sanguine für die dunklen Werte und einen weißen Pastellstift für die hellen Werte verwendet. In diesem Stadium der Zeichnung habe ich die Formen des Kopfs mit einer lockeren Konturzeichnung vorgegeben und die Perspektive und Formen der Gesichtszüge festgelegt.

1 | Zuerst die Struktur des Kopfs aufbauen. Beginnen Sie damit, die Schattenformen zu definieren – zunächst jedoch recht hell, damit sie später noch ausgearbeitet werden können. Details vorerst ignorieren und nur die dunklen Bereiche schraffieren. Die hellen Bereiche des Kopfs nicht schraffieren. Da das getönte Papier als Mittelton dient, übernimmt es automatisch einen Großteil der Arbeit für Sie.

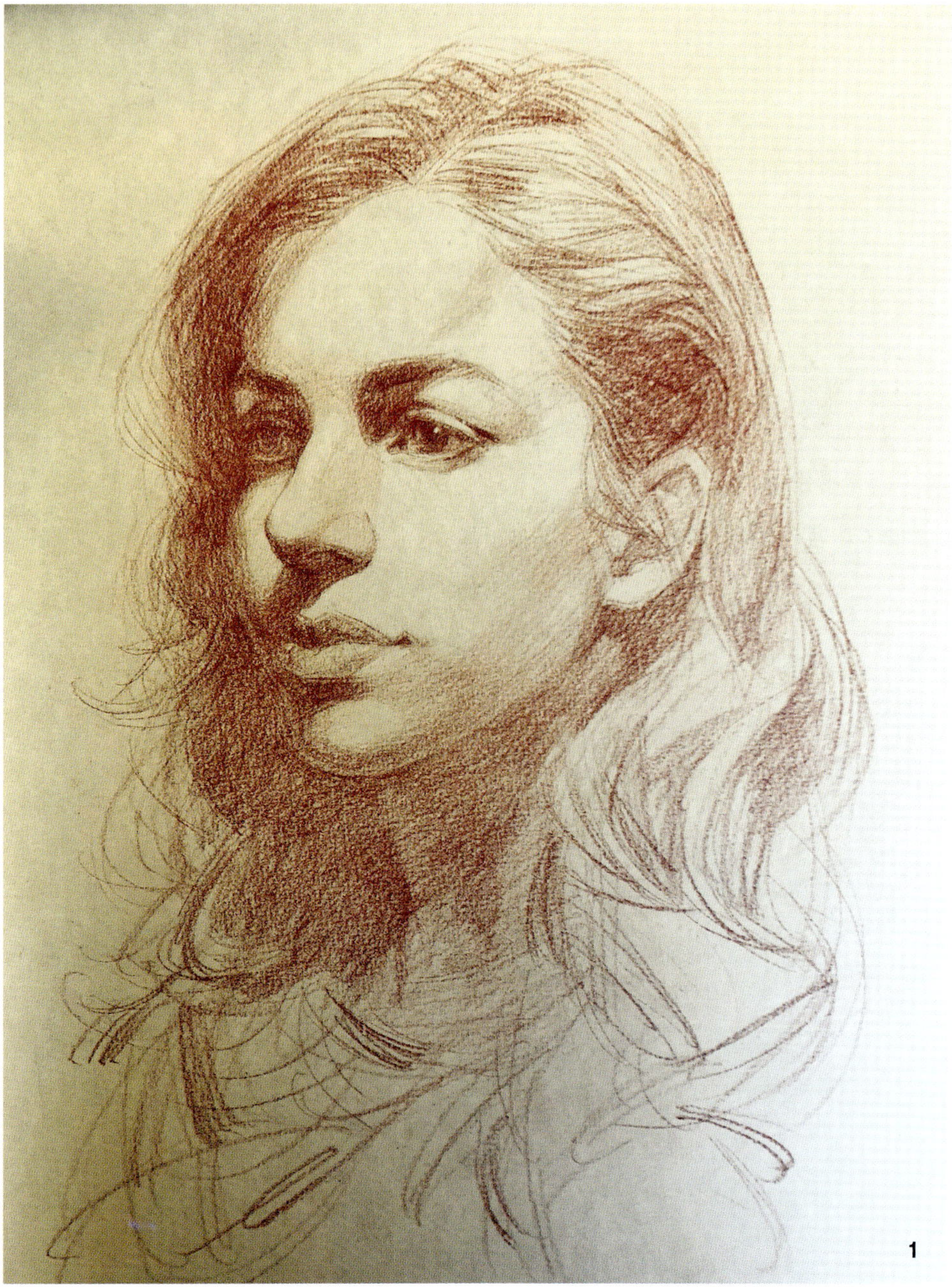

1

2 | Die Haare deutlicher ausarbeiten und alle dunklen Bereiche in den Schattenebenen des Gesichts verstärken, indem Sie mehr Druck mit dem Stift ausüben. Die Schatten der einzelnen Gesichtszüge überprüfen und den Abstand zwischen den Formen genau studieren. Ich habe dunkle Akzente in dem dreieckigen Schatten unter der Augenbraue hinzugefügt. Das Dunkel der Pupille betonen und die Augenbraue und den äußeren Lidwinkel präziser herausarbeiten.

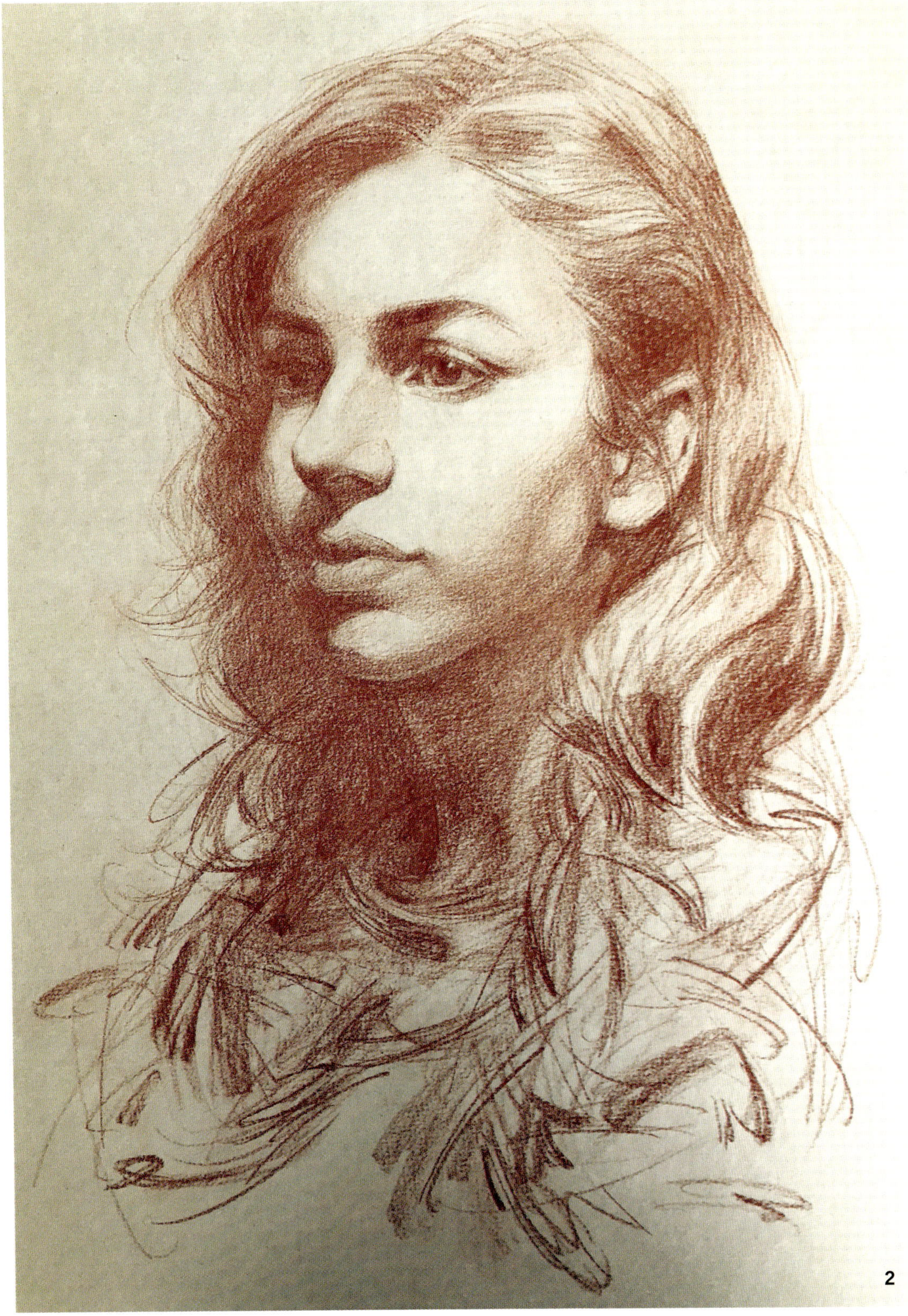

3 | Um dem Porträt eine gute Tiefenwirkung zu verleihen, verwende ich einen weißen Pastellstift, um Highlights auf der Stirn, dem Nasenrücken und der Nasenspitze zu setzen. Vergewissern Sie sich, dass das Papier völlig sauber ist, bevor Sie die Lichter auftragen. Arbeiten Sie gegebenenfalls mit einem Knetradierer vor. Das Weiß muss wirklich weiß sein. Wenn sich die weißen und roten Pigmente miteinander mischen, entsteht ein unschönes Rosa. Die Lichter in die Mitteltöne des Papiers verwischen und weitere Lichter entlang der harten Kanten der Schatten setzen: auf dem Nasenrücken, unter dem linken Augenlid, auf der Unterlippe und am Kinn.

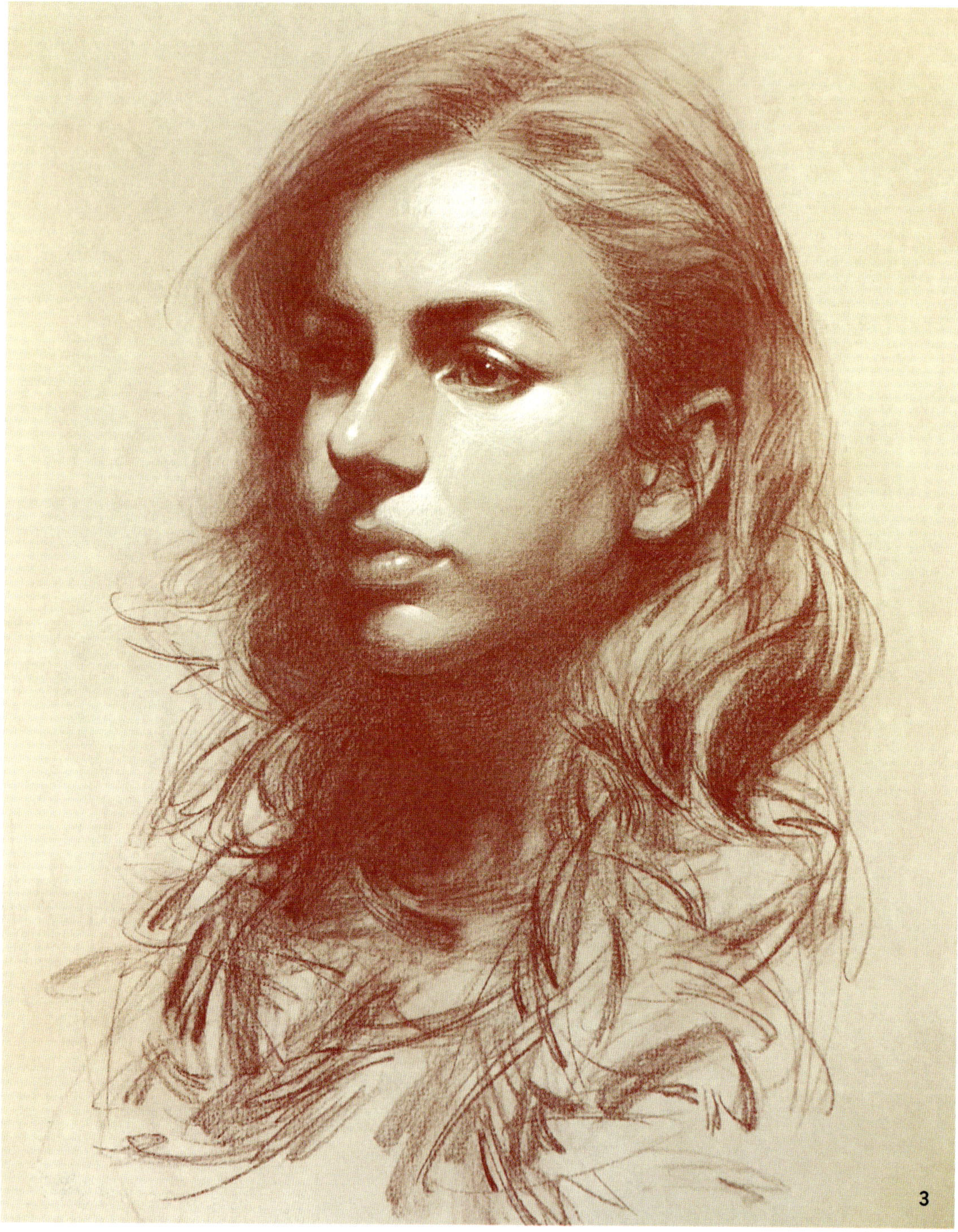

3

▲ ***Medien:*** CarbOthello Pastellstifte in Caput Mortuum Red (#645) and Titanium White (#100) für die Lichter
Zeichengrund: Strathmore Serie 500 Charcoal in Velvet Gray

Vollbart auf getöntem Papier

John, mein Modell für dieses Porträt, trat als junger Mann in die US-Marine ein. Er verletzte sich bei einem Tauchgang an der Wirbelsäule und ist seitdem gelähmt. Dennoch strahlt er eine beachtliche positive Energie aus. Mit diesem Porträt möchte ich ihm meinen Respekt zollen. Denken Sie daran, dass Porträts nicht nur eine Studie der körperlichen Merkmale sind, sondern auch den Charakters der Porträtierten zum Ausdruck bringen sollen.

Um Johns Vollbart zur Geltung zu bringen, habe ich getöntes Papier verwendet. Das Rauchblau ist ein perfekter Mittelwert zwischen meinen weißen Pastellstiften (helle Werte) und schwarzen Kohlestiften (dunkle Werte).

Für dieses Porträt habe ich die glatte Rückseite des getönten Papiers verwendet, da auf der stark strukturierten Vorderseite subtile Details zu leicht verloren gehen.

1 | Die Formen leicht andeuten und die Grenzen des Kopfs, Schnurrbarts und Barts festlegen. Ich empfehle einen 2B-Kohlestift, da er hell und nicht zu weich ist. Zeichnen Sie mit leichten, krakeligen Linien die Konturen der Gesichtsbehaarung grob vor. Die Nase wirft einen Schatten in die Mitte des Schnurrbarts, der die Form in zwei Hälften teilt. Für den Bart legen Sie zunächst die Gesamtform fest und unterteilen sie dann in eine vordere, eine linke und eine rechte Form.

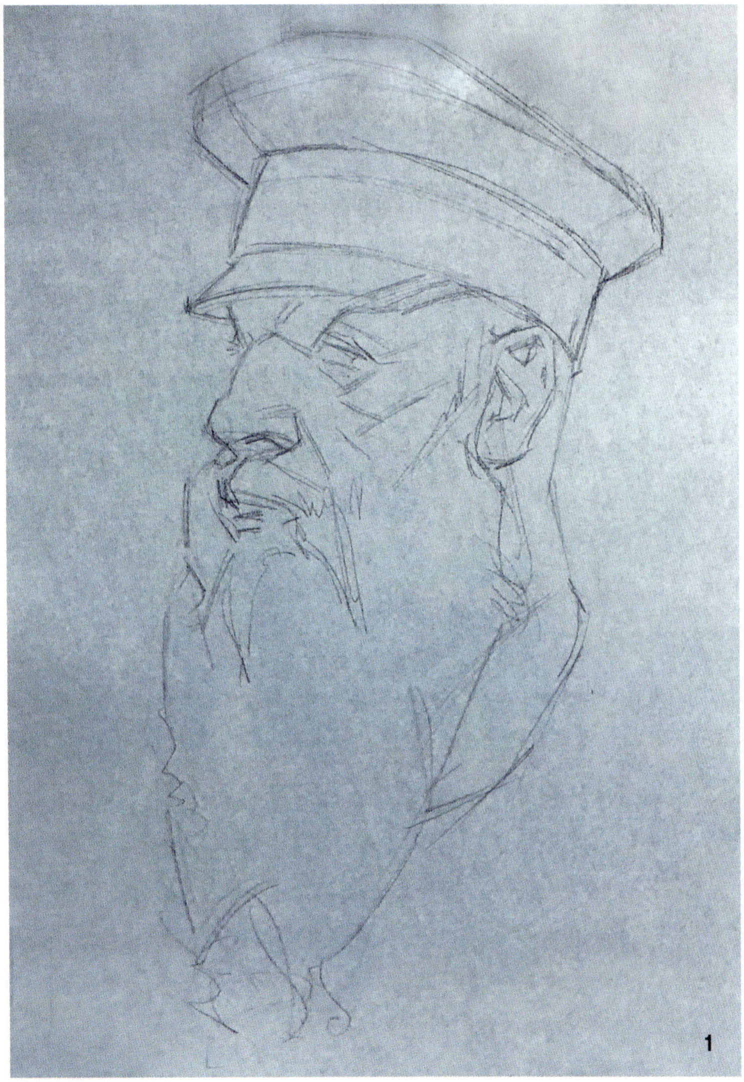

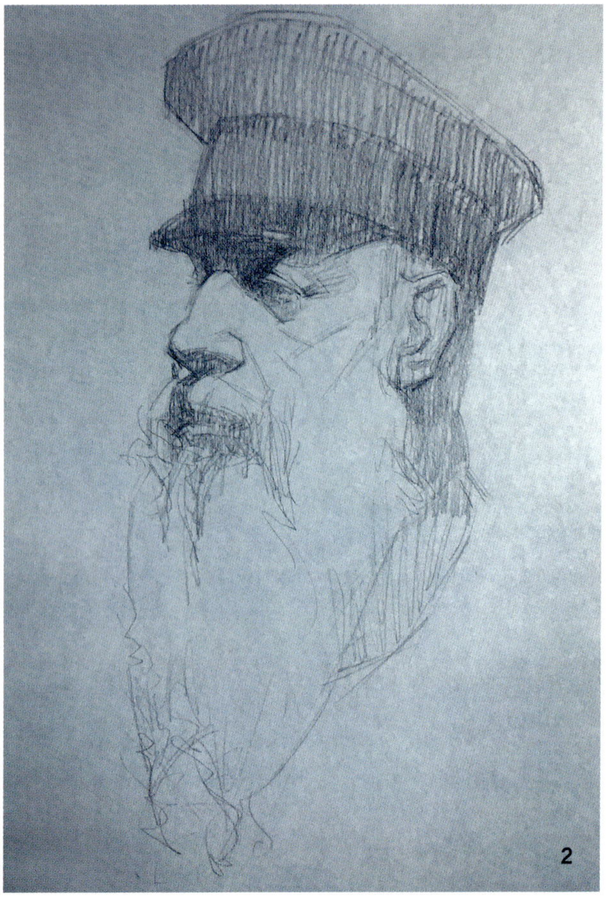

2

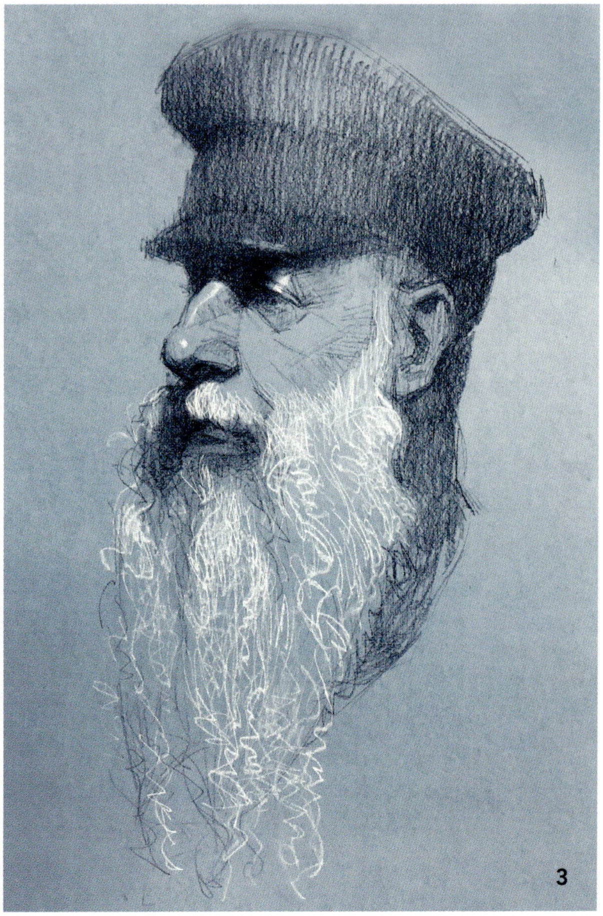

3

2 | Nun mit einem Kohlestift 4B die dunkelsten Schattenformen einfügen, etwa die Schlagschatten von Nase und Schnurrbart. Den Stift ganz flach aufsetzen und mit sanftem Druck über die Papieroberfläche streichen, sodass weiche Kanten entstehen. Die Schattenformen vertikal schraffieren. Das Herausarbeiten der dunklen Bereiche bildet die Grundlage der Zeichnung und rückt den weißen Vollbart in den Mittelpunkt.

3 | Nachdem die Details im Gesicht aufgebaut sind, werden die Schattenkanten geschärft, bevor Sie sich dem Bart zuwenden. Verwenden Sie einen weißen Pastellstift, um Highlights im Gesicht zu setzen und die Gesichtsbehaarung zu entwickeln, wobei das getönte Papier als Schatten dient. Denken Sie daran, den Schnurrbart nicht einfach »anzukleben«, sondern ihn als eine Ansammlung von Flächen mit unterschiedlichen Tonwerten zu betrachten.

Studieren Sie die Form, die Fülle und das Wachstumsmuster der Barthaare. Jede Form sollte Bereiche mit Licht und Schatten haben. Feine, gekritzelte Striche mit dem weißen Pastellstift stellen die hellen Bereich dar, das blau getönte Papier bildet die Schattenbereiche. Ich empfehle, das Motiv zwischendurch mit zusammengekniffenen Augen zu betrachten. So ist es leichter, die hellen und dunklen Bereiche zu erkennen und die Zeichnung entsprechend anzupassen.

4 | Das Volumen des Barts wird in mehreren Schichten mit dem weißen Pastellstift aufgebaut. Fahren Sie mit den gekritzelten Strichen fort, um die Form des Barts zu entwickeln, und achten Sie dabei auf das Volumen der Bartform. Je mehr Druck Sie ausüben, desto heller wird der Tonwert. Zeichnen Sie anfangs mit geringem Druck und bauen Sie die hellsten Tonwerte ganz allmählich auf. Mit einem Knetradierer können Sie die Ränder abschwächen und Fehler bereinigen. Orientieren Sie sich an der Richtung der Lichtquelle, um die hellsten Lichter auf dem Gesichtshaar zu platzieren.

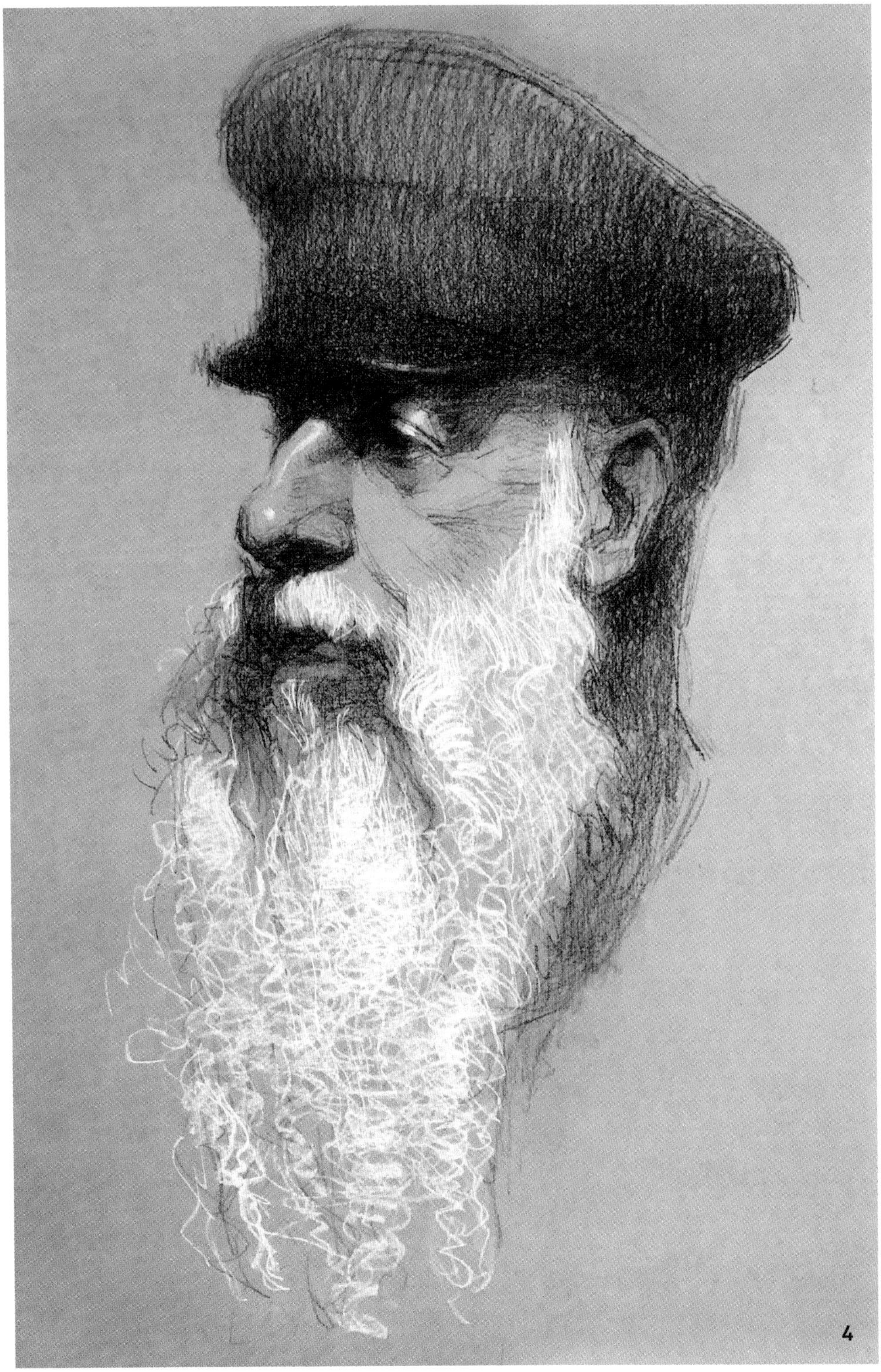

4

5 | Versuchen Sie, bei der Ausarbeitung der Details nicht zu akribisch zu sein. Betrachten Sie Ihre Zeichnung mit zusammengekniffenen Augen, spüren Sie die Rhythmen in den Details und geben Sie sie dann mit verschiedenartigen Strichen wieder, um das Werk zum Leben zu erwecken. Halten Sie die äußeren Konturen der Gesichtsbehaarung weich und unscharf, so, als gäbe es keine definierbare Kante. Diese Technik wird *sfumato* genannt (italienisch für »rauchartig«). Künstler verwenden diese Technik, um den Übergang zwischen Tonwerten oder Farben abzuschwächen.
Nun einige Schattenbereiche aufhellen und andere abdunkeln, um den Kontrast zu verstärken. Das Gesamtbild überprüfen, um festzustellen, ob etwas fehlt oder ob es unnötige Details gibt. Falls nötig, fügen Sie dem Bart mehr Volumen hinzu, indem Sie den Tonwert der Schatten auf der unteren Ebene mit einem 2B-Bleistift abdunkeln.

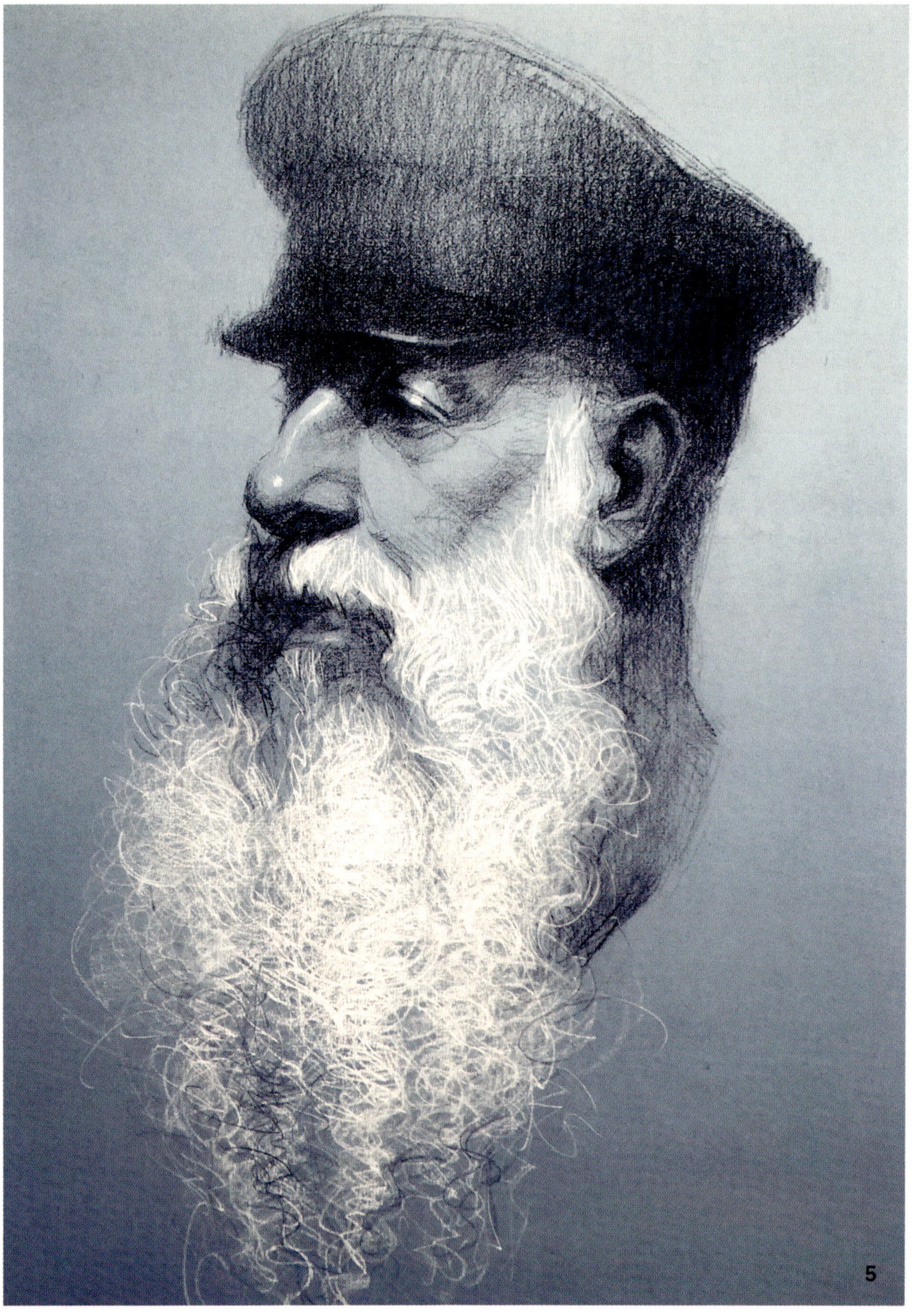

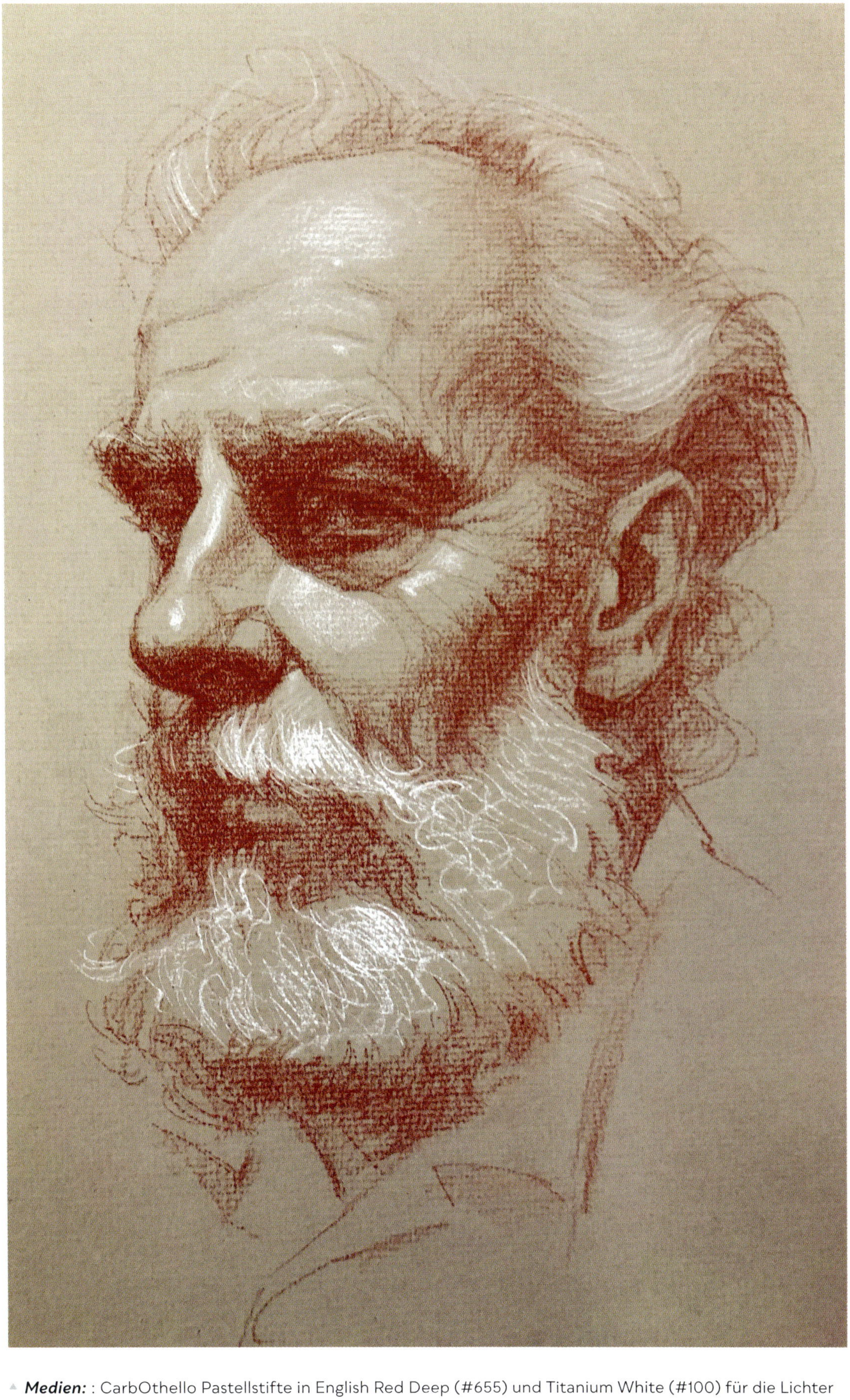

▲ ***Medien:*** : CarbOthello Pastellstifte in English Red Deep (#655) und Titanium White (#100) für die Lichter
Zeichengrund: Strathmore Serie 500 Charcoal in Velvet Gray

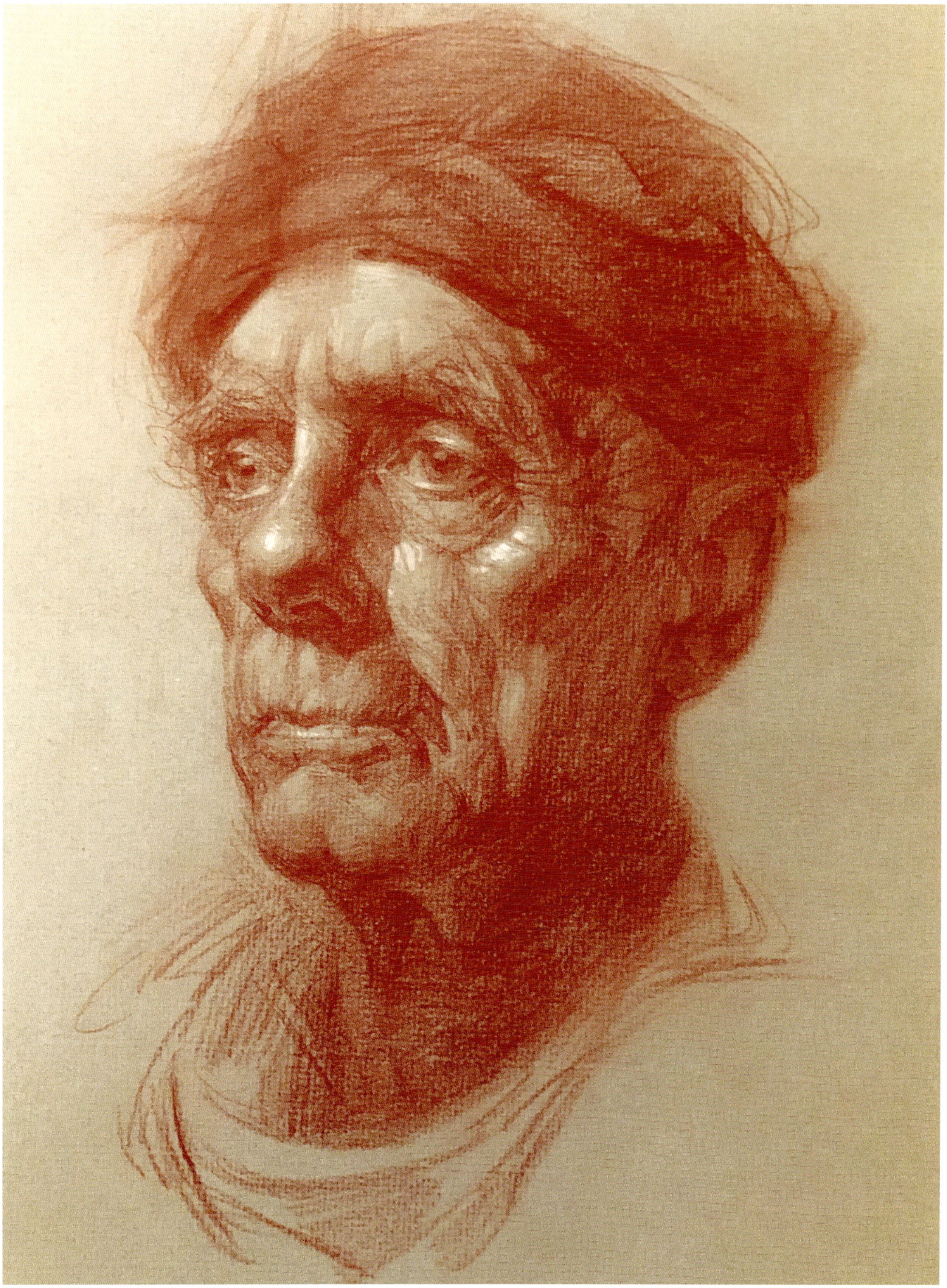

Medien: CarbOthello Pastellstifte in Caput Mortuum Red (#645) und Titanium White (#100) für die Lichter
Zeichengrund: Strathmore Serie 500 Charcoal in Golden Brown

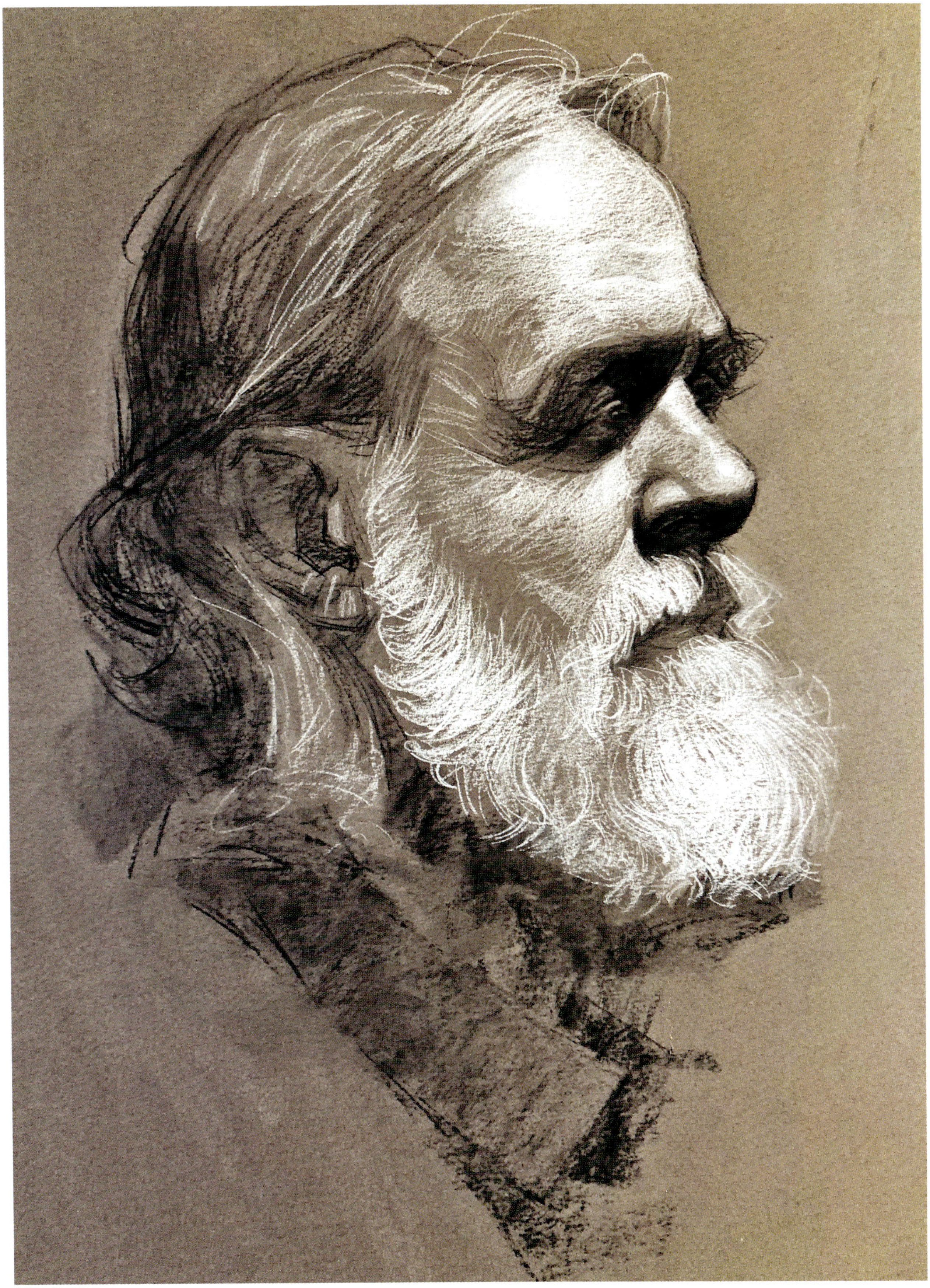

Medien: Rebenkohle und CarbOthello Pastellstift in Titanium White (#100) für die Lichter

Zeichengrund: Canson Mi-Teintes Zeichenpapier in Dark Gray

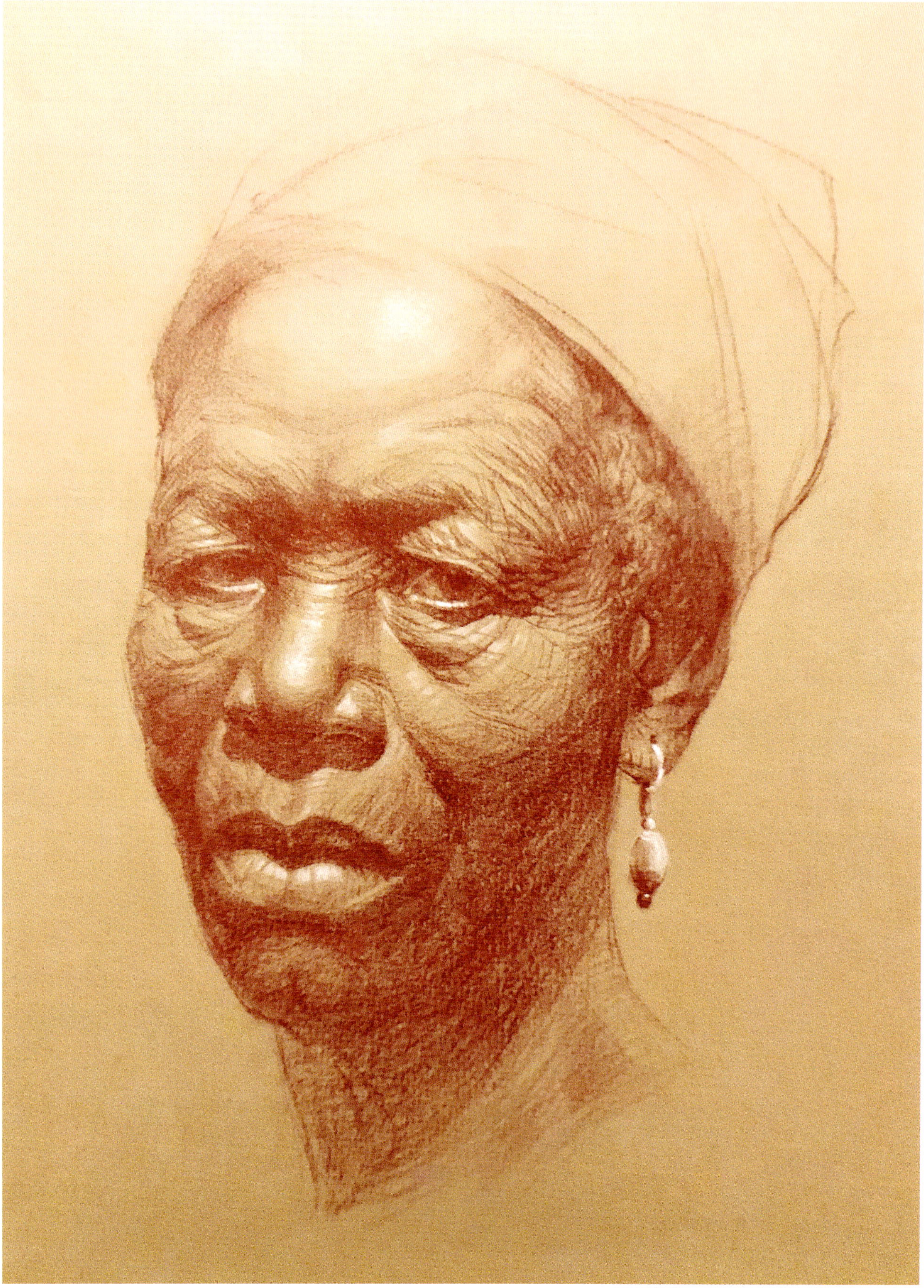

▲ ***Medien:*** CarbOthello Pastellstifte in Caput Mortuum Red (#645) und Titanium White (#100) für die Lichter
Zeichengrund: Strathmore Serie 500 Charcoal in Golden Brown

WEITERE INFORMATIONEN

Buchempfehlungen

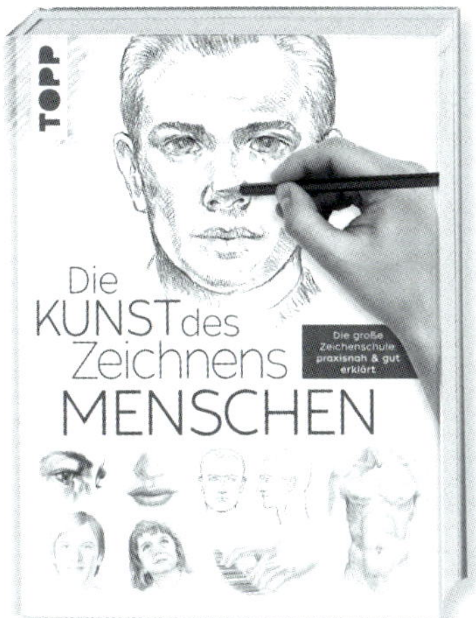

ISBN 978-3-7724-4751-8

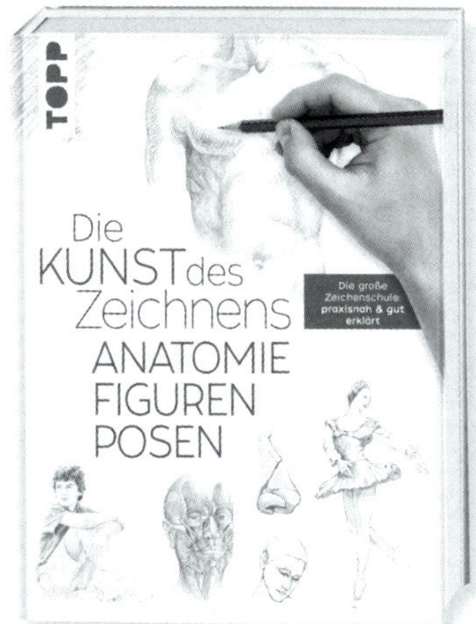

ISBN 978-3-7724-4757-0

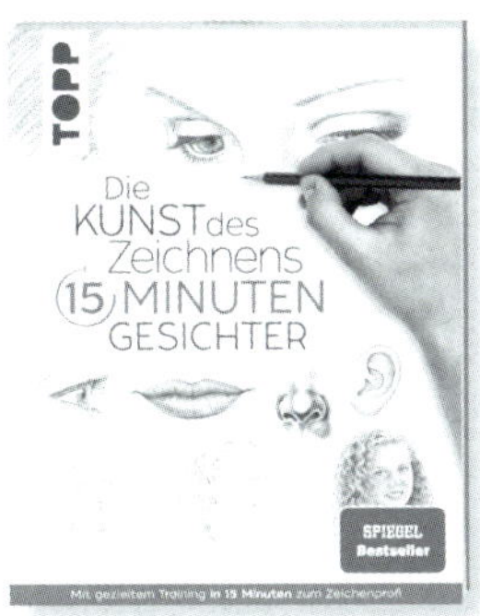

ISBN 978-3-7724-4770-9

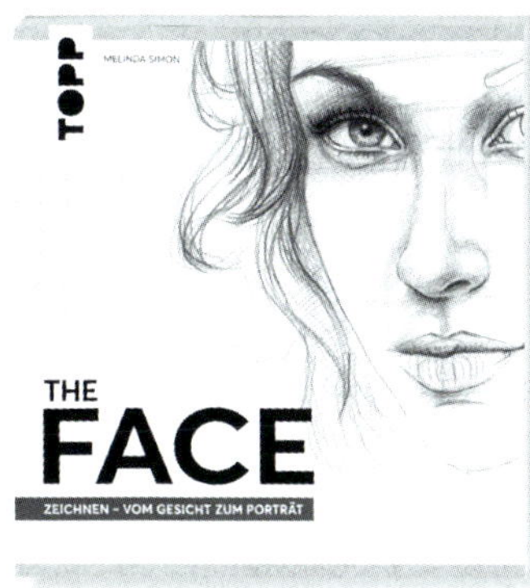

ISBN 978-3-7724-8398-1

Materialien, die für die Porträts in diesem Buch verwendet wurden:

ZEICHENGRÜNDE

Canson Mi-Teintes Zeichenpapier
Moleskine Skizzenbücher
Strathmore Serie 500 Charcoal
Strathmore Serie 400 Drawing
Strathmore Serie 500 Drawing

ZEICHENWERKZEUGE

Pastellstifte von CarbOthello
Kohlestifte von General's
Final Fixative in Matt von Grumbacher
Knetradiergummi von Prismacolor
Rebenkohle von Winsor & Newton
Weidenkohle von Winsor & Newton

DANK

Aus tiefstem Herzen möchte ich der Academy of Art University, ihren Mitarbeitern und der Präsidentin Dr. Elisa Stephens meinen Dank aussprechen. Die meisten meiner Zeichnungen in diesem Buch sind in den Ateliers der Academy of Art University entstanden. Ich danke den vielen Fakultätsmitgliedern der Academy of Art University, die so hilfreich und unterstützend waren und mich während der Entwicklung dieses Buches ermutigt haben.

Vielen Dank an Zhao-Ming Wu und Henry Yan, die ich schon so lange bewundere. Sie waren die besten und freundlichsten Mentoren, bei denen ich seit 2011 studieren durfte. Ich durfte ihnen über die Schultern schauen und ihre eifrige Anleitung hat mir neue Horizonte eröffnet. Der international anerkannte Künstler Chien Chung-Wei motivierte mich, Porträtzeichnungen zu schaffen, die die Herzen der Menschen berühren sollen und nach Exzellenz streben. Mein Dank gilt Tomutsu Takishima und Kazu Sano, die meine ersten Mentoren waren, als ich an der Academy of Art University zu unterrichten begann. Meine langjährige Freundin Ivan Chan hat seit dem College immer an mich als Künstler geglaubt; ihr gesunder Menschenverstand und ihre klugen Ratschläge haben mir auf meinem Weg in die Kunst stets zur Seite gestanden. Tatsuya Kuroyanagi hat so viel Enthusiasmus in das professionelle Fotografieren und Scannen von Hunderten von Zeichnungen für dieses Buch gesteckt; seine unschätzbare Unterstützung und Hingabe haben mir das Vertrauen gegeben, dieses Buch fertigzustellen. Und Daniel Yens Photoshop-Kenntnisse haben mir so viel Zeit und Arbeit erspart.

Mein besonderer Dank gilt den vielen professionellen Modellen, die für mich posiert haben. Ihre künstlerische Kreativität und bemerkenswerte Präsenz verleihen den Bildern in diesem Buch Leben.

Mein weiterer Dank gilt Joy Aquilino, Redakteurin bei Quarry Books, und Meredith Quinn, Projektmanagerin bei Quarry Books, sowie allen Mitarbeitern, die mich während des langen Prozesses der Verwirklichung dieses Buches unterstützt und begleitet haben.

Und zu guter Letzt danke ich meiner lieben Familie, insbesondere meinem Bruder Kelvin, der immer an meine künstlerischen Talente geglaubt hat. Ich werde meine künstlerische Reise unermüdlich fortsetzen und hoffe, dass ich eines Tages in der Lage sein werde, die Erwartungen all meiner Mentoren, meiner Familie, meiner Freunde, meiner Studierenden und meiner Fans in den sozialen Medien zu erfüllen. Ich danke euch allen!

DER AUTOR

OLIVER SIN schloss sein Studium an der Academy of Art University in San Francisco mit einem Bachelor of Fine Arts in Illustration ab. Er begann seine Karriere als Konzeptkünstler für Computerspiele, unter anderem bei LucasArts Entertainment Company und 3DO, und unterrichtet seit 2001 an der Academy of Art University's School of Animation und Visual Effects (2D Animation) und der School of Fine Art. Seine Arbeiten wurden von der Portrait Society of America ausgezeichnet und in ArtistsNetwork.com, der vierteljährlich erscheinenden Zeitschrift *The Art of the Portrait*, den Zeitschriften *International Artist* und *Southwest Art*, *Strokes of Genius 9*, *Strokes of Genius 11* und *Creative Quarterly* seit mehr als einem Jahrzehnt veröffentlicht.

Sin wurde in Hongkong geboren und lebt seit 1990 in San Francisco. Neben seiner Lehrtätigkeit an der AAU hat er auch Workshops für Porträtzeichnen im New Museum Los Gatos, im Triton Museum of Art und in der Pacific Art League gegeben.

REGISTER

Die KUNST des Zeichnens

Werden Sie zum Zeichen-Profi mit den Grundlagen- und Übungsbüchern der erfolgreichen Zeichenschule.

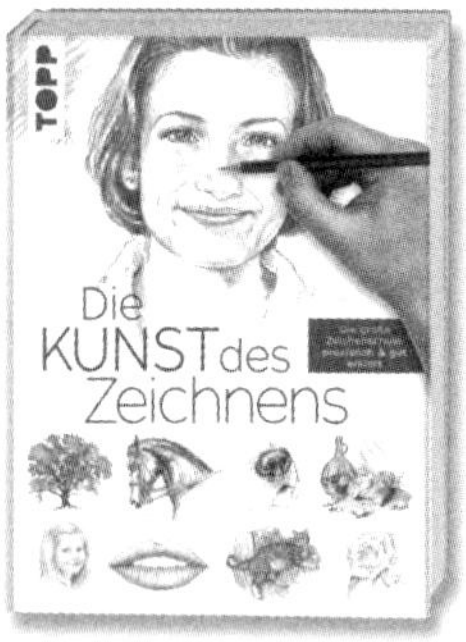

ISBN 978-3-7724-4750-1

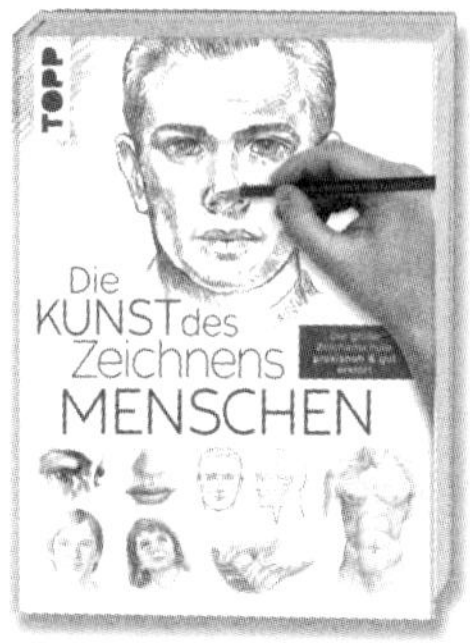

ISBN 978-3-7724-4751-8

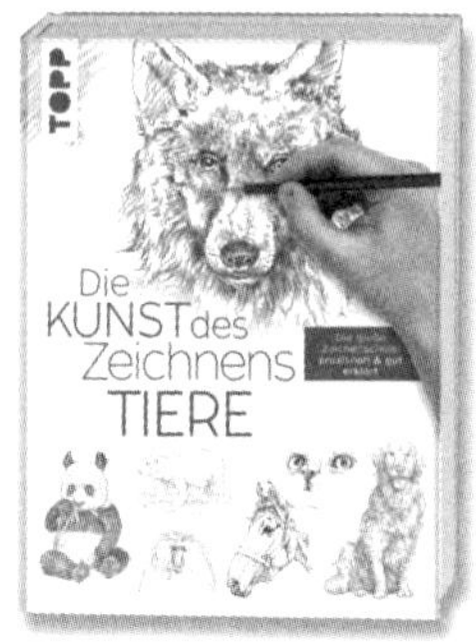

ISBN 978-3-7724-4752-5

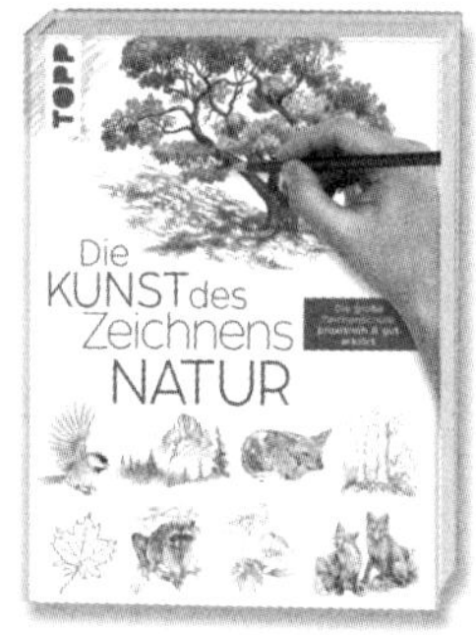

ISBN 978-3-7724-4753-2

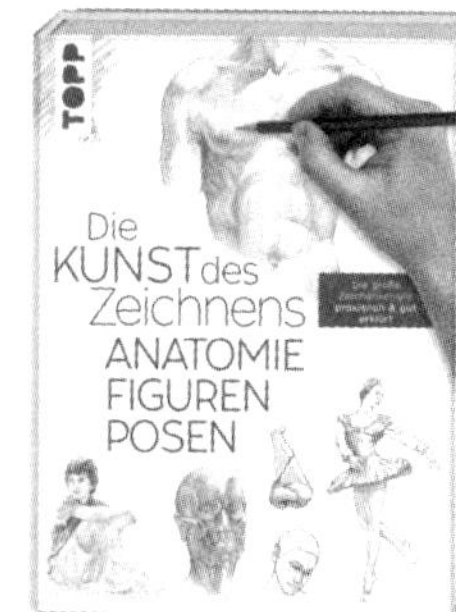

ISBN 978-3-7724-4757-0

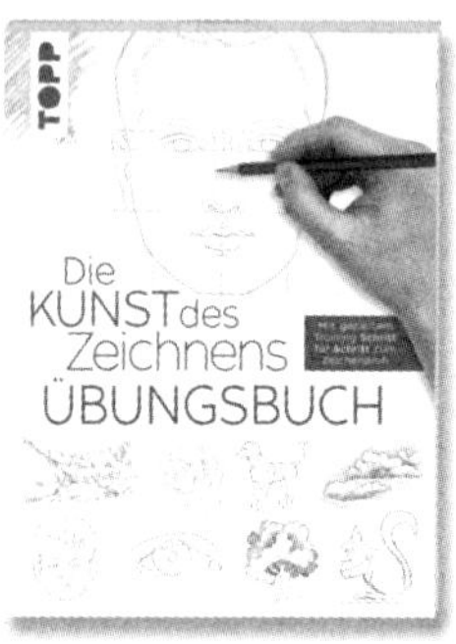

ISBN 978-3-7724-4760-0

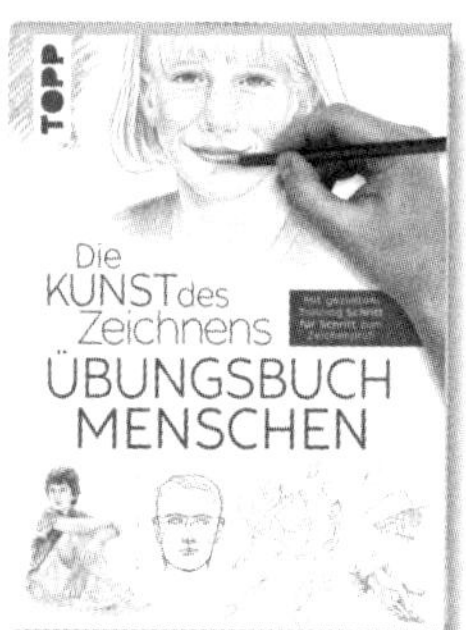

ISBN 978-3-7724-4761-7

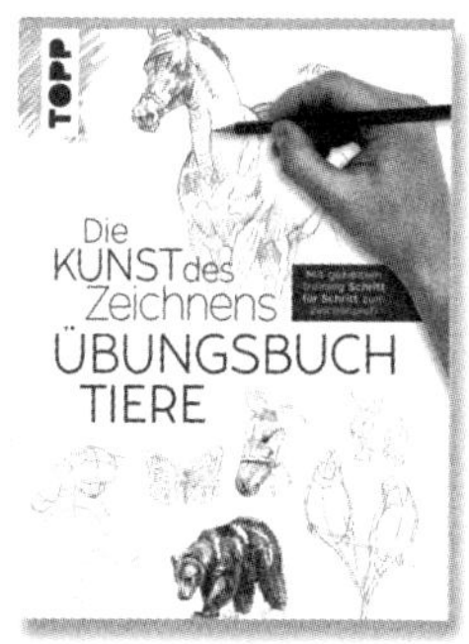

ISBN 978-3-7724-4762-4

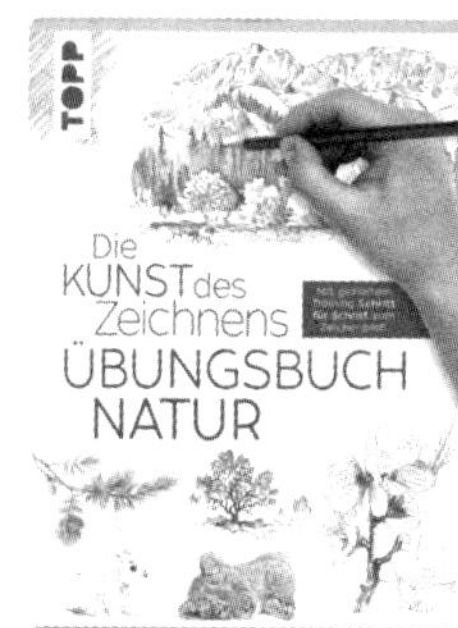

ISBN 978-3-7724-4763-1

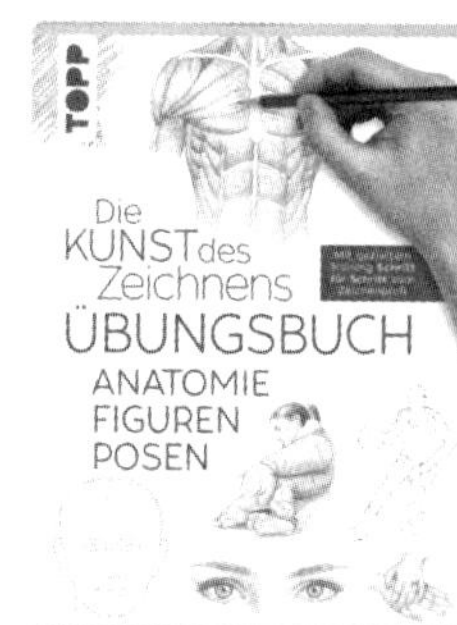

ISBN 978-3-7724-4767-9

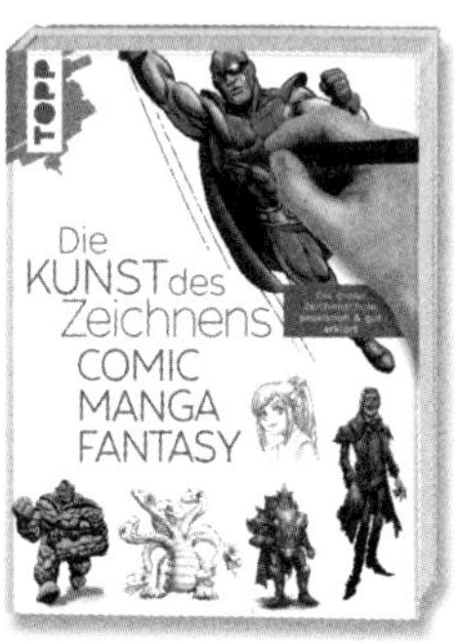

ISBN 978-3-7724-4755-6

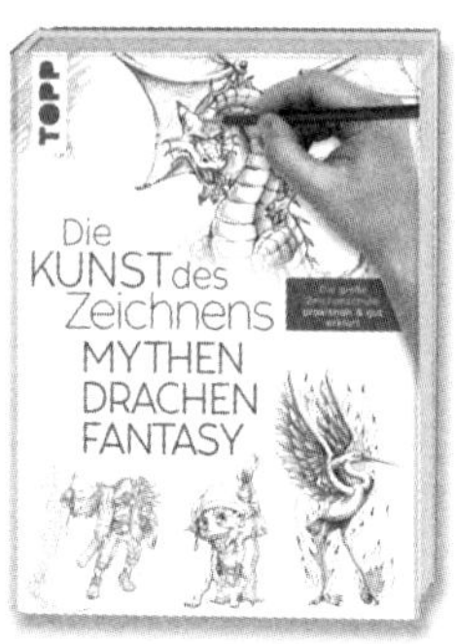

ISBN 978-3-7724-4758-7

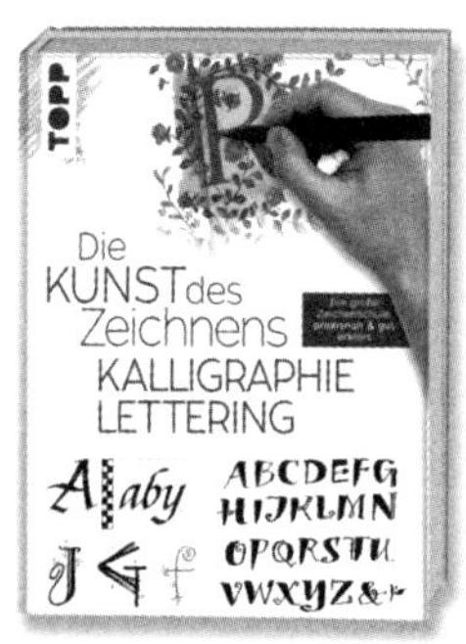

ISBN 978-3-7724-4756-3

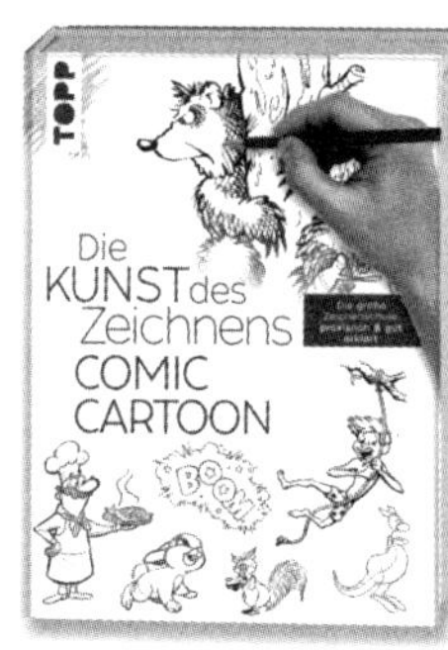

ISBN 978-3-7724-4759-4

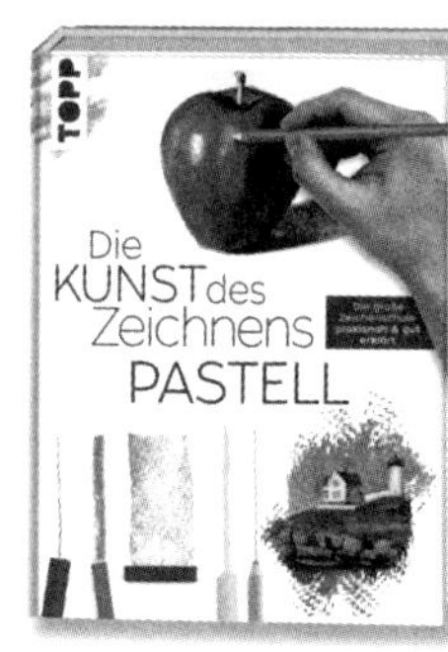

ISBN 978-3-7724-4790-7

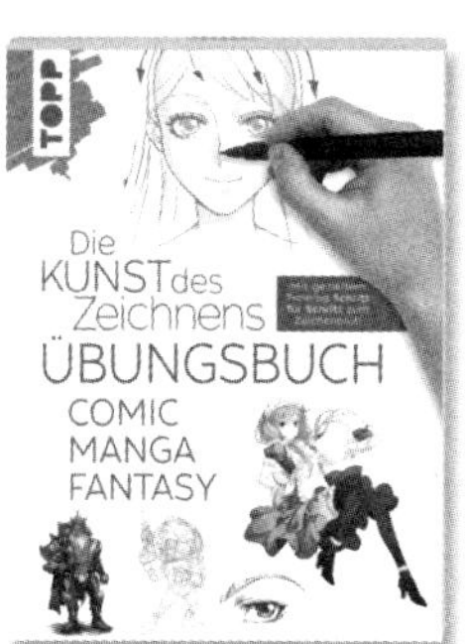

ISBN 978-3-7724-4765-5

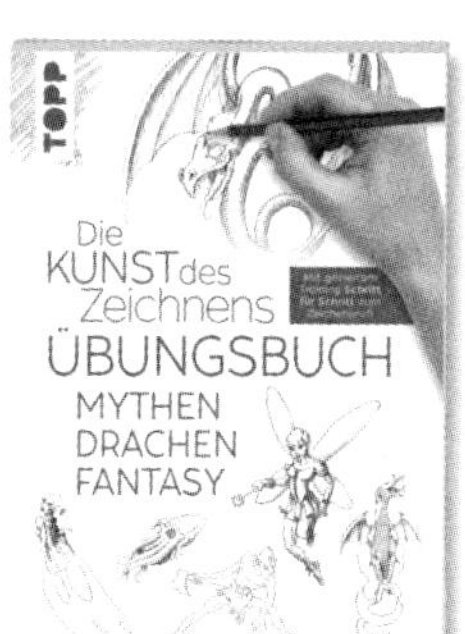

ISBN 978-3-7724-4768-6

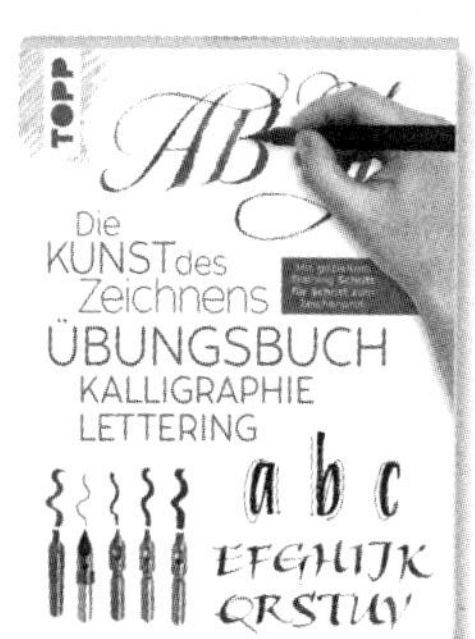

ISBN 978-3-7724-4766-2

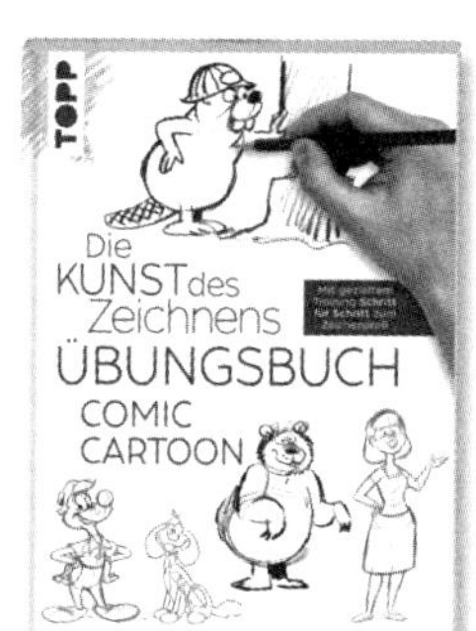

ISBN 978-3-7724-4769-3

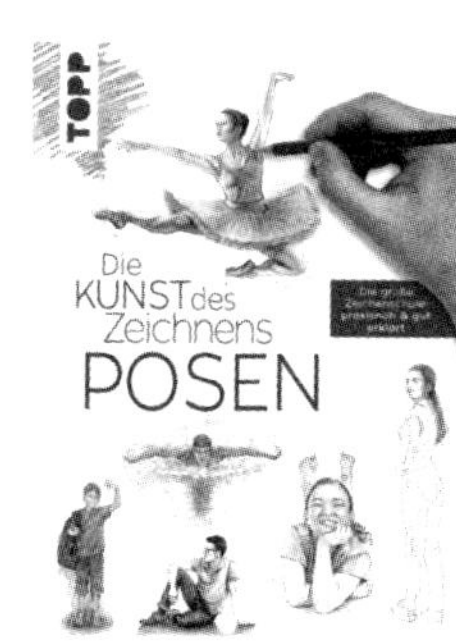

ISBN 978-3-7358-8045-1